Bernhard Jünemann / Heinz Imbacher

Money Management
– Die Formel für Ihren Börsenerfolg –

Dr. Bernhard Jünemann
Heinz Imbacher

MONEY MANAGEMENT

Die Formel für Ihren Börsenerfolg

FinanzBuch Verlag

BÖRSE ONLINE edition

Bibliografische Information der Deutschen Bibliothek:
Die Deutsche Bibliothek verzeichnet diese Publikation in der Deutschen Nationalbibliografie; detaillierte bibliografische Daten sind im Internet über **http://dnb.ddb.de** abrufbar.

Gesamtbearbeitung: Druckerei Joh. Walch, Augsburg
Lektorat: Dr. Renate Oettinger
Covergestaltung: Stephanie Villiger
Druck: Druckerei Joh. Walch, Augsburg

2., unveränderte Auflage 2007

Frundsbergstraße 23
80634 München
Tel.: 089 651285-0
Fax: 089 652096

Die Autoren erreichen Sie unter
juenemann@finanzbuchverlag.de
imbacher@finanzbuchverlag.de

ISBN 978-3-89879-252-3

Inhalt

Vorwort

Achtung! Sie halten gerade einen DSB (Du-Sollst-Börsenführer) in Ihren Händen. Wurden Sie nicht bereits im Elternhaus und in der Schule genug gegängelt?

»Du sollst!« ist eine ständig wiederkehrende, warnende und ermunternde Aufforderung der Autoren dieses Buches. Ihre in Börsenhöhen und -tiefen gewonnenen langjährigen Börsenerfahrungen veranlassen die um uns besorgten Schreiber zu diesem ökonomischen Imperativ. Als selbst ernannte Börsenkenner lassen wir uns ungern von ihnen gängeln. Der eigenen Börsenintuition zu folgen und dann mit »Stock Picking« auf die vermeintlichen Gewinner zu setzen vermitteln uns – zumindest solange wir auf der Gewinnerseite liegen – Unterhaltung und Spannung. Einen »Du-Sollst-Börsenführer« betrachten wir da mit Skepsis. Doch dann kommen Erinnerungen zurück. Wo stünden wir heute, wenn wir den DSB bereits Anfang 2000 in Händen gehalten und beherzigt hätten? Vielen von uns hätte der DSB das aus viel zu hohen Beständen an T-Aktien resultierende Portfolio-Desaster erspart. Andere hätten sich mit ihren Engagements bei EM.TV mit dem DSB in viel bescheidenerem Umfang den Eskapaden der Haffa-Brüder ausgesetzt. »Money Management« heißt die Zauberformel, mit der wir unsere Gier künftig zügeln sollen. Egal ob »Bullen oder Bären tanzen«, ob wir mit »Aus-dem-Bauch-Modellen«, mit Fundamentalansätzen oder mit Chart-Formationen unser Glück versuchen, Money Management bremst mit klug gesetzten Stoppkursen unseren Übermut. Und dann befassen wir uns noch mit der meist unterschätzten Frage »Wie viel?«. Denn wer von uns macht sich schon die Mühe, auszurechnen, welcher Kapitaleinsatz in einer vernünftigen Relation zum eingegangenen Risiko steht? Wir lernen, wie dieser Einsatz vor jedem Kauf berechnet wird und wie wir die einzelnen Positionsrisiken im Depot systematisch steuern. Money Management errichtet gegen die von uns so gerne ignorierten Risiken der Börsen eine Brandschutzmauer. In Zukunft überlassen wir nichts mehr dem Zufall.

Bevor wir mit Money Management vertraut gemacht werden, analysieren die Autoren gnadenlos unsere kleinen und großen Schwächen. Sie bedienen sich hierzu schwer widerlegbarer Erkenntnisse der Verhaltensforschung. Anhand des sogenannten Behavioral-Finance-Ansatzes werden genüsslich unsere zahlreichen Anlegermacken diagnostiziert. Wir folgen Herdentrieben, erliegen der Selbstüberschätzung, nehmen Fakten nur selektiv wahr und leiden unter Kontrollverlusten sowie irrationalen Reaktionen auf Kursgewinne und Kursverluste. Wir schneiden in unserem Anlegerpsychogramm so verheerend ab, dass uns die Verfasser des vorliegenden Buchs mit 20 »Du-Sollst-Geboten« zu Leibe rücken.

Bei näherer Betrachtung erweisen sich die 20 Gebote des Money Managements als bewährte Börsenweisheiten, deren Missachtung uns in die Nähe von Spielern rückt. Verglichen mit staatlichen Lotterien lassen wir uns dabei zwar auf ein sehr faires Spiel ein, das uns am Wachstum der Wirtschaft beteiligt, die Kapitalmarkttheorie zeigt aber auf, dass wir mit Diversifikation das Risiko vermindern und die Rendite steigern können.

Nutzen und Spaß der Lektüre des DSB resultieren in besonderem Maße für den Wissenschaftler wie den Praktiker aus der erfreulich verständlich vorgetragenen Einbettung des Money Managements in die Thesen der Theorie effizienter Kapitalmärkte. Doch selbst den Chartisten unter uns entziehen die Autoren ebenso wenig ihren Instrumentenkasten wie den Fundamentalisten. Auch wenn ich aufgrund meiner eigenen Anlegermacken nicht alle Aussagen der Autoren auf meine Privatstrategie übertragen werde, empfehle ich den Anlegern nachhaltig die Lektüre des gut verständlich und unterhaltend geschriebenen Börsenführers. Er enthält eine Fülle wertvoller Anregungen, eine persönliche Anlagestrategie zu entwickeln.

München 2007

Prof. Dr. Wolfgang Gerke

Danksagung

Da jedes Börsenbuch die Summe von Erfahrungen widerspiegelt, und zwar nicht nur die der Autoren, möchten wir einigen Leuten unseren Dank aussprechen: Hans-Georg Linder, Herausgeber von BÖRSE ONLINE, und Dirk Schellenberger von Value Event danken wir für ihre wertvollen Anregungen bei der Durchsicht des Manuskripts und Prof. Wolfgang Gerke für sein pointiertes Vorwort (auch wenn wir mit den Vertretern der Kapitalmarkttheorien häufig sehr kritisch umgehen). Auch Van K. Tharp sind wir zu tiefem Dank verpflichtet. Er wies uns mit seinen Büchern, Seminaren und Interviews die Grundlagen, auf denen wir unser Money Management für Privatanleger aufbauen konnten. Unser Dank gilt unserem Verleger Christian Jund, der uns immer wieder ermutigte, ja antrieb, das Buch endlich zu schreiben, unserer Lektorin, Dr. Renate Oettinger, die uns unerbittlich darauf aufmerksam machte, dass sprachliche Unklarheiten das Verständnis erschweren, Lionel Bassett, der uns die Grafiken aus BÖRSE ONLINE vortrefflich aufbereitete und Claus Ohlendorf, der die crashsichere Grundprogrammierung des Money-Management-Tools besorgte. Schließlich ist es uns ein tiefes Bedürfnis, unseren Ehefrauen Luz und Susanne Dank und Anerkennung zu zollen für ihre Geduld und ihr Verständnis, wenn wir uns statt dem Familienmanagement zu sehr dem Money Management widmeten.

Frankfurt / München 2007

Bernhard Jünemann / Heinz Imbacher

1 Der Tag, an dem die T-Aktie stürzte – oder: Warum Money Management so wichtig ist

Geldrausch! *Deutsche reden nur noch über Aktientipps +++ Frauen spekulieren mit dem Haushaltsgeld +++ 300 Prozent Gewinn mit dem Internet +++ Kann ich auch reich werden?«*

Schlagzeilen der »Bild«-Zeitung am 22. Februar 2000

»Börse macht wieder Spaß«, lacht Hans B., Aktienanleger aus Passion, im Frühjahr 2006. »Der DAX knackt bald die 6.000, in Japan geht die Post ab, und der Solarenergie gehört die Zukunft.« Hans B. ist, was man einen fortgeschrittenen Anleger nennt, kein wilder Spekulant, sondern eher ein vorsichtiger Investor, der sich um seine Papiere kümmert. Seit zehn Jahren ist er dabei durch Höhen und Tiefen gegangen, hat aber nie aufgegeben. Er ist Finanzbeamter, hat also einige Erfahrung mit Unternehmensbewertungen und auch genügend Zeit, Informationen zu sammeln, zu beurteilen und seine Schlüsse daraus zu ziehen. Immer wieder ist uns Hans B. begegnet, auf Finanzmessen, bei Vorträgen, Seminaren und in Briefen an die Redaktion von BÖRSE ONLINE. Deswegen können wir ihn ganz gut beurteilen und sagen: eine typische Anlegerkarriere – so wie Ihre vielleicht oder wie unsere.

Szenenwechsel. 1996. Die Aktie der Deutschen Telekom kam mit einer bis dahin in Deutschland unvorstellbaren Werbekampagne an die Börse. Ein Anlegervolk wachte auf. Hans B. war natürlich auch dabei;

er hatte T-Aktien aus der Emission erhalten, und Börse begann ihm Spaß zu machen. Er hörte dies, er hörte das, ein Tipp, ein Rat, ein Kauf und dann auch noch ein Gewinn am Markt. So musste es sein. Natürlich klappte nicht alles, und das ärgerte ihn. Also verließ er sich nicht mehr einfach auf Tipps, sondern beschäftigte sich intensiv mit dem Thema Geldanlage und Aktien. Wie entwickeln sich die Unternehmensgewinne? Was macht die Wirtschaftspolitik? Ist die Konjunktur auf dem richtigen Weg – nach oben? Er wollte Wirtschaft und Börse in den Griff bekommen, um ein noch erfolgreicherer Anleger zu werden. Zwar fuhr ihm 1997 und 1998 mit der Asien- und der Russland-Krise gehörig der Schreck in die Glieder, aber das wurde schnell wieder ausgebügelt.

In dieser Zeit trafen wir ihn das erste Mal bei einem Vortrag über Börsenperspektiven 1999. Der Satz »Renten gehören in jedes Depot« erregte seinen Widerspruch. Mit spürbarem Missmut meldete er sich zu Wort: »Renten habe ich nie gehabt, warum auch?« Er setze klar auf Aktien, und damit sei er immer gut gefahren. Argumente, dass Rentenpapiere einen regelmäßigen Einkommensstrom und so eine Absicherung für schlimme Verlustphasen böten, ließ er nicht gelten. »Langfristig sind und bleiben Aktien die beste Geldanlage«, bekräftige er.

Damit hatte er zweifellos Recht, und dass Aktien zwischendurch mal kräftig schwanken können, ließ ihn unberührt. »Ich habe immer durchgehalten und letztlich gewonnen«, erzählte er nachher beim Bier. Er sehe »großes Potenzial in den Werten der New Economy«, schwärmte er. »Ariba, Commerce One oder auch Intershop werden die Stars im B2B-Bereich.« Und auch bei den Medienwerten bekam er leuchtende Augen. »Beim Rechte- und Lizenzhandel gibt es enormes Potenzial«, war er überzeugt. »EM.TV ist noch längst nicht ausgereizt, dort verdiene ich am Entstehen eines weltweiten Unterhaltungskonzerns mit.« Beim Thema Stoppkurse jedoch sah Hans B. Rot und schimpfte erregt: »Da fliegt man ja viel zu früh raus, und dann läuft der Kurs davon.« Wer ohne Geduld sei, habe eben an der Börse nichts zu suchen.

Wieder so ein Satz, gegen den man im Grunde nichts einzuwenden hatte, Geduld hat sich ja oft genug an der Börse ausgezahlt. Recht hatte Hans B. mit seinen Aktien, zumindest zeitweise. Ariba haussierte nach unserem Gespräch und legte in der Spitze um fast 200 Prozent zu, stürzte ab und schaffte erneut eine Verdoppelung. Commerce One erreichte immerhin 160 Prozent, und selbst eine Aktie wie EM.TV, die schon um 20.000 Prozent seit der Emission 1997 gestiegen war, legte seit diesem Gespräch nochmals in der Spitze um 150 Prozent zu. Der Mann hatte den richtigen Riecher und offenbar ein glückliches Händchen.

Nochmals Szenenwechsel. Eineinhalb Jahre später. Bei einem Vortrag über Börsenpsychologie auf einer Anlegermesse war Hans B. wieder dabei. Die Kurse hatten zwar schon begonnen zu fallen, und der DAX hatte vom Hochpunkt im Frühjahr 2000 schon 20 Prozent verloren. »Ich bin gut vorbereitet«, meinte Hans B. zunächst trotzig, »ich habe meine Einstandspreise verringert.« Aber dann gestand er doch, dass ihm allmählich die »Buying Power« ausging. Er war nahezu voll investiert.

Besonders beunruhigte ihn die T-Aktie, seine größte Position. Immerhin hatte er bei der dritten Kapitalerhöhung im Juni 2000 noch mal richtig zugeschlagen und Aktien für 63,50 Euro das Stück erworben. Nun, im November, waren es schon 30 Prozent Verlust. Aber Hans B. hatte doch schon einiges erlebt und bewies wieder Mut: »Jetzt heißt es Durchhalten, es wird schon wieder werden. Ein Konzern wie die Telekom geht nicht Pleite.« Als Langfristanleger dürfe man sich eben nicht durch heftige Schwankungen irre machen lassen. »Ein Glück, dass meine Direktbank so verständig ist und sich wegen der Beleihungsgrenzen noch nicht gemeldet hat.«

Einen Monat vorher hatte es ihn noch schlimmer erwischt. Seine zweite Lieblingsaktie, EM.TV, die Medien-Aktie aus München, Inbegriff unendlicher Gewinnchancen, hatte einen Sturz ins Bodenlose begonnen, als offensichtlich wurde, dass die optimistischen Umsatz- und Ergebnisprognosen nicht zu halten waren. Das Management war nach den rasanten Zukäufen – die Jim Henson Company mit den Muppets im April und dann im Sommer die Formel 1 – mit den Bilanzierungsregeln durcheinander gekommen. Statt eines geplanten Jahresgewinns von 600 Millionen Euro musste man am 4. Dezember eingestehen, dass es nur magere 50 Millionen sein würden, und in die Arme der Kirch-Mediengruppe flüchten.

Nach und nach kamen immer mehr Merkwürdigkeiten ans Licht. So hatte die Firma zwar mit Florian Haffa einen äußerst eloquenten Finanzvorstand, aber kein funktionierendes Rechnungswesen. Zudem hatten sich die Haffa-Brüder, Thomas Haffa und sein Bruder Florian, Hauptanteilseigner und Manager des Unternehmens, 2000 mehrfach regelwidrig zu guten Kursen von ihren Aktienpaketen getrennt. Kein Wunder, dass der Titel immer stärker unter Druck geriet. Mehr als 90 Prozent hatte er in wenigen Monaten an Wert verloren, ein Papier, mit dem Investoren seit der Emission 1997 in der Spitze mehr als 30.000 Prozent Gewinn erzielen konnten. »Wer hatte das ahnen können«, sinnierte Hans B. über seinen Lieblingswert, »ich habe in diesem Jahr viel Lehrgeld bezahlt.« Vielleicht seien Stoppkurse doch keine so schlechte Angelegenheit, gestand er zum ersten Mal ein.

Fast jeder wird Anlegerkarrieren wie die von Hans B. in dieser Zeit kennen – oder sogar selbst durchlebt, ja durchlitten haben. Doch wer hätte sich ein solches Desaster Anfang des Jahres 2000 auch ausmalen mögen? Eine neue Ära schien angebrochen, die New Economy mit der Revolution des Internets und der neuen Kommunikationsmöglichkeiten brachte doch einen Schub an Produktivität wie seit Einführung der Elektrizität im vergangenen Jahrhundert nicht mehr. Überall lockte der vermeintliche Reichtum. Börsenfieber grassierte in Deutschland. Kein Friseurbesuch, ohne die Vorteile einer Zeichnung von Infineon-Aktien zu diskutieren. Keine Taxifahrt ohne die Frage nach den neuesten Aktientipps. Der Index des Neuen Markts, an dem die Hightech- und Wachstumswerte der deutschen Börse gehandelt wurden, war in nur drei Monaten um 200 Prozent gestiegen. Anlegermagazine boomten, Fernsehsendungen überschlugen sich mit gewagten Prognosen. Eine Flut von Buchtiteln predigte uns, dass Reichtum an der Börse für jeden möglich sei. »Kinderleicht zur finanziellen Freiheit«, könnte man all diese Titel in einem zusammenfassen. Die Analysten der Banken und Investmenthäuser erfanden fast tagtäglich neue Kennziffern, die nur einen Sinn hatten: teure Aktien preiswert erscheinen zu lassen. Gurus versprachen uns im Fernsehen und in großformatigen Anzeigen die besten Tipps und die richtigen Prioritäten. Allein auf Empfehlungen in solchen Sendungen hin sprangen einzelne Aktien an einem Tag um 60 Prozent hoch, ohne dass sich an den Fundamentaldaten der entsprechenden Unternehmen irgendetwas verändert hätte. Wer wollte da Spielverderber sein? Doch spätestens seit der eingangs zitierten Schlagzeile der »Bild«-Zeitung war jedem, der sich in der Börsengeschichte auskannte, klar, dass die Euphorie Spitzenwerte erreicht hatte und ein Umschlagen der Stimmung nahe war.

Wie gründlich dies geschah, stellte sich nur wenige Monate darauf in den Internet-Diskussionsforen dar. »Hi an alle Gecrashten!!!!«, dichtete »Schlitzauge 26«: »Wer von euch sitzt diese Scheiße mit aus? Mein Depot sieht aus wie Dresden nach dem Krieg.« Statt des schnellen Reichtums nur Enttäuschung, ja Verzweiflung. Welche Dramen sich dahinter verbergen, kommt nur selten an die Öffentlichkeit: »Ich habe mein ganzes Geld, 200.000 Euro, auf zwei Werte des Neuen Markts gesetzt«, schrieb eine verzweifelte Leserin an die Redaktion von BÖRSE ONLINE, »und ich habe noch 200.000 Euro Kredit aufgenommen, was soll ich jetzt machen?«

Ein Extremfall, wie er nur alle 100 Jahre vorkommt? Das hört man jetzt immer wieder, nachdem der DAX vom Tief im Frühjahr 2003 um mehr als 270 Prozent bis Ende 2006 gestiegen ist und die schlimmen Verluste zuvor verarbeitet oder wenigstens verdrängt worden sind. Aber so selten sind solche Kursstürze in der Börsengeschichte nun nicht. Schauen Sie sich die Grafik (Abb. 1-1) an, die alle Crashs seit Anfang des vorigen Jahrhunderts aufzeigt. Danach ist zwar die jüngste Baisse von ihrem Ausmaß her schon selten, sie wird nur durch die Baisse in den dreißiger Jahren des vorigen Jahrhunderts übertroffen, in der die Kurse um 80 Prozent fielen. Aber Sie sehen auch, dass Crashs mit Verlusten um 30 Prozent immer mal drin sind. Gab es gleichzeitig auch eine Rezession, also einen Rückgang der Wirtschaftsaktivität mit sinkenden Gewinnen und steigenden Arbeitslosenzahlen, waren die Verluste an der Börse im Durchschnitt stärker als in anderen Phasen, in denen offenbar nur eine psychologisch bedingte Übertreibung korrigiert wurde. Die Zahlen beziehen sich übrigens auf Amerika. Dort lief der Kurssturz 2000 bei den breiten Indizes wie dem S&P 500 mit knapp 50 Prozent noch glimpflich ab. Diese Börsenbarometer sind zum Teil vorher auch nicht so heiß gelaufen. Anders sah es beim technologielastigen Nasdaq oder beim Neuen Markt in Deutschland aus. Da waren es schon mehr als 90 Prozent. Auch der DAX hat mit mehr als 70 Prozent überdurchschnittlich gelitten.

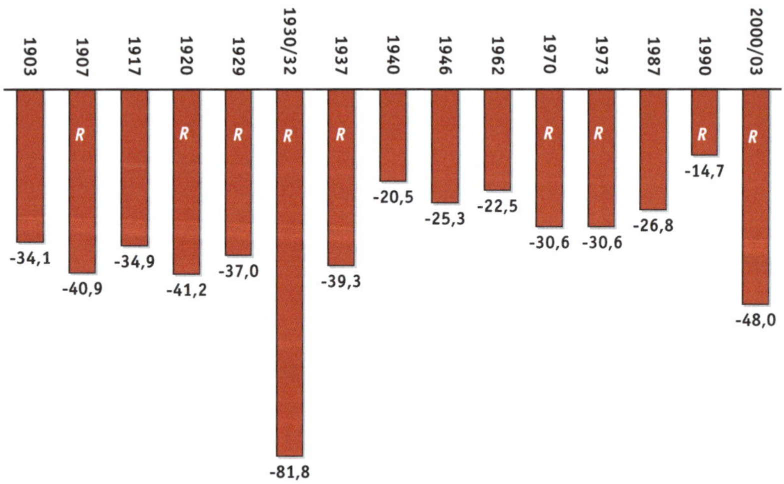

***Abbildung 1-1:** Baissephasen der US-Märkte, Kursverluste in Prozent, R bedeutet gleichzeitige Rezession der Wirtschaft.* *(Quelle: Datastream)*

Die Grafik zeigt, dass es für Anleger zeitweise ganz schön gefährlich werden kann. Doch jeder, der ein bisschen Erfahrung mit der Börse hat, weiß, dass es auch zwischendurch heftige Schwankungen und Korrekturen gibt, vor allem bezogen auf einzelne Aktien. Wie also geht man mit diesen Schwankungen um, die an unseren Nerven zehren und uns oft zu Handlungen verleiten, die sich im Nachhinein als genau falsch erweisen? Einfach nur ruhig Blut bewahren? Schön, wer nicht nervös wird, setzt darauf, dass sich die Märkte früher oder später beruhigen und dass der Aufwärtstrend wiederaufgenommen wird. Gern wird dann André Kostolany zitiert, der auch als Altmeister der Spekulanten bezeichnet wird und uns unübertreffliche Aphorismen und Anekdoten zur Börse hinterlassen hat. In einer solchen Situation empfahl er Privatanlegern gerne, in die Apotheke zu gehen, Schlaftabletten zu kaufen, sich hinzulegen, und wenn sie dann nach ein paar Jahren aufwachten, wären sie reich. »Buy-and-Hold« nennt man diese Strategie im Börsenjargon. Und sie funktioniert oft recht gut, dann nämlich, wenn die Wirtschaft ordentlich wächst und die Unternehmen gut verdienen. Die täglichen Schwankungen der Börse kann man dann getrost ignorieren. Doch nach dem jüngsten Crash der Jahre 2000 bis 2003 hat auch die jetzt aktive Börsengeneration ihre Erfahrungen gemacht. Manchmal kehrt der Markt nicht zu seinen Aufwärtstrends zurück, sondern mündet in eine Baisse, die unter Umständen sehr lang anhalten kann. In Japan waren es immerhin 15 Jahre. Und selbst wenn es nicht so lange dauert, können gerade die Aktien, die man im Depot hat, überdurchschnittlich schlecht abschneiden. Wer mit Kaufen und Liegenlassen den Neuen Markt nutzen wollte, wer die heftigen Bewegungen verschlafen wollte, musste beim Aufwachen feststellen, dass es die meisten Firmen überhaupt nicht mehr gab, ganz zu schweigen davon, dass der Neue Markt verschwunden war.

Sie sehen daran: Es gibt immer gute Tipps, die in bestimmten Börsensituationen passabel funktionieren, aber in anderen überhaupt nicht. Es gibt viele Methoden, mit denen man die Schwankungen meistern und sogar Profit daraus ziehen kann. Aber sie funktionieren nicht immer, sondern müssen je nach Börsenphase angewandt werden.

Wir stellen Ihnen in diesem Buch eine Methode vor, die nach unserer Erfahrung in jeder Börsenlage funktioniert: Money Management, ein konsequentes System der Verlustbegrenzung und der Gewinnsicherung. Das klingt im ersten Moment ein wenig großspurig, und in der Tat ist die Methode keine Wunderwaffe, so nach dem Motto »Börse kinderleicht«. Sie ist ein Lernprozess, und Sie, liebe Leserinnen und Leser, sollten sich darauf einlassen.

Was Money Management genau umfasst, dazu gehen die Meinungen auch in der Fachwelt auseinander. Natürlich kommt dieser Begriff aus dem Angelsächsischen und ließe sich einfach mit Geld- oder Finanzverwaltung übersetzen. Im Grunde ist es auch etwas Einfaches und Elementares. Die amerikanischen Bücher zu Money Management befassen sich mit einem weiten Themenspektrum – vom Organisieren der häuslichen Finanzen, um eine Überschuldung zu verhindern, bis hin zu hochkomplizierten Handelssystemen, um an der Börse per saldo kräftige Gewinne einzufahren. Definitionen gibt es viele, aber allen ist eines gemeinsam: die Finanzen so zu managen, dass man niemals pleitegeht – eine Grundvoraussetzung auch für jedes Unternehmen. Diese Erkenntnis ist keine Erfindung der Neuzeit, sondern eine Jahrhunderte alte Erfahrung. »Spare in der Zeit, so hast du in der Not«, sagte schon der treusorgende deutsche Hausvater. Das klingt bieder, und deswegen sei hier das Grundprinzip im schicken Börsen-Slang angefügt: »Manage dein Kapital stets so, dass du auch die schlimmsten Verlustphasen überleben kannst.«

Trader, also Marktteilnehmer, die schnell hin- und herhandeln, müssen mit Money Management arbeiten. Ohne es wären sie bald weg vom Fenster. Im schlimmsten Fall verspielen sie mal eine ganze Bank, so wie es Nick Leeson 1995 mit der britischen Barings Bank schaffte. Im engeren Sinne des Begriffs geht es darum, den Kapitaleinsatz so zu steuern, dass Risiken begrenzt und Chancen genutzt werden. »Verluste begrenzen und Gewinne laufen lassen« heißt die eingängige Formel – leicht zu verstehen, doch so schwer umzusetzen. Money Management ist für Trader ein »Muss«, aber auch für längerfristig orientierte Investoren von großem Nutzen. Buy-and-Hold-Anleger, die Ende 1989 japanische Aktien gekauft oder Anfang 2000 in den Neuen Markt eingestiegen sind, wissen, warum. Die Steuerung des Kapitaleinsatzes ist ein Kernelement des vorliegenden Buches.

Wir wollen hier kein Schreckgespenst aufbauen – ganz nach dem Motto: Wer kein Money Management praktiziert, endet zwangsläufig im Desaster. Es gibt Anleger, die sind von Natur aus vorsichtig, sie wissen, wann sie aufhören müssen, und sind auch in der Lage, mal herbe Verluste zu verkraften. Doch aus zahlreichen Briefen und den Diskussionen in den Internet-Boards wissen wir, dass viele wie die Wall-Street-Legende Jesse Livermore in den zwanziger und dreißiger Jahren des vorigen Jahrhunderts handeln: »Die Börse ist eine Wette mit hohem Einsatz, entweder man gewinnt oder man verliert alles.«

Zugegeben, die Börse hat Wettelemente. Aber sie ist nicht die Alternative »alles oder nichts«. Sie bietet differenziert Chancen und Risiken. Nur wer die Risiken begrenzt, kann viele Chancen wahrnehmen. Das Schöne für den privaten Anleger: Für ihn gibt es keinen wirtschaftlichen Zwang, an der Börse aktiv zu werden, auch wenn es ihm noch so oft eine Heerschar eifriger Anlageberater mit dem Argument einer privaten Altersvorsorge schmackhaft zu machen versucht. Für manche wird es in der Tat das Beste sein, die Finger von der Börse zu lassen, weil sie weder die Zeit noch die Geduld noch die Nerven dazu aufbringen. Und wer es doch wagt, muss vor allem lernen, sein Risiko zu begrenzen. Und das ist keine leichte Aufgabe. Kaufen ist keine Kunst, kaufen kann jeder, der nur ein bisschen Geld übrig hat. Der Börsenerfolg ist langfristig jedoch vor allem von der Kunst abhängig, zu verkaufen, und zwar rechtzeitig. Das Verkaufen, Verkaufen vor allem mit kleinen Verlusten, war nicht die Stärke von Jesse Livermore (1877 – 1940), der hin- und herspekulierte, immer wieder ein Vermögen verspielte und dann wieder zurückgewann. Doch am Ende wurde auch er in eine Abwärtsspirale gezogen, aus der er sich nicht mehr befreien konnte. Er setzte seinem Leben ein Ende.

Und wer meint, dass Money Management nur ein Fall für Verluste sei, irrt. Denn unsere Grundregel hat ja auch die Seite der Gewinne, die man laufen lassen soll. Doch wie lange? Dazu eine kleine Geschichte von Fred Kelly, in der sich viele Anleger wiedererkennen werden (Kelly 1993):

Ein Mann jagt Truthähne. Mit Maiskörnern hat er zwölf Tiere in einen Käfig gelockt, der von einem Stock, an dem ein Seil befestigt ist, offen gehalten wird. Da spaziert ein Truthahn heraus. »Verdammt! Hätte ich am Seil gezogen, als noch zwölf Tiere drin waren!«, flucht er. »Ich werde kurz warten, vielleicht kommt der Hahn zurück.« Während er wartet, verlässt ein weiteres Tier den Käfig. »Ich hätte mit elf zufrieden sein sollen«, knurrt er. »Sobald eines zurückkehrt, werde ich am Seil ziehen.« Drei weitere Hähne marschieren ins Freie. Er wartet. Nachdem bereits zwölf Tiere in seinem Käfig waren, möchte der Jäger nicht mit weniger als acht nach Hause kommen. Er kann den Gedanken nicht aufgeben, die ursprüngliche Zahl zumindest teilweise wieder zu erreichen. Letztendlich bleibt nur noch ein Truthahn übrig. »Ich warte, bis dieses Tier herausgeht oder ein weiteres hinzukommt. Dann höre ich auf.« Der letzte Truthahn gesellt sich zu den anderen, und der Mann kehrt mit leeren Händen nach Hause zurück.

Ist es Ihnen nicht schon oft so ergangen? Immer wieder haben Sie sich über dicke Gewinne gefreut, und dann hat die Aktie oder der Optionsschein begonnen zu fallen. Anstatt auszusteigen, haben Sie sich am einmal erreichten Höchstkurs orientiert, mehr oder minder bewusst daran gedacht, welcher Gewinn Ihnen entgehen würde, wenn Sie jetzt verkaufen. Und unversehens schrumpfte auch dieser Gewinn zusammen, manchmal wurde daraus sogar ein Verlust. Diese Geschichten kann jeder Anleger erzählen, und dann kommt unweigerlich eine strategische Einordnung: »Na ja, ich bin ja kein Zocker, der ständig hin- und herhandelt, sondern ein Langfristinvestor mit Geduld.«

Doch seien wir ehrlich: Ein Großteil unserer sogenannten Langfristinvestitionen geht darauf zurück, dass wir den rechtzeitigen Ausstieg verpasst haben. Dann sitzen wir auf unseren Positionen und hoffen, dass sie irgendwann wieder in die Gewinnzone kommen. Schlimmer noch, beim nächsten Engagement steigen wir viel zu früh aus, nur um dann fassungslos weiter steigenden Kursen hinterherzuschauen.

Auch der Fall der Gewinnsicherung ist also ein Fall für Money Management. Und deshalb ist es höchste Zeit, sich mit diesem Buch und seinen Lehren zu befassen.

Wir werden Sie in den nachfolgenden Kapiteln in die psychologischen Grundlagen der Börsen einführen, die wichtig sind, um das Geschehen an den Kapitalmärkten ein bisschen besser zu verstehen und mit der Informationsflut umzugehen. Mit Hilfe von Behavioral Finance, der verhaltensorientierten Kapitalmarktforschung, werden Sie Ihre eigenen psychologisch bedingten Fehler und die der anderen begreifen. Danach machen wir Sie mit verschiedenen Elementen des Money Managements vertraut: Kapitalkontrolle, Diversifikation, Risikokontrolle, Stoppkurse und Kapitaleinsatz. Am Ende wird ein einfaches System für Privatanleger erläutert. Sie lernen, wie man den Kapitaleinsatz optimal steuert. Auf der beiliegenden CD finden Sie ein Excel-Tool, das Ihnen hilft, Money Management für Ihr eigenes Depot anzuwenden. Ja, es gibt auch Formeln in diesem Buch. Doch keine Bange, sie sind zu verstehen, wenn Sie die vier Grundrechenarten und Prozentrechnen beherrschen. Außerdem finden Sie ebenfalls auf der CD einen Rechner auf Excel-Basis, mit dem Sie alle Formeln nutzen können. Sie müssen nur die entsprechenden Werte eingeben.

Damit sollten Sie bestens für die Kapitalmärkte gerüstet sein. Sie können durch Selbsterkenntnis, kontrolliertes Lernen, Versuch und Irrtum sowie Reflexion der Fehler zu einem besseren Anlageverhalten gelangen. Wir geben Ihnen erprobte Hilfestellung zu einem Lernprozess, aber diesen müssen Sie selbst absolvieren. Der Schlüssel zum Erfolg liegt in Ihnen selbst.

Ob Sie am Ende ein überragend erfolgreicher Anleger sein werden, wissen wir nicht. Wir wissen nur, dass Sie sich die Grundlagen zu einem besseren Investitionsverhalten erarbeiten können. Wenn Sie nur ein paar einfache Regeln einhalten, ist gewährleistet, dass Sie im Spiel bleiben. Für Sie heißt es nie: »Rien ne va plus«, sondern immer wieder »Faites votre jeux«.

2

Am Anfang war die Gier – die Börse zwischen Euphorie und Panik

»Die Bahn der Himmelskörper kann ich auf Zentimeter und Sekunden genau berechnen, aber nicht, wie eine verrückte Menschenmenge die Börsenkurse in die Höhe oder Tiefe treiben kann.«

Isaac Newton (1643 - 1727)

Kinder brauchen Märchen. Mit ihrer Hilfe lernen sie die komplexe Welt zu verstehen, zwischen Gut und Böse zu unterscheiden. Märchen sind Faustregeln für das Leben. Sie enthalten immer die tröstliche Wahrheit, dass Konflikte – wenn auch auf Umwegen – zu lösen sind. Darauf hat nicht zuletzt der amerikanische Psychologe Bruno Bettelheim in den siebziger Jahren eindrucksvoll hingewiesen (Bettelheim 1978).

Nutzen wir also den Charakter der Märchen, um uns dem Phänomen Börse zu nähern. Denn auch Börsianer brauchen offenbar Märchen, wenn sie die komplexe Wirklichkeit nicht so recht fassen können. Und manchmal kann man in der Tat mit einem Märchen mehr über das Wesen der Börse erfahren als mit einer hochgestochenen Analyse. So kam 1996 eine alte angelsächsische Kindergeschichte zu Ehren und wurde sogar zum ökonomischen Szenario stilisiert: die Geschichte von Goldilocks und den drei Bären.

Es war einmal ein Mädchen, das wurde wegen seiner blonden Locken Goldilocks genannt. Eines Tages ging es im Wald spazieren, kam vom Weg ab und verirrte sich. Es gelangte schließlich an ein Haus. Die Herren des Hauses waren ausgegangen. Es waren drei Bären: Papa Bär, Mama Bär und Baby Bär. Sie hatten sich Haferbrei zum Frühstück gekocht, aber dieser Brei war viel zu heiß, und deshalb gingen sie spazieren, damit der Brei abkühlen konnte.

In dieses Haus trat nun Goldilocks hinein und fand drei Schüsseln auf dem Tisch. Die große gehörte Papa Bär. Goldilocks probierte den Brei, aber dieser war viel zu heiß. Der Brei in der mittleren Schüssel von Mama Bär war viel zu klumpig. Schließlich probierte Goldilocks den Brei in der kleinen Schüssel, und dieser war genau richtig, nicht zu heiß und nicht so kalt, nicht zu flüssig und nicht zu klumpig, einfach perfekt. Und da sie großen Hunger hatte, aß sie alles auf.

Mit diesem Goldilocks-Szenario versuchten die Strategen an der Wall Street 1996 und 1997 zu erklären, warum die Börsenwelt einfach perfekt für Anleger war. Es gab Wirtschaftswachstum, aber nicht zu starkes. Denn das hätte zu einer Überhitzung, zu Inflation und schließlich steigenden Zinsen geführt, und steigende Zinsen sind nun mal nicht gut für die Aktienmärkte. Es gab aber auch nicht zu wenig Wachstum, denn das hätte nur schwache Gewinne bedeutet, und ohne ordentliche Gewinne kann nun mal keine Börse florieren. Es war eben alles im Lot, perfekt, und Anleger konnten nur einen Fehler machen: nicht investiert zu sein.

Wirklich perfekt? Die meisten Strategen hatten übersehen, dass es da in Asien Länder mit überbewerteter Währung gab. Urplötzlich brach die hochgelobte Wachstumsregion Asien wie ein Kartenhaus zusammen. Die Börsen stürzten ab, zogen wieder an, schafften neue Rekorde, um dann mit der Asien-Krise zweiter Teil und der Russland-Krise noch mal abzustürzen. Die Angst vor der neuen Weltwirtschaftskrise grassierte, vor Deflation, ja Depression wurde gewarnt, und die Notenbanken senkten eilends mehrfach die Zinsen, um Schlimmeres zu verhindern. In der Tat begann ein neuer Aufwärtstrend, der sich bis zum Frühjahr

2000 zum Exzess steigerte, um dann in eine umso schlimmere Baisse umzuschlagen.

Die Lehren daraus sollte jeder Anleger verinnerlichen: Wenn alles perfekt erscheint, ist größte Vorsicht an den Märkten geboten. Das hat sich immer und immer wieder bestätigt. Und das wusste niemand besser als Alan Greenspan, der Fuchs unter den Notenbankern, der ein außerordentliches Gespür für die Entwicklung der Wirtschaft bewies. Er hörte nicht auf die Goldilocks-Sirenengesänge, sondern ließ sich von den Thesen von Professor Robert Shiller beeindrucken, der eine hoffnungslose Überbewertung amerikanischer Aktienmärkte im historischen Vergleich festgestellt hatte (Shiller 2000). So warnte Greenspan 1996 und 1997 vor »irrationalem Überschwang« an den heißgelaufenen Börsen. In einer Rede vor dem amerikanischen Kongress am 26. Februar 1997 erläuterte er seine Bedenken: »Nach der Periode einer lang anhaltenden wirtschaftlichen Entspannung werden die Menschen anfällig für Sorglosigkeit«, erklärte Greenspan den Abgeordneten. Die Risikoprämien seien auf ein Minimum gefallen, und man höre überall zur Beruhigung, dies sei eine »neue Ära«. Dann warnte er: »Die Geschichte ist voll von solchen neuen Ären, die sich als Illusion entpuppten.«

Diese Erkenntnis verkündet übrigens auch das Märchen von Goldilocks selbst, das die meisten Börsianer nicht weitergelesen hatten. Sie hatte nur das rausgepickt, was ihre Meinung bestätigte, und das war eben »nicht zu heiß und nicht zu kalt«, die Chiffre für die perfekte aller Welten. Doch wie geht das Märchen weiter? Goldilocks war nach dem Essen müde und setzte sich auf den Stuhl von Papa Bär. Der war ihr aber zu groß. Der Stuhl von Mama Bär war ihr zu hart. Aber der Stuhl von Baby Bär war genau richtig: nicht zu groß und nicht zu klein, nicht zu weich und nicht zu hart, eben perfekt. Doch der Stuhl brach zusammen ... denn Goldilocks war zu schwer.

Das Märchen von Goldilocks verblasste zunächst mit der Asien-Krise, man hatte schon längst neue Märchen geschaffen, die im Gewande hochintelligenter Analysen daherkamen. Das Internet wurde zur

»New Economy« stilisiert, die alle bisherigen Erfahrungen aufhob. Gewaltige Produktivitätsschübe sollten grenzenloses Wachstum ermöglichen. Alte Bewertungskennzahlen von Kursen und Gewinnen wurden über Bord geworfen. Ein erster Höhepunkt wurde dann im Sommer 1999 erreicht, als ein junges Internetunternehmen einen alten traditionellen Medienkonzern schluckte: AOL kassierte Time Warner. Wer das alles nicht verstand, durfte auch wieder Zuflucht zu alten Märchen finden, zum Beispiel zu Rumpelstilzchen, das Stroh zu Gold spinnen konnte, oder des Kaisers neue Kleider, in dem am Ende ein unschuldiges Kind die Wahrheit aussprach: »Er ist doch nackt.«

Genug der Märchen. Die Blase platzte im März 2000, es folgte bis zum Frühjahr 2003 eine tiefe Baisse. Warum nur, warum? Wie konnte das geschehen? Hat das denn keiner vorhergesehen? Solche Fragen wurden immer wieder gestellt, als eine tiefe Depression sich auf die Seelen der Anleger legte. Diese Kursverluste, namentlich bei Technologie-Aktien, hatte sich einfach niemand vorstellen können. Natürlich nahmen sich die Medien und die fleißigen Buchautoren, die immer zur richtigen Zeit die richtigen Titel parat haben, dieses Phänomens an. Magazine widmeten sich in Titelgeschichten der »Abzockerei« der Banken. Zeitungen untersuchten in Serien, wer für den Kurssturz am Neuen Markt verantwortlich war. Und manche Anleger trugen auf Messen das Buch von Günter Ogger »Der Börsenschwindel« wie eine Bibel vor sich her (Ogger 2001).

Das war notwendige öffentliche Trauerarbeit, so etwas wie die Suche nach Erlösung für gequälte Seelen. Endlich wussten alle, wer letztlich der Schuldige für ihr Elend war: wieder die Banken, die Fondsgesellschaften oder die Medien. Die privaten Anleger waren das, was sie eigentlich schon immer waren, doch oft nicht wahrhaben wollen: »das Kanonenfutter des Wertpapierhandels«, wie es der Aphoristiker und Ökonom Helmar Nahr formulierte. Für die meisten das Wichtigste war die Erkenntnis: Sie waren nicht Täter, sondern nur Opfer.

Nun ist es in einem vernetzten System, wie es die Börse darstellt, nicht ganz einfach, klar Schuldige zu identifizieren. Private Anleger waren nicht nur Opfer der Banken, sondern ihrer selbst geworden, nämlich Opfer ihrer eigenen Gier. Gier, so erläutern es die etymologischen Wörterbücher, ist von »gern haben«, »begehren« abgeleitet und beschreibt ein starkes Gefühl des Verlangens. Die Börse ohne Gier ist nicht vorstellbar und ihr Begleiter seit 400 Jahren.

Um Missverständnissen vorzubeugen: Natürlich war im jüngsten Baissezyklus wieder einiges schief gelaufen und Anlass genug, das Bilanzrecht und den Anlegerschutz zu verbessern. So gab es Banken, die Neuemissionen an die Börse brachten, die schlicht nicht börsenreif waren. Es gab Wertpapierhäuser, die sich kurz vor dem Parkettgang an den Firmen beteiligten, dann mit übertriebenen Prognosen die Kurse nach oben trieben und in der heißen Phase Kasse machten. Es gab Altaktionäre, die sich nicht an die Regeln hielten und vor Ende der Sperrzeit ihre Stücke verkauften. Und es gab vollmundige Ankündigungen und Versprechungen – von Firmen, Fondsgesellschaften und selbsternannten Gurus –, die sich als Luftblasen entpuppten. Doch auch all das gehört zur Börse seit 400 Jahren, wenn sich auch die Erscheinungsformen angesichts moderner Kommunikationstechniken gewandelt haben. Daran werden auch die schärfsten Anlegerschutzgesetze im Prinzip nichts ändern. Selbst in den USA, wo die Securities and Exchange Commission quasi mit polizeilicher Gewalt den Marktteilnehmern auf die Finger schaut, kam es zu Exzessen.

Wer die Börsengeschichte kennt, winkt ohnehin ab und ist höchstens erstaunt, wie präzise ein so alterprobtes Muster auch diesmal wieder funktionierte. Der ökonomische Strukturwandel – weg von den alten Industrien des 19. Jahrhunderts, von Kohle und Stahl, hin zu den neuen Branchen des Internets und der Informationsgesellschaft – wurde von Spekulationsblasen begleitet, die früher oder später platzen mussten. Das Muster läuft immer wieder so ab: Aus der Begeisterung der Anleger wird Euphorie, ja blind machende Gier, die dann in eine Phase der Angst umschlägt, die schließlich in eine Verkaufspanik mündet. Danach beginnt das Spiel von neuem, und wenn die Baisse glimpflich ablief, auf etwas höherem Niveau als im letzten Zyklus.

Emotionen, im Extremfall Gier und Angst, erweisen sich – über fundamentale Faktoren wie Zinsen, Wachstum und Unternehmensgewinne hinweg – als Motor des Börsengeschehens. Moderne Kommunikationstechniken mögen die Geschwindigkeit, mit der solche Gefühlswellen rund um den Globus laufen, erhöht haben, aber sie sind kein neues Phänomen. Die Börsengeschichte stellt sich als eine lange Kette solch emotionaler Extremsituationen dar. Besonders in Zeiten wirtschaftlichen Aufbruchs gab es immer wieder Banken- und Börsenkräche – seien es die Südsee-Spekulation 1720, die den Physiker Isaac Newton zu der oben zitierten Erkenntnis brachten, die Gründerkräche in den siebziger Jahren des 19. Jahrhunderts, der Schwarze Freitag 1929 oder der Crash von 1987.

Die meisten Geschichten sind bekannt und gehören heute zum Standardrepertoire vieler Börsenbücher. Wir sollten daraus Lehren ziehen, denn das, was vor 400, 200, 100 Jahren geschah, ist erstaunlich aktuell. Wer das Gefühlsleben des Marktes verstehen möchte, dem dürfen wir das älteste Buch über die Börse empfehlen: Joseph de la Vegas *Confusion de Confusiones – die Verwirrung der Verwirrungen* (De la Vega 1994). Es stellt sehr gut die Verhältnisse an der Amsterdamer Börse 1688 dar. In vier Dialogen zwischen dem Philosophen, Aktionär und Kaufmann wird das Geschehen des Handels lebendig – vor allem, was die Gefühlswelt der Akteure angeht. Eine kleine Kostprobe zum Wesen des Spekulanten: »Wenn der Käufer von Aktien sieht, dass sie fallen, zürnt er, gekauft zu haben; wenn sie steigen, zürnt er, verkauft zu haben; wenn die Aktien steigen, der Verkauf Gewinn bringt und sie dann einen noch höheren Kurs erreichen, so zürnt er, dass er sie zu billigerem Preis abgegeben hat; wenn er weder kauft noch verkauft und der Kurs steigt, zürnt er, dass er, obwohl Veranlassung zum Kauf vorlag, diesen nicht ausgeführt hat; wenn der Kurs sinkt, so zürnt er, dass er, obwohl Grund zum Verkauf vorlag, sich zu diesem nicht entschlossen hat. Wenn man ihm irgendeinen Wink oder Ratschlag gibt, so zürnt er, dass man es ihm nicht früher sagte. Wenn es ein Irrtum ist, so zürnt er, dass man es ihm sagte. Alles an der Börse ist somit Untreue, Reue und Wahn.«

Bei so viel Emotionen, Leidenschaften, Verzweiflung und Begeisterung bietet die Börse natürlich genügend Stoff für jeden Romancier. Emile Zola hat denn auch das Drama des Aktienhandels meisterhaft in seinem 1891 erschienenen Werk »L'argent« (das Geld) dargestellt (Zola 1977). Es ist unbedingt als Lektüre für jeden Anleger zu empfehlen. Nach dem Sturz des Neuen Markts liest es sich wie ein Zukunftsroman, der 100 Jahre später zur Realität wird – und von ihr übertroffen wird. Aristide Rougon-Saccard ist ein Spieler, der schon eine Pleite hingelegt hat, dann aber die Börse entdeckt. Um den kühnen Plan einer Eisenbahnlinie ins Heilige Land zu verwirklichen, gründet er die Banque Universelle, entfacht Begeisterung, steigert diese mit Hilfe der gekauften Presse zur Euphorie und lässt die Kurse explodieren. Das kollektive Gefühl im Roman klingt nur allzu vertraut: »Ein Chor von Segnungen stieg aus der glücklichen Menge der Kleinen und Großen empor, endlich bekamen die Töchter ihre Mitgift, die Armen waren plötzlich reich geworden und mit einer Rente gesichert, die Reichen brannten in der unersättlichen Freude, noch reicher zu werden ... eine Stunde des Glaubens an das Glück, die Gewissheit einer Chance ohne Ende.« Es folgte unweigerlich der Zusammenbruch: »Die Spekulation gibt dem Leben doch erst seinen Reiz, sie ist das ewige Begehren, das zu kämpfen und zu leben zwingt ...«, verkündet Saccard eines seiner wichtigsten Motive.

Dieser Reiz, von dem Saccard spricht, hat auch heute wie eh und je seine Bedeutung. Denn warum engagieren sich so viele private Anleger an der Börse, nicht nur zu den extremen Boomjahren? Niemand zwingt sie dazu, und eine wirtschaftliche Notwendigkeit gibt es – zumindest für die privaten Investoren – dazu auch nicht. Wollen sie schnell reich werden? Möchten sie für das Alter vorsorgen angesichts der Krise staatlicher Rentensysteme? Das sind nachvollziehbare Motive, aber sie gelten nicht allein. Es muss mehr sein. Nervenkitzel gehört dazu, wie tiefenpsychologische Untersuchungen des Kölner Instituts »rheingold« zur Wirkung von Werbung für Aktien im Auftrag von BÖRSE ONLINE herausgefunden haben: Viele Anleger suchen den »Thrill«, die Bestätigung (Gruner und Jahr 2002): »In der Welt der Unverbindlichkeit und der so unterschiedlichen Lebensentwürfe bietet die Aktien-Geldanlage verbindliche Parameter für die eigene Tauglichkeit. Der Thrill, große Gewinne oder auch Verluste zu erzielen, gibt den Kapitalanlegern ein verbindliches Credo. Die schicksalhaften Wendungen der Börse ziehen Kapitalanleger wie magisch an. Sie wollen etwas durchmachen.« Dazu passt die Erkenntnis eines Leiters für Privatkundenmanagement einer großen Bank: »Nur ein Berater, der sich als Teil der Unterhaltungsindustrie versteht, wird dem Kunden geben, was er wirklich will.«

»Börse ist Psychologie«, pflegte Altmeister André Kostolany unermüdlich zu predigen. War diese Erkenntnis erfahrenen Praktikern an den Märkten auch immer präsent, so schien für sie in der modernen Kapitalmarkttheorie nur wenig Platz. Denn diese baut auf dem neoklassischen Theorieansatz auf, der seit den zwanziger Jahren des vorigen Jahrhunderts das ökonomische Denken prägt. Er beschreibt Märkte mit Hilfe einer mechanischen Analogie von Preisen und Gütern. In seinem Mittelpunkt steht der stets rational handelnde Mensch, der homo oeconomicus, der kühl Chancen und Risiken abwägt und dann seine Entscheidungen trifft. Nun zeigt jede Lebenserfahrung, dass dies so nicht ist, dass jeder Mensch mal rational, mal weniger rational handelt. Das wissen natürlich auch die Vertreter dieser ökonomischen Schule. Dennoch bleiben sie bei ihrer Grundannahme der Rationalität, weil sie glauben, so besser die Wirkungszusammenhänge hinter den wirtschaftlichen Entwicklungen erfassen zu können.

Anfang der siebziger Jahre entwickelte Eugene Fama auf dieser Grundlage die These von der Informationseffizienz der Märkte, mit der seitdem Kapitalmärkte beschrieben werden (Fama 1970). Psychologisch bedingte Abweichungen werden als Störungen betrachtet, als Anomalien im Marktgeschehen. Sogenannte Noise-Trader mit einem zum rational handelnden Investor deutlich verminderten Informationsstand werden für diese Irrationalitäten verantwortlich gemacht. So kommt es auch immer wieder zu »Fads«, Modewellen, die die Kurse extrem treiben können, letztlich aber wieder zusammenbrechen. Im Prinzip bleibt aber die Annahme bestehen, dass Märkte im Normalfall eine rationale Veranstaltung sind. Der Preis spiegelt jederzeit alle verfügbaren Informationen wider. Kein Investor kann, so die Konsequenz der Modellannahmen, langfristig besser sein als der Markt.

Wir wollen nicht zu tief in den Streit um die »richtige« ökonomische Theorie einsteigen. Aber das an Universitäten gelehrte Denken der effizienten Kapitalmarkttheorie findet sich in den Analysen und Prognosen wieder, die täglich auf uns niederprasseln und die künftige Entwicklung voraussagen wollen – mehr noch, es fließt auch in Strategien und viele komplexe Kapitalmarktprodukte ein, die auf einer erwarteten normalen Entwicklung fußen. Damit all diese Modelle oder Analysen rechenbar sind, bedient sich die Kapitalmarkttheorie eines Tricks: Sie setzt einfach voraus, dass jeder Marktteilnehmer vollständig informiert und ein rational handelnder homo oeconomicus ist. Um das Kursgeschehen besser zu erfassen, wird angenommen, dass sich die Preise an der Börse nur recht sanft verändern und letztlich einer aus der Statistik bekannten Normalverteilung folgen, die auch als Gauß'sche Glockenkurve bekannt ist. Schon lassen sich ökonomische Zusammenhänge in mathematische Formeln gießen und Gleichgewichtszustände modellieren.

Ob damit wirklich die Zusammenhänge in der Wirtschaft erklärt werden können, darf man mit Fug und Recht bezweifeln. So hat Benoit Mandelbrot nachgewiesen, dass sich die Preise häufig sprunghaft verändern und eine Exponentialfunktion, einen sich verstärkenden Trend, ausbilden (Mandelbrot 2005). Kritik an den klassischen Modellannahmen, die zur Grundlage der orthodoxen Kapitalmarkttheorie wurden, gab es auch schon früher. So hat der Nobelpreisträger Friedrich August von Hayek in den fünfziger Jahren darauf hingewiesen, dass die vorausgesetzten Bedingungen vieler Modelle in der Realität nicht nur unwahrscheinlich, sondern unmöglich sind. Daraus ergibt sich ein Informationsparadoxon: Wäre es wirklich so, dass ein Preis einen perfekten Informationsstand reflektiert, würde es überhaupt keinen Anreiz mehr zur Informationsbeschaffung geben. Denn der Preis spiegelt ja schon sämtliche Informationen wider. Mit anderen Worten: Die herkömmliche Wirtschafts- und Kapitalmarkttheorie baut auf Annahmen auf, mit denen Märkte überhaupt nicht funktionieren würden.

Hayek hat für uns wichtige Anregungen gegeben, Märkte vor allem als soziales System zu verstehen, in dem Individuen ihre eigenen Ziele, Pläne und Erwartungen umsetzen (Hayek 1969). Wettbewerb ist danach ein wichtiger Antriebsfaktor, »ein Verfahren zur Entdeckung von Tatsachen ..., die ohne sein Bestehen entweder unbekannt bleiben oder doch zumindest nicht genutzt werden würden«. Er schafft neues Wissen und ist ein nach vorn offener Prozess. Märkte lassen sich so als kybernetisches System beschreiben, in dem positive und negative Rückkoppelungen zu ständigen Lernprozessen führen. Es ist im Grunde wie ein Fußballspiel: Wir kennen die Regeln, wir kennen die Stärken der Mannschaften, aber der Ausgang des Spiels ist dennoch offen.

Warum wir das schreiben? Damit Sie erkennen, dass die an der Börse gehandelten kausalen Zusammenhänge mit Vorsicht zu genießen sind. Oft nämlich sind bewährte Zusammenhänge nur Zufall. Sie gelten nicht mehr, wenn sich nur ein wenig die Umstände ändern. Auf dieses Wissensproblem hat von Hayek in seiner berühmten Rede zur Verleihung des Nobelpreises 1975 hingewiesen. Er wandte sich gegen die angebliche Berechenbarkeit von Märkten und sprach von »Anmaßung des Wissens« (Hayek 1978). Danach sind Prognosen auf den Punkt nicht möglich, lediglich die Voraussagen von breiten Mustern versprechen Erfolg. So viel deshalb vorweg: Nutzen Sie populäre kausale Wirkungszusammenhänge, um eine Erwartung an die Börse zu formulieren, aber verlassen Sie sich niemals darauf, dass es so kommt!

Wie gefährlich das sein kann, führte uns 1998 der Hedge-Fonds Long-Term Capital Management (LTCM) vor Augen. Sein Zusammenbruch brachte das Finanzsystem Amerikas, ja der Welt an den Rand eines Kollapses. Nur durch das energische Einschreiten der Federal Reserve Bank von New York und mehrerer internationaler Banken konnte das Schlimmste verhindert werden.

Die Geschichte von LTCM ist in mehrfacher Hinsicht ein Lehrbeispiel für Selbstüberschätzung, für die Grenzen der herkömmlichen ökonomischen Theorie und die Wichtigkeit von Money Management (Lowenstein 2000). Immerhin hatten sich unter der Führung des begnadeten Bond-Dealers John Meriwether 1994 brillante Ökonomen zusammengefunden, die in der Tradition der effizienten Kapitalmärkte geschult worden waren und diese mit ihren Modellen in den Griff zu bekommen glaubten. Darunter waren selbst zwei Nobelpreisträger, Robert C. Merton und Myron Scholes, die überzeugt waren, dass Long-Term Capital der ständige Beweis für ihr theoretisches Lehrgebäude war. Es war »der Versuch, das Beste der Finanzmarkttheorie mit dem Besten der Finanzmarktpraxis zu verheiraten«, wie Merton den Ansatz charakterisierte.

Im Prinzip bauten alle Geschäfte des Fonds darauf auf, dass es in den Märkten zwischen einzelnen Anlageinstrumenten häufig Diskrepanzen bei Preisen, sogenannte Spreads, gibt, die sich – nach den Modellen – immer wieder angleichen. So nutzte man zum Beispiel den Renditeabstand zwischen kurz- und langfristigen Anleihen oder den Kursabstand zwischen Vorzugs- und Stammaktien – was auch immer. Wichtig war, dass diese Spreads in bestimmten Zeiten und Situationen überdurchschnittlich groß waren und sich dann wieder zurückbildeten. Oft handelte es sich um sehr kleine Differenzen, nur wenige Cents. Aber mit Derivaten und Krediten konnte man eine starke Hebelwirkung kreieren und damit an solchen Bewegungen prächtig verdienen.

Und das tat Long-Term Capital. Gegründet 1994, wies der Fonds nur zwei Jahre später ein Volumen von 140 Milliarden US-Dollar auf – das Dreißigfache der Kapitalausstattung. Pro Jahr verdienten die Investoren mehr als 25 Prozent. Money Management gab es praktisch nicht, im Gegenteil, die Spezialisten waren von ihren Modellen oft so überzeugt, dass sie in die Trades Geld nachschossen – und letztlich gewannen.

Doch 1997 mit der Asien-Krise und schließlich 1998 kam der Zusammenbruch. Swap-Rendite-Differenzen, auf die man gesetzt hatte, verringerten sich nicht, sie weiteten sich immer mehr aus. Das erwies sich in erster Linie angesichts der überwiegend kreditfinanzierten Geschäfte, um eine hohe Hebelwirkung zu erzielen, als tödlich. Nach den theoretischen Modellen hätte man höchstens Verluste von 25 Millionen Dollar pro Tag erreichen dürfen, aber im August verlor der Fonds an einem Tag mehr als 500 Millionen Dollar. Und als man Positionen schließen wollte, gab es keine Käufer. Das Fondskapital war bis auf 2,7 Milliarden Dollar geschrumpft. Verzweifelt versuchte man, frisches Geld aufzutreiben – umsonst. Schließlich übernahmen 14 Banken den überschuldeten Fonds und stabilisierten das Finanzsystem.

LTCM erschütterte auch den Glauben, dass man mit den Preisen und Volatilitäten von gestern die Risiken von morgen in den Griff bekommt. Die Professoren hatten geglaubt, dass ihre Modelle die Grenzen des menschlichen Verhaltens abdecken könnten. Dabei hatten sie nur nicht weit genug zurückgerechnet. Schon 1987 hatten sich die Spreads in der Krise dramatisch ausgeweitet, nur so weit reichten damals die Modelle nicht mehr zurück. Schließlich wurde auch der in der Finanzwelt weit verbreitete Glaube, Diversifikation sei ohnehin die Krone der Risikoabsicherung, erschüttert. Es gibt eben Situationen, in denen alle Eier in verschiedenen Körben gleichzeitig brechen, oder anders ausgedrückt: Selbst wenn man nicht nur auf eine Karte setzt, bricht manchmal eben ein ganzes Kartenhaus zusammen. Diese Erkenntnis wird uns später noch bei den verschiedenen Elementen von Money Management näher beschäftigen.

Wer sich also als Anleger in diese Märkte hineinbegibt, tut gut daran, sich klar zu machen, dass er als Teil eines sozialen vernetzten Systems agiert. Die Vorstellung, Wirtschaft und Börse seien eine Art Maschine, deren Gesetzmäßigkeiten man nur lange genug studieren müsse, um sie erfolgreich in den Griff zu bekommen, führt in die Irre. Wir gehen mit bestimmten Erwartungen an den Markt heran, zum Beispiel über die Entwicklung der Konjunktur und der Aktien. Ob unsere Erwartungen aufgehen, ist danach nicht nur davon abhängig, wie sich die Wirtschaft entwickelt, wie Gewinne und Zinsen sich darstellen, sondern auch, wie andere Marktteilnehmer eben diese Faktoren wahrnehmen und dann handeln. Wir nehmen etwas wahr, glauben es zu verstehen, handeln und verändern dadurch die Realität. Investieren stellt sich damit als ein Prozess von Versuch und Irrtum dar. Wir sollten bescheiden sein hinsichtlich dessen, was die Entwicklung der Realität angeht oder was wir als Realität ansehen.

John Maynard Keynes, der als einflussreichster Ökonom des 20. Jahrhunderts gilt, hat die Herausforderung für den Börsianer mit seiner berühmten Analogie vom Schönheitswettbewerb charakterisiert: »Professionelles Investieren kann man mit jenen Zeitungswettbewerben vergleichen, bei denen die Teilnehmer die sechs schönsten Gesichter aus Hunderten von Fotos herauspicken müssen. Der Preis fällt an jenen Wettbewerber, dessen Wahl der durchschnittlichen Präferenz aller Wettbewerber am nächsten kommt; sodass jeder Wettbewerber nicht jene Gesichter auswählen muss, die er selbst als die schönsten empfindet, sondern jene, von denen er meint, das sie den anderen Wettbewerbern voraussichtlich am meisten gefallen, wobei alle zusammen das Problem von der gleichen Seite betrachten.« Danach reicht es also nicht zu wissen, wer die Schönste ist, auch nicht zu wissen, wen die Allgemeinheit für die Schönste hält. Sondern es gilt, »alle Intelligenz darauf zu verwenden, das zu antizipieren, was im Meinungsdurchschnitt als Durchschnittsmeinung erwartet wird« (Keynes 1936).

Wir wollen Ihnen damit klar machen, dass Bücher mit Titeln wie »Börse kinderleicht« nicht anders sind als Märchenbücher – und schlechte noch dazu. Der Schlüssel zum Erfolg liegt in Ihnen selbst. Sie müssen Scheitern unbedingt einkalkulieren und dessen Folgen durch diszipliniertes Handeln begrenzen. »Der Markt ist wie ein Ozean – er bewegt sich auf und ab, unanhängig davon, was Sie wollen«, formuliert der Psychoanalytiker und Investoren-Coach Alexander Elder. »Sie mögen Freude fühlen, wenn Sie eine Aktie kaufen und diese in einer Rallye explodiert. Sie mögen vor Angst ersticken, wenn Sie short gehen (auf fallende Kurse setzen) und der Markt steigt, und Ihre Position schmilzt mit jedem Anstieg dahin. Diese Gefühle haben nichts mit dem Markt zu tun. Sie existieren nur in Ihrem Inneren. Der Markt weiß gar nicht, dass Sie existieren. Sie können nichts tun, um ihn zu beeinflussen. Sie können nur Ihr Verhalten kontrollieren« (Elder 1993).

Halten wir fest: Alle Menschen machen Fehler, Irren ist eben menschlich. Auch Investoren machen da keine Ausnahme. Der stets rational handelnde Anleger, den die effiziente Kapitalmarkttheorie voraussetzt, ist nur ein gedankliches Konstrukt. Wenn man sich die Fehler in 400 Jahren Börsengeschichte genauer anschaut, dann fällt gleichwohl auf, dass bestimmte Fehler wiederkehren. »Investoren lernen nie«, behauptet der amerikanische Technische Analyst Ian Notley und hat darauf ein ganzes System der Zyklenanalyse aufgebaut. Wenn man sich die Biographien überaus erfolgreicher Anleger vornimmt, stellt man fest, dass sie aus den Fehlern anderer Anleger ihren Profit zu ziehen wissen. Es zahlt sich also aus,

- die eigenen und die Fehler der anderen zu erkennen,
- ihre Ursachen zu verstehen und
- die Lehren für das eigene Verhalten daraus zu ziehen.

Selbsterkenntnis ist der erste Schritt, und deshalb ist es nötig, dass wir uns mit den Ergebnissen eines noch jungen Zweigs der Kapitalmarktforschung befassen, der zunehmend an Bedeutung gewinnt und den Gegenpol zur effizienten Kapitalmarkttheorie darstellt: Behavioral Finance, der verhaltensorientierten Kapitalmarktforschung.

3 Alles nur Psychofallen – was nachhaltigen Erfolg bei der Geldanlage so schwer macht

Denn die Leidenschaften verändern die Tatsachen, und sie erscheinen jedem Menschen anders gefärbt.

Jose de la Vega, Confusion de Confusiones, 1688

»Der Durchschnittsmensch ist kulturell wie biologisch dazu bestimmt, Geld zu verlieren.« Dieser Satz von Van K. Tharp sitzt, verblüfft und ruft dann Widerspruch hervor. Doch jeder, der sich auf den Lernprozess zum Money Management einlässt, wird darauf stoßen und muss sich damit auseinandersetzen. Van K. Tharp trainiert seit mehr als 20 Jahren Trader in den USA. Dazu nutzt er eine einzigartige Mischung aus Psychologie, Spieltheorie und praktischen Marktkenntnissen. Vor allem bläut er allen Probanden in seinen Seminaren ein: »Der Schlüssel zum Erfolg liegt in dir selbst« (Tharp 1997, 2001).

Warum also ist die wahre Natur des Menschen, an den Märkten Geld zu verlieren? Van K. Tharp identifiziert dazu vielfältige Prägungen oder Voreingenommenheiten, die einen nachhaltigen Erfolg verhindern. Seine drei wichtigsten sind

- das Bedürfnis, die Welt zu verstehen,
- das Bedürfnis, Recht zu behalten, und
- das Lottosyndrom.

Wie stark unser Bedürfnis ausgeprägt ist, Erklärungen und Zusammenhänge zu erkennen, warum sich die Börse so oder so entwickelt, haben wir schon im vorigen Kapital kennen gelernt – und sind, was die Ergebnisse angeht, bescheiden geworden. Trotzdem nutzen wir diese Kausalitäten, um Prognosen über die künftige Entwicklung zu erstellen und danach zu handeln. Manche Kausalitäten, vor allem langfristig angelegte, erweisen sich als hilfreich, andere nicht. Manche funktionieren nur zeitweise. Manchmal erkennen wir Kausalitäten, wo keine sind. Es herrscht nur Zufall. Das Bedürfnis, die Börse zu verstehen, macht uns unflexibel, weil wir uns immer wieder an Zusammenhänge klammern, die keinen Bestand haben. Die Börse ist zwar kein reines Zufallsprodukt, aber an der Börse herrscht mehr Zufall, als man gemeinhin glaubt. Wer sich die Augen öffnen lassen möchte, dem können wir das Buch von Nassim Nicholas Taleb *Fooled by Randomness* (deutsch: *Narren des Zufalls*) empfehlen (Taleb 2001).

Das Bedürfnis, Recht zu haben, ist in unserem Kulturkreis, im Bildungswesen, im politischen Diskurs fest verankert. Der Meinungskampf in der Demokratie ist darauf ausgerichtet, dass sich am Ende die beste Lösung durchsetzt. Wenn es keine Einigung gibt, wird abgestimmt. Ähnlich ist es an der Börse, die ein permanenter Abstimmungsprozess ist. Wer gewinnt, bekommt Recht, wer verliert, hat Unrecht, bezogen auf die Erwartungen im Marktprozess. Doch da wir am Ende immer als Sieger dastehen wollen, halten wir zu lange an unseren Voraussagen fest, auch wenn uns der Markt schon längst signalisiert hat, dass wir falsch liegen.

Das Lottosyndrom bezieht sich auf ein in vielen Ländern bekanntes Spiel, an dem Millionen Menschen mit Begeisterung teilnehmen. Der Einsatz ist meist klein, der Hauptgewinn bei sechs richtigen Zahlen riesengroß. Doch die Wahrscheinlichkeit eines Volltreffers, also sechs Richtige, ist minimal: 1 zu 14 Millionen. Gleichwohl spielen wir diese Lotterie weiter mit Begeisterung. Warum? Weil wir es sind, die die sechs Zahlen auswählen, und weil wir glauben, dadurch hätten wir irgendeinen Einfluss auf das Spiel. Es ist aber zufallsgesteuert. Eine Maschine spuckt die sechs Zahlen nach dem Zufallsprinzip aus. Ähnlich verhält es sich an der Börse. Wir wählen sechs Aktien aus, nach langer, sorgfältiger Analyse. Doch kaum sind wir damit im Markt, macht dieser nicht, was wir wollen, was wir erwarten, sondern was er will. Wir haben keine Kontrolle über diesen Prozess – außer zu bestimmen, dass wir aussteigen. Das Verkaufen ist damit mindestens genauso wichtig, wenn nicht wichtiger als das Kaufen. Professionelle Marktteilnehmer wissen das. Sie legen vorher fest, wie viel sie bereit sind, im schlimmsten Fall zu verlieren, und steigen aus, wenn die Risikoschwelle erreicht wird.

Tharps Thesen bauen zum einen auf dem reichen Schatz psychologisch bedingter Fehler auf, den die Praktiker immer wieder erkannt haben und der in viele Börsensprüche Eingang gefunden hat, zum anderen aber auch auf wissenschaftlichen Erkenntnissen über das Verhalten von Marktteilnehmern. Behavioral Finance – die verhaltensorientierte Kapitalmarktforschung – agiert im Spannungsfeld zwischen Ökonomie und Psychologie. Die bahnbrechenden Arbeiten von Werner F. M. De Bondt und Richard H. Thaler Mitte der achtziger Jahre gaben den entscheidenden Anstoß zur Entwicklung dieses neuen Forschungsgebietes (DeBondt/Thaler 1985). Das Primat der Rationalität der Marktteilnehmer wird grundsätzlich durch eine eingeschränkte Rationalität ersetzt. Irrationalität wird thematisiert, Verhaltensanomalien werden systematisch untersucht, sowohl beim Individuum als auch in Kollektiven. Heinz-Werner Rapp, Geschäftsführer der Bad Homburger Firma Feri Wealth Management, einer der Ersten, die in Deutschland Behavioral Finance propagierten und auch praktisch umzusetzen versuchten, sagt sogar einen »Paradigmenwechsel« in der Kapitalmarktforschung voraus (Rapp 1997).

Behavioral Finance baut zu einem großen Teil auf den Untersuchungen der Psychologen David Kahneman und Amos Tversky in den siebziger und achtziger Jahren auf, die in umfangreichen psychologischen Experimenten Entscheidungen unter Risiko beobachtet haben. Zum Beispiel bedienen sich die Menschen vielfältiger Heuristiken, salopp gesagt, Faustregeln, um die Komplexität von Entscheidungssituationen zu meistern (Tversky, Kahneman 1985). Kahneman wurde dafür 2002 mit dem Nobelpreis ausgezeichnet, Tversky ist 1989 verstorben. Inzwischen haben fast alle renommierten Hochschulen in den USA Lehrstühle für Behavioral Finance, und auch in Deutschland ist die Forschung auf dem Vormarsch. Unter anderem ist hier die Behavioral Finance Group an der Universität Mannheim zu nennen, die von Professor Martin Weber geleitet wird, oder das Institut für Asset Management unter Leitung von Prof. Rüdiger von Nitzsch in Aachen. Beide produzieren sehr lesenwerte Studien zum Anlegerverhalten, die sich meist umfangreicher Datensätze von Direktbanken bedienen.

Die Forschung hat in den vergangenen Jahren immer neue Prägungen, Konditionierungen und Anomalien herausgefunden, die auch unter dem englischen Begriff »Bias« im Deutschen verwendet werden. Es gibt Beratungs- und Marktforschungsfirmen, die sich auf Behavioral Finance berufen. So entwickelt auf dieser Grundlage das Frankfurter Unternehmen Cognitrend unter Jochim Goldberg Handelssysteme. Die Fondsgesellschaft Deka Investment hat ihre Technische Analyse zur Behavioral Finance Group umfirmiert und versucht ihr quantitatives Fondsmanagement damit stärker zu unterstützen. Andere Gesellschaften wie zum Beispiel JPMorgan Asset Management legen Fonds auf, die bei der Auswahl von Titeln explizit aus Behavioral Finance abgeleitete Methoden herausstellen.

Die Erkenntnisse von Behavioral Finance werden inzwischen auch von Seiten der Gehirnforschung bestätigt. Das neue Fach heißt Neuroökonomie oder auch Neurofinance (Levy 2006, Buchhorn/Hetzer 2006). Neurophysiologen untersuchen mit Hilfe von Kernspintomografen, was im Gehirn bei Entscheidungsprozessen abläuft, welche Aktivitäten wo und wie zu lokalisieren sind. Vereinfacht wird zwischen dem Präfrontalcortex als Sitz der Vernunft und dem limbischen System unterschieden, das die Gefühle steuert. Die beiden Gehirnteile stehen offenbar in einer Art Wettstreit. Meistens gewinnen die Triebe, vor allem in Stresssituationen, in denen nicht vernünftig abgewogen werden kann. Dabei erweist sich das Gefühlssystem als erstaunlich stabil und ist nach den Untersuchungen bis zum 18. Lebensjahr schon weitgehend ausgeprägt. Die Neuroökonomie hat auch eine genetisch bedingte Erklärung für verschiedene irrational erscheinende Verhaltensweisen. Der Mensch ist danach auf Triebe programmiert, die ihm in grauer Vorzeit das Überleben sicherten. So lässt sich zum Beispiel die Neigung erklären, Gewinne möglichst früh mitzunehmen, auch wenn es rational wäre, langfristig zu agieren und den Gewinn zum Vermögensaufbau zu nutzen. Für den Urmenschen galt immer: Nimm, was du kriegen kannst, morgen ist es vielleicht schon wieder weg. Noch steht die Erforschung des menschlichen Gehirns am Anfang. Doch schon wird spekuliert, ob es eines Tages Psychopharmaka geben wird, die rationales Verhalten fördern. Die Vorstellung, dass dann eines Tages an der Börse nur noch besteht, wer die richtigen Psychopharmaka nutzt, ist beängstigend. Brauchen wir dann vielleicht wie im Sport Dopingkontrollen, um einen fairen Wettbewerb zu sichern?

Zukunftsmusik. Zurück zum Heute und Jetzt. Man kann lernen, seine Gefühle – zumindest bis zu einem gewissen Grad – zu managen. Deshalb tut jeder Anleger gut daran, sich zunächst über seine emotional bedingten Entscheidungen, seine immer wieder auftauchenden Anomalien klar zu werden. Was also weiß Behavioral Finance über das Anlageverhalten?

Ein Großteil der Forschung beschäftigt sich mit dem Wahrnehmen von Informationen, mit der Verarbeitung und schließlich mit der Urteilsbildung. Dabei gibt es eine Fülle von Verzerrungen (v. Nitzsch/Goldberg 1999, Shefrin 2000).

Vereinfachung

Die meisten Menschen haben eine Aversion gegen Komplexität. Das ist verständlich, denn schwierige Sachverhalte zu verstehen ist oft sehr aufwendig. Deswegen greifen sie gerne zu Faustformeln, die komplexe Phänomene reduzieren. Das ist vor allem dann nötig, wenn schnell entschieden werden muss. Wer zum Beispiel zwischen zwei Bewerbern um eine Stelle auswählen muss, wird denjenigen, der die größere

Berufserfahrung hat, in die engere Wahl ziehen. Berufserfahrung ist ein Signal dafür, dass der Bewerber erfahrungsgemäß mit den geforderten Aufgaben zurechtkommen sollte. Als Konsumenten wählen wir oft Marken, sie sind eine Art Faustformel für gute Qualität. Als Anleger setzen wir gerne auf einfache Sachverhalte, die uns eine aufwendige Analyse ersparen und sich auch in vielen Börsensprüchen wiederfinden. »Steigende Zinsen sind Gift für die Börse« ist so eine einfache Formel, die meistens stimmt, manchmal aber nicht. Kennziffern bauen auf Vereinfachung auf. Das Kurs-Gewinn-Verhältnis signalisiert, das eine Aktie preiswert ist. Der größte Vereinfacher ist der Preis in einer Marktwirtschaft und ebenso an der Börse. Kaum ist der Kurs einer Aktie drei Tage gestiegen, gehen wir davon aus, er läuft weiter nach oben. Charttechniker orientieren sich ohnehin nur an den Preisen von Aktien oder Märkten in der Annahme, dass alle Informationen darin enthalten sind.

Solche Vereinfachungen sind an sich nichts Schlechtes, wir zögern, sie einfach als irrationales Verhalten zu qualifizieren. Denn die Entscheidungen in einer komplexen Welt sind wegen der begrenzten Informationen immer mit großer Unsicherheit behaftet. Da ist es subjektiv rational, zu einer Faustformel zu greifen, die sich in vielen Fällen bewährt hat. Faustformeln sind also nötig, um in der komplexen Welt entscheidungsfähig zu bleiben. Nur muss man sich immer klar machen, dass sie nie das ganze Bild widerspiegeln. Sie können noch so plausibel erscheinen und sich dennoch in konkreten Umständen als falsch erweisen.

Verfügbarkeit

Mit der Vereinfachung eng verbunden ist die Verfügbarkeit von Informationen. Je leichter diese zu erhalten sind, desto stärker werden sie in der Regel auch gewichtet. Neue Informationen, quasi allgegenwärtige, so haben verschiedene Untersuchungen geben, werden oft stärker gewichtet als alte, schon bekannte. Im Internetboom gab es eine wahre Flut von Nachrichten, die die Zukunft von Firmen und der

Wirtschaft in den schönsten Farben schilderten. Eine tolle Gewinnmeldung eines Unternehmens, die Phantasie wurde angeregt, und schon wurden Aktien gekauft. Kurz vor der Jahrtausendwende sprangen die Kurse quasi auf jede heiße Nachricht nach oben. Die auch im Menschen wirksame Angst vor dem Unbekannten wurde so völlig aufgehoben. Die Zukunft erschien einfach sicher. Historische Erfahrungen, wie sie in Büchern zu finden waren, wurden negiert. Das zeigt übrigens das Schlagwort der »New Economy«, die damals eine neue Ära ankündigte. Wer erinnerte sich, dass dieser Begriff schon in den zwanziger Jahren des vorigen Jahrhunderts von Irving Fischer geprägt wurde? Fisher, ein brillanter Ökonom, war der Prophet der »New Economy«. Doch er irrte fürchterlich. Es kam die große Depression. Man hätte also gewarnt sein können.

Mentale Konten

Gleichzeitig über verschiedene Alternativen entscheiden zu müssen ist ziemlich schwierig. Der Trick ist, jede Alternative einzeln zu behandeln, sozusagen in einzelne geistige Konten zu buchen. Auf diese Weise wird Komplexität reduziert, aber es werden auch mögliche Zusammenhänge negiert. Diese Vorgehensweise kann in den Finanzmärkten negative, aber auch positive Wirkungen haben. Anleger neigen dazu, jede einzelne Aktie für sich zu betrachten und zu beurteilen. Jedes Konto soll mit Gewinn abgeschlossen werden. Doch meist ist es besser, die Anlagen als Paket zu sehen, das ein möglichst hohes positives Gesamtergebnis erzielen soll. Schlechte Engagements sollten aufgegeben und das Geld für bessere eingesetzt werden. Dieses Verfahren ist aber oft sehr unübersichtlich und bedarf mehr Aufwand zur Entscheidung. Allerdings können solche mentalen Konten auch zur Disziplinierung beitragen, erst recht, wenn sie in reale Konten umgesetzt werden. Da gibt es zum Beispiel das Konto »Altersvorsorge«. Es enthält einen Sparplan, der Monat für Monat und Jahr für Jahr bedient und an den bis zur Pensionierung nicht gerührt wird. Sicherheit steht hier an oberster Stelle. Auf der anderen Seite gibt es das Konto »Spielgeld«, das Geld, das man übrig hat und an der Börse einsetzen kann.

Damit wird mehr Risiko eingegangen, aber mögliche Verluste sollten in der Regel nie die finanziellen Grundlagen eines Haushalts in Gefahr bringen. Auch das ist wieder ein Beispiel dafür, dass sogenannte »Irrationalitäten« sehr vernünftig sein können.

Selektive Wahrnehmung

Sie haben ein neues Auto gekauft, gehen am Kiosk vorbei und sehen eine Zeitschrift, die eben dieses Auto getestet hat. Wie reagieren Sie, eingedenk der Tatsache, dass Sie Ihren Kauf kaum rückgängig machen können? Wahrscheinlich werden Sie negative Informationen abwerten, ja vielleicht sogar ignorieren, um so Ihre Entscheidung doch noch zu rechtfertigen. Sie üben sich in selektiver Wahrnehmung. Dieser psychologische Mechanismus wirkt auch bei jedem Anleger. Angenommen, Sie haben eine Aktie gekauft: Wie werden Sie eine Studie beurteilen, die diese Aktie empfiehlt, und eine, die diese Aktie zum Verkauf stellt? Möglicherweise werden Sie die Verkaufsempfehlung überhaupt nicht lesen.

Dieser Hang zur selektiven Wahrnehmung wird unter anderem mit der Theorie der kognitiven Dissonanz erklärt, die schon in den fünfziger Jahren des vorigen Jahrhunderts von dem Psychologen Leon Festinger entwickelt wurde (Festinger 1957). Danach strebt der Mensch nach Harmonie. Er will seine innere Welt mit der äußeren in Einklang bringen. Wenn er die äußere nicht verändern kann, nimmt er sie eben anders wahr.

All die genannten Wahrnehmungsverzerrungen gehen in unsere Urteilsbildung ein. Daraus ergeben sich weitere Phänomene.

Verankerung

Investoren orientieren sich bei ihren Urteilen und Schätzungen sehr stark an einem Ausgangswert (Anker). Wenn nun neue Fakten auftauchen, wird dieser Ausgangswert als Referenz genommen. Oft ist deshalb die Anpassung an neue Informationen unzureichend. Das zeigt sich zum Beispiel dann, wenn neue Unternehmensdaten auftauchen und die Analysten ihre Gewinnschätzungen anpassen müssen. Nach verschiedenen Untersuchungen tun sie es meist nur sehr zögerlich, weil sie ihre ursprünglichen Schätzungen nicht als völlig falsch darstellen möchten. Für den Privatanleger ist der bekannteste Anker der Einstandskurs, der Preis bei seiner Kaufentscheidung. Bei Verlusten knüpfen sich alle Hoffnungen daran, ihn wieder zu erreichen, notwendige Verkäufe unterbleiben oft.

Ambiguitätsaversion

Wenn Menschen über Alternativen entscheiden müssen, von denen eine sicher oder eindeutig, die andere aber unsicher ist, dann entscheiden sie sich meist für die sichere Variante. Emotional wirkt hier die Angst vor dem Unbekannten, vor der Mehrdeutigkeit einer Situation (Ambiguität). Das ist eine Erklärung dafür, dass Anleger einheimische Aktien ausländischen vorziehen, weil sie glauben, die einheimischen besser zu kennen.

Repräsentativität

Wie die Menschen allgemein, urteilen und denken Anleger oft in Stereotypen. Was ins Schema passt, wird als sehr wahrscheinlich oder sogar als wahr eingeschätzt. Hinzu kommt oft falscher Umgang mit Wahrscheinlichkeiten, wie sie in Prognosen und Analysen genannt werden. Wird zum Beispiel ein Ereignis mit einer Wahrscheinlichkeit von 80 Prozent vorausgesagt, heißt dies nur, dass das Ereignis in einer hohen Anzahl von gleichartigen Fällen zu 80 Prozent auftritt, also bei 1.000 Fällen dann 800-mal. Der Markteilnehmer muss aber damit rechnen, dass das erwartete Ereignis trotz hoher Wahrscheinlichkeit mehrfach hintereinander nicht eintritt – mal ganz abgesehen davon, dass in einem offenen Marktsystem nie sicher ist, ob es sich wirklich um gleichartige Fälle handelt. Wahrscheinlichkeiten sind also oft nur Scheinsicherheiten. Ein spezielles Phänomen ist der sogenannte **Trugschluss des Spielers** (Gambler's Fallacy). Wenn der beim Roulette auf Rot setzt, und immer wieder kommt Schwarz, spielt er trotzdem weiter. Er nimmt an, dass die Wahrscheinlichkeit, dass Rot nun endlich kommt, zunimmt. Doch die Wahrscheinlichkeit, Rot oder Schwarz, ist in jedem Spiel gleich, nämlich 50 Prozent.

Kontrollbedürfnis

Der Mensch strebt danach, eine Situation möglichst zu kontrollieren, er hat ein ausgeprägtes Kontrollbedürfnis. Nun lassen sich zwei Phänomene unterscheiden. Die **Angst vor Kontrollverlust** führt bei heftigen Kursschwankungen dazu, dass der Anleger unter großen Stress gerät, zeitweise wie gelähmt ist oder zu panischen Reaktionen neigt. Läuft aber alles gut, schaffen Anleger immer wieder Gewinne, entsteht bei vielen das Gefühl, sie hätten alles im Griff. Sie vertrauen zu sehr auf ihre eigenen Fähigkeiten, obwohl sie – wie wir gesehen haben – den Markt nicht kontrollieren. Aus **Kontrollillusion** erwächst dann Selbstüberschätzung.

Rahmenbezug (Framing)

Wie wir entscheiden, ist nicht unabhängig von den Rahmenbedingungen, seien sie nun fundamentaler (zum Beispiel hohe Gewinndynamik) oder psychologischer Art (Begeisterung am Markt). Besteht zum Beispiel an der Börse ein Aufwärtstrend, werden neue Nachrichten meist so interpretiert, dass sie den Trend bestätigen. Anleger werden dann mutig. Sie kaufen, weil andere kaufen. So verstärkt sich prozyklisches Verhalten oft, bevor ein Zyklus kippt. Durch solche Rahmenbedingungen ergeben sich verstärkende Effekte, wenn individuelles Verhalten in aggregierter Form auf der Marktebene wirksam wird.

All diese Einflussfaktoren sind nicht isoliert zu sehen, sie treten im Anlageprozess kombiniert aus. BÖRSE ONLINE hat dazu zusammen mit Prof. Rüdiger v. Nitzsch, der in Aachen Betriebswirtschaftslehre lehrt, 1999 einen großen Anlegertest im Internet durchgeführt. Anleger konnten sich damals mit Hilfe eines »Psychotrainers« auf Rationalitätsschwächen prüfen. 33 Fragen mussten beantwortet werden, rund 70.000 Datensätze wurden ausgewertet. Die Untersuchung war nicht repräsentativ, da vor allem Internetnutzer daran teilnahmen. Dennoch erhielten wir Erkenntnisse darüber, wie stark Rationalitätsschwächen auf Anleger insgesamt zutrafen, und jeder Einzelne erhielt Informationen über sein Profil. Diese Rationalitätsschwächen wurden in fünf Anlegertypen dargestellt.

Vorschnelles Handeln. Dieser Anleger nimmt sich nur wenig Zeit zur Analyse, verarbeitet Informationen schematisch, liebt Faustformeln und neigt deshalb zu Fehleinschätzungen. Oft sieht er Zusammenhänge, wo gar keine sind, nur weil sie gut in seine Denkschemata passen (Abb. 3-1).

Mit diesem Profil, das Fehler durch Vereinfachung, schnelle Verfügbarkeit von Informationen und Repräsentativitätsurteile zusammenfasst, haben Investoren überdurchschnittlich große Probleme. Es trifft auf die Befragten mit 53,2 Prozent zu. Mit zunehmendem Alter nimmt diese Anomalie leicht ab, mit zunehmender Erfahrung deutlicher. Für Anleger mit mehr als fünf Jahren Börsenerfahrung fällt der Wert auf 49,6 Prozent. Je mehr Papiere sie im Depot haben, desto weniger stark ist das Profil ausgeprägt. Bei Depots mit mehr als 20 Titeln beträgt der Wert nur 50,2 Prozent. Diese Anleger informieren sich also gründlicher.

Selbstüberschätzung (Kontrollillusion). Dieser Anlegertyp glaubt, dass seine Kursprognosen meist zutreffen und dass er die Märkte im Griff hat. Besonders nach erfolgreichen Engagements nimmt er hohe Risiken auf sich. Sein Ziel ist es, möglichst schnell reich zu werden. Deshalb hat er in der Regel viel Geld in wenige Papiere investiert (Abb. 3-2).

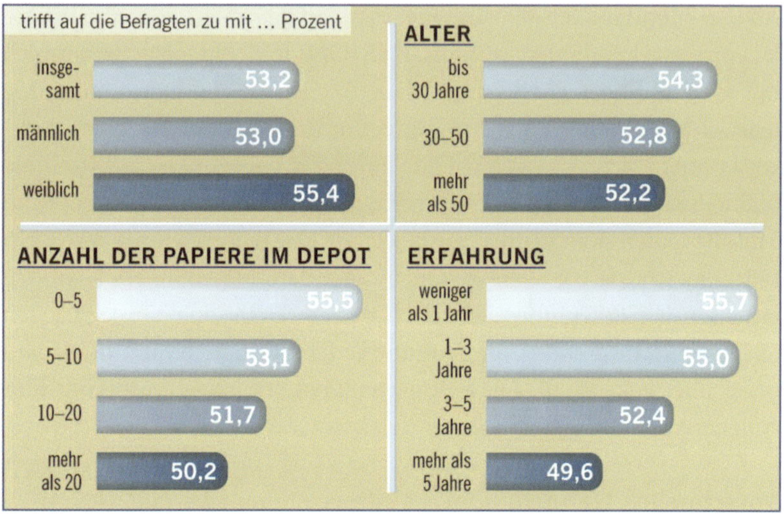

Abbildung 3-1: *Psychofalle »Vorschnelles Handeln«*

Mit Selbstüberschätzung haben die Anleger am meisten ihre Probleme. Das Profil trifft mit 56,9 Prozent auf die Anleger zu. Männer neigen dabei viel stärker als Frauen dazu, in diese Psychofalle zu tappen (57,2 und 53,8 Prozent). Frauen agieren vorsichtiger und sind darum oft auch die besseren Anleger. Untersuchungen von Onlinebrokern zum Beispiel bestätigen, dass Frauen weniger umschichten und mehr auf Fonds setzen, Männer dagegen häufiger hin- und herhandeln und eher Einzelaktien bevorzugen.

Fixierung auf den Einstandspreis. Dieser Typ führt für jedes Engagement ein eigenes Konto. Er orientiert sich zu sehr am Einstandspreis und will unbedingt jede Position mit Gewinn abschließen. Verlustreiche Positionen lässt er oft zu lange laufen und realisiert Gewinne zu früh (Abb. 3-3).

Dieses Profil stellt auf mentale Konten und Verankerung im Entscheidungsprozess ab. Auffällig ist, dass die Unterschiede zwischen den verschiedenen Altersklassen, zwischen viel und wenig Börsenerfah-

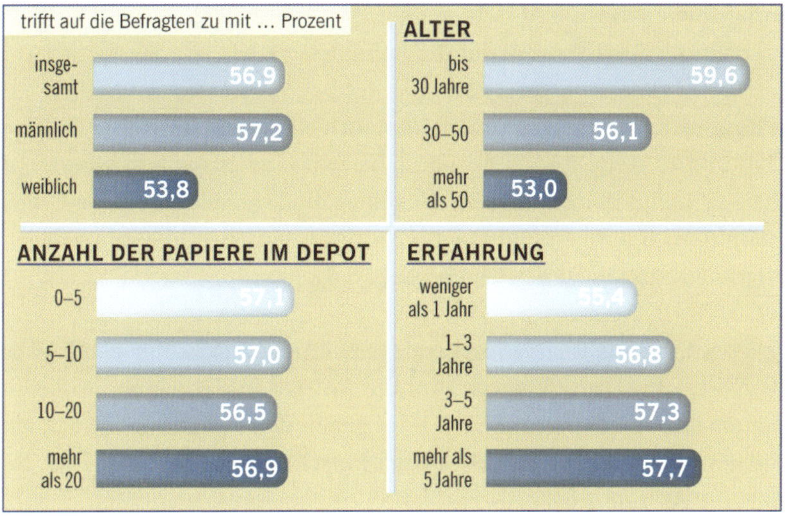

Abbildung 3-2: *Psychofalle »Selbstüberschätzung«*

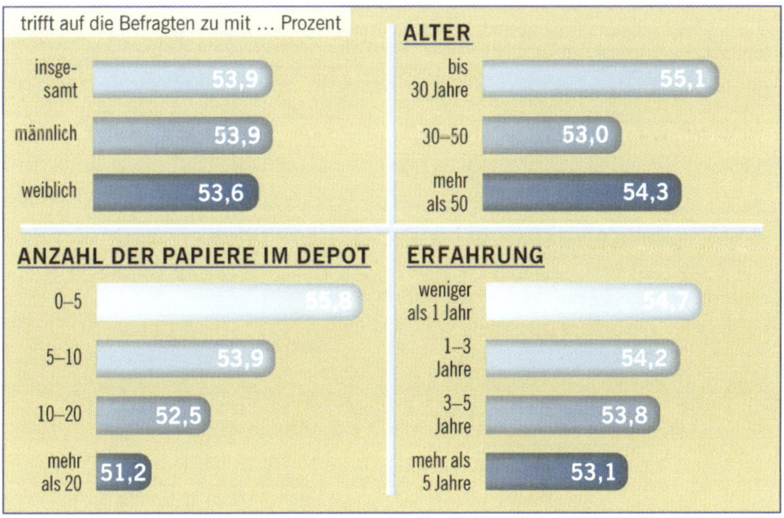

Abbildung 3-3: *Psychofalle »Fixierung auf den Einstandspreis«*

rung sowie großen und kleinen Depots wenig ausgeprägt ist. Das Profil trifft mit 53,9 Prozent auf die Befragten zu.

Hängen an Entscheidungen (selektive Wahrnehmung). Diesem Typ fällt es schwer, sich einzugestehen, dass er etwas falsch gemacht hat. Er hängt emotional sehr an seinen Entscheidungen. Er will sich ständig rechtfertigen und neigt dazu, Informationen, die ihm gelegen kommen, stärker zu gewichten (Abb. 3-4).

Dieses Ergebnis ist überraschend. Das Profil erreicht nur einen Wert von 41,1 Prozent. Offenbar sind die Anleger im Durchschnitt flexibler als allgemein angenommen oder geben dies zumindest an. Frauen halten stärker an einmal getroffenen Entscheidungen fest (45,7 %). Erfahrene Anleger (mehr als fünf Jahre) orientieren sich eher um. Bei ihnen trifft das Profil nur zu 37,9 Prozent zu.

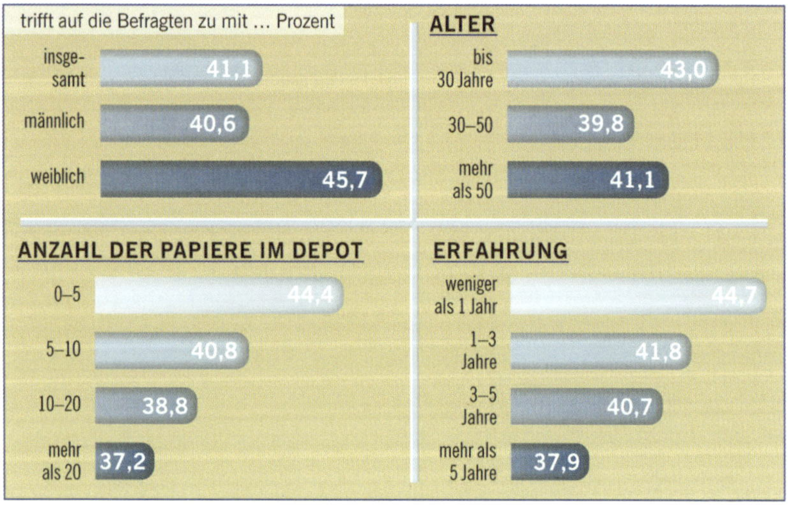

Abbildung 3-4: *Psychofalle »Hängen an Entscheidungen«*

Übertriebene Angst (Angst vor Kontrollverlust). Dieser Investor hat ein hohes Bedürfnis nach Kontrolle. Bei großen Kursschwankungen gerät er in starken Stress, fühlt sich ausgeliefert und hilflos. Zeitweise ist er wie gelähmt und neigt dann wieder zu panischen Reaktionen. Lukrative Gewinnmöglichkeiten verpasst er häufig (Abb. 3-5).

Dieses Profil erreicht nur einen Wert von 45,4 Prozent, bei weiblichen Befragten 52,1 Prozent. Angst war im Jahr 1999 kein großes Thema. Man traute sich einfach etwas zu. Das lässt sich gut damit erklären, dass 1999 kaum ein Anleger die Erfahrung einer ausgeprägten Baisseperiode hatte. Der Crash von 1987 war längst Geschichte. Kursrückschläge wurden immer schnell wieder ausgebügelt. Darin spiegelt sich auch ein Stück »gelernte Sorglosigkeit« wider, eine Form von Selbstüberschätzung, vor der US-Notenbankchef Alan Greenspan mehrfach gewarnt hatte.

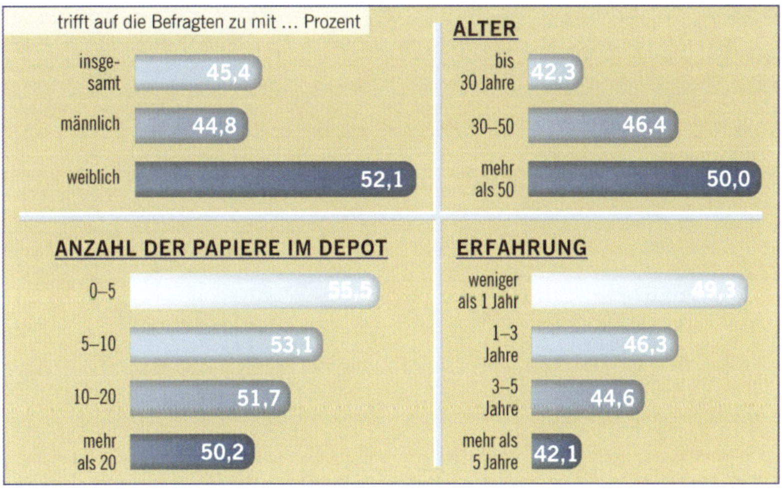

Abbildung 3-5: *Psychofalle »Übertriebene Angst«*

Insgesamt zeigt diese Untersuchung, dass die Anleger Ende der neunziger Jahre ziemlich risikofreudig ausgerichtet waren, mit schlimmen Folgen, wie wir jetzt wissen. Nur 18,5 Prozent der Befragten hatten überhaupt Rentenpapiere in ihrem Depot. 30,2 Prozent hatten nur bis zu fünf Titel in ihrem Portfolio. Eine übergreifende Erkenntnis aus dieser Untersuchung ist auch die Wichtigkeit von Erfahrung. Die Rationalitätsschwächen sind negativ mit der Erfahrung am Börsengeschehen korreliert: Je größer die Erfahrung, desto geringer sind sie ausgeprägt. Vor allem Anleger, die weniger als ein Jahr an der Börse agieren, sind fehleranfällig. Also wieder ein Argument mehr für einen Lernprozess, auf den Sie sich einlassen müssen.

4 Ein Euro ist nicht gleich ein Euro – über den Umgang mit Verlusten und Gewinnen

Der Besitz macht uns nicht halb so glücklich, wie uns der Verlust unglücklich macht.

Jean Paul, 1763 – 1825

Aus vielen Briefen und Telefonanrufen wissen wir bei BÖRSE ONLINE, was den Anlegern am meisten Probleme bereitet: Es sind die oft heftigen Schwankungen an der Börse und die damit verbundenen Gewinne oder Verluste. Kaum ist eine Aktie kräftig gestiegen, kommt die Anfrage, ob man nun doch lieber Gewinne sicherstellen sollen. Ist ein Papier dagegen kräftig gefallen, wird nicht nach dem Ausstieg, sondern nach den Chancen gefragt, dass sich die Aktie wieder erholt. Der Hinweis auf einen Stoppkurs wird meist damit gekontert: »Und was ist, wenn die Aktie plötzlich dreht?« Ein Verlust ist schon schlimm genug, aber der Gedanke, einen Verlust zu realisieren, aus dem dann später ein Gewinn wird, ist für viele unerträglich.

Auch die Verhaltensforschung hat bestätigt, dass der Umgang mit Gewinnen und Verlusten höchst verwirrend ist. Eigentlich sollte alles ganz einfach sein, denn die meisten Menschen wollen Verluste vermeiden und Gewinne machen. Doch dabei kommt es immer auf die konkreten Alternativen an. Um das Anlegern deutlich zu machen, stellen wir Ihnen in unseren Seminaren gern Alternativen vor, die auf Experimente von Tversky/Kahneman zurückgehen (Goldberg/v. Nitzsch 1999). Daran kann man eine Reihe von Verzerrungen bei der Urteilsbildung ablesen.

In der ersten Entscheidungssituation erhalten die Teilnehmer in einem Spiel 1.000 Euro und können dann wählen, zwischen

A: einem sicheren Gewinn von 500 Euro oder

B: einer 50-Prozent-Chance, 1.000 Euro hinzuzugewinnen.

Wie würden Sie entscheiden? Bei der Alternative A hat der Teilnehmer am Ende 1.500 Euro, bei der Alternative B hat er 2.000 Euro, wenn es gut läuft, und 1.000 Euro, wenn es schief geht. In unserer kleinen Seminarumfrage kommt regelmäßig das heraus, was Tversky/Kahnemans Ergebnisse bestätigt. Die meisten Anleger wählen die Alternative A, den sicheren Gewinn. Nach den zitierten Untersuchungen tun das 84 Prozent, während 16 Prozent die Alternative B wählen.

Nun zur zweiten Entscheidungssituation, die wirtschaftlich genau der ersten entspricht. Statt Gewinnen ist hier aber von Verlusten die Rede. Diesmal erhalten die Teilnehmer 2.000 Euro und können wählen zwischen

A: einem sicheren Verlust von 500 Euro und

B: einem 50-Prozent-Risiko, 1.000 Euro zu verlieren.

Wie würden Sie diesmal entscheiden? Bei der Alternative A haben Sie am Ende noch 1.500 Euro, bei der Alternative B haben Sie 2.000 Euro, wenn es gut läuft, und 1.000 Euro, wenn es schief geht. In unseren Seminaren wählen die meisten Variante B, auch wenn die Entscheidung dabei nicht immer so eindeutig ist wie in der Situation 1. In den Tests von Tversky/Kahneman entschieden sich 69 Prozent für B und 31 Prozent für A.

Wirtschaftlich ist das Ergebnis gleich, wie gesagt. Aber die Rahmenbedingungen haben sich geändert. In der Situation 1 ist von Gewinnen, in der Situation 2 von Verlusten die Rede. Das Bedürfnis nach Verlustvermeidung führt nun dazu, dass es den Teilnehmern schwer fällt, einen sicheren, wenn auch kleineren Verlust zu akzeptieren. Sie wählen die Alternative B, weil diese die Hoffnung auf keinen Verlust beinhaltet.

So ähnlich geht es uns häufig an der Börse – mit einem wichtigen Unterschied: In der Regel ist das emotionale Engagement, das eine Art Selbstverpflichtung bewirkt, viel größer als in dem oben zitierten Spiel. Denn jeder Verlust ist ein Signal für einen Fehler, der durch den Verkauf der Aktie endgültig bestätigt wird. Wer klammert sich da nicht gern an die vage Hoffnung, dass der Kurs wieder steigt und aus dem Verlust sogar ein Gewinn wird? Dann hätten wir ja letztlich sogar Recht gehabt. Manchmal funktioniert dies in der Tat, oft aber nicht, und die Aktie rutscht noch tiefer ins Minus. Dann macht sich ein neues Gefühl breit: Die Wert der Aktien ist doch schon so tief gesunken, jetzt ist es auch egal. Haben Sie noch solche »Egal-Aktien« oder Leichen im Depot? 90 Prozent Minus oder noch mehr?

Nach Behavioral Finance kann man diese Verhaltensweise mit der Dissonanztheorie erklären. Wir haben mit Herzblut eine Entscheidung getroffen, und wenn dann der Kursverlauf an der Börse dieser Entscheidung widerspricht, versuchen wir, Verluste anders wahrzunehmen. Sie werden mit dem Etikett »temporär« versehen, mit der Hoffnung also, dass die Kurse bald wieder steigen. Auch das Aussitzen von Nieten ist gut belegt. Dabei kommen vielfältige Verdrängungsmechanismen zum Tragen. Die Wissenschaft spricht vom Sunk-Cost-Effekt.

Blicken wir aufwärts. Was passiert bei Gewinnen? Hier kommt bei einem Gewinn schnell Angst auf, dass bald alles wieder dahin ist. Die Erkenntnis reift, dass nur ein realisierter Gewinn sicher ist. Also wird verkauft, auch wenn der Aktienkurs oft noch weiter steigt. Auch ein kleiner Gewinn bestätigt unsere ursprüngliche Entscheidung. Dass uns viel entgeht, wird verdrängt.

Dieses unterschiedliche Verhalten gegenüber Verlusten und Gewinnen führt dazu, dass Verliereraktien zu lange gehalten und Gewinneraktien zu früh verkauft werden. Drastisch gesagt: Die Top-Titel fliegen aus dem Depot, die lahmen Enten bleiben drin. Man braucht wenig Phantasie, um sich auszumalen, dass eine solche Anlagestrategie auf lange Sicht kaum ordentliche Gewinne generieren dürfte.

Auch dieses Verhalten ist mit vielen Experimenten untersucht worden und in der Wissenschaft unter dem Begriff **Dispositionseffekt** bekannt. Die Auswertung von Daten der Anleger von Online-Brokern hat immer wieder bestätigt, dass Gewinneraktien tendenziell zu früh verkauft und Verliereraktien zu lange gehalten wurden. So erbrachte eine Untersuchung von 1998 zum Anlageverhalten von amerikanischen Discountbroker-Kunden, dass der Anteil der realisierten Gewinne in den Jahren 1987 bis 1993 rund 15 Prozent betrug, der der realisierten Verluste hingegen nur zehn Prozent – ein Hinweis darauf, dass die Anleger dazu tendierten, Gewinne eher zu realisieren als Verluste. Und es waren nicht nur unerfahrene Kleinanleger, die diesem Dispositionseffekt erlagen, sondern auch fortgeschrittene Kunden mit einer überdurchschnittlichen Anzahl von Wertpapiertransaktionen (Vossmann/Weber 1999). Damit wird eine schon von Kahneman/Tversky gemachte Beobachtung unterstützt, dass Verluste einen zweieinhalbmal größeren Einfluss haben als gleich große Gewinne. Aber das wusste ja eigentlich auch schon der eingangs zitierte Poet Jean Paul, der zur Goethes Zeiten lebte.

Das größere emotionale Gewicht von Verlusten lässt sich auch damit begründen, dass es einfach schwieriger ist, sich aus Verlustsituationen wieder emporzuarbeiten. Das hat ganz einfach etwas mit einem statistischen Basiseffekt zu tun: Während höhere Verluste – ausgedrückt in Prozent – linear anfallen, müssen Gewinne exponentiell steigen, um einen Verlustausgleich herbeizuführen. Das zeigt eindrucksvoll die unten stehende Formel (Abb. 4-1). Ein Verlust von zehn Prozent bedarf eines Gewinns von elf Prozent, um wieder ausgeglichen zu werden. Ein Verlust von 50 Prozent erfordert bereits einen Gewinn von 100 Prozent. Und ein Verlust von 80 Prozent macht schon 400 Prozent

Gewinn nötig, um wieder die Ausgangsbasis zu erreichen. Kaum vorstellbar, was man bei 90 Prozent aufholen muss, sage und schreibe 900 Prozent. Fall Sie sich das jeweils ausrechnen möchten, hier die recht einfache Formel. Dabei wird der Prozentsatz als Dezimalzahl ausgedrückt, also Prozentsatz geteilt durch 100.

Die Formel für den zum Verlustausgleich nötigen Gewinn:

$$\text{Verlustausgleich} = \frac{1}{1 - V} - 1 \quad \text{wobei: } V = \text{Verlust in Prozent (dezimal)}$$

Formel 4.01

Nehmen wir als Beispiel einen Verlust von 37 Prozent, dezimal ausgedrückt 0,37. Dann ergibt sich die folgende Rechnung:

$$\frac{1}{1 - 0{,}37} - 1 = 0{,}587$$

Für einen Verlust von 37 Prozent benötigen Sie also einen Gewinn von knapp 59 Prozent, um wieder ausgeglichen zu sein.

Diese Mechanik machen wir Anleger uns viel zu wenig klar. Wenn wir eine Aktie analysieren, sind wir schon hoffnungsfroh, wenn wir einen Gewinn von 20 Prozent erwarten können. Also wird sie gekauft. Ist die Aktie im Depot um 50 Prozent abgeschmiert, halten wir sie mit der Erwartung der Erholung – um 100 Prozent. Das ist oft nicht sehr realistisch. Wer als Anleger erkennt, wie schwer Verluste auf ihn lasten, kann im Prinzip auf drei Weisen reagieren. 1. Er agiert spekulativer, um die Verluste mit anderen Engagements wieder aufzuholen. 2. Er ist wie gelähmt, lässt die Aktie treiben und beginnt, die Fehlentscheidung zu verdrängen. 3. Er verkauft die Aktie mit geringem Verlust und stellt die Position glatt. Die erste Option ist höchst gefährlich. Oft gerät der Anleger noch tiefer in Schwierigkeiten, vor allem wenn er mit hochspekulativen Instrumenten versucht, das Blatt zu wenden. Am Ende kommt es zum Ruin. Das ist, wie erwähnt, Nick Leeson mit der Barings Bank passiert. Kein Wunder, dass das Risikomanagement der Banken darauf abgestellt ist, Verlustpositionen rechtzeitig zu liquidieren, bevor das ganze Unternehmen in Gefahr gerät. Auch die zweite Option kann im Ruin enden, vor allem wenn mehrere Positionen gleichzeitig betroffen sind. Die letzte Option, nämlich zu verkaufen, macht bisher durch die Verlustposition gebundenes Kapital frei für einen Neuanfang. Häufig wird dieser aber durch das Denken in mentalen Konten verhindert, das wir schon kennen gelernt haben: Man will jede Position mit Gewinn abschließen und hofft und hofft und hofft ...

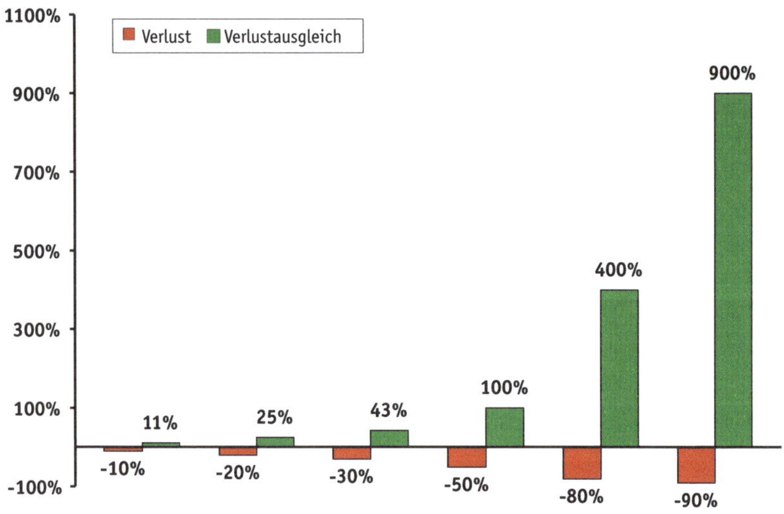

Abbildung 4-1: *Um wie viel Prozent Gewinn muss das Börsenkapital zulegen, um die erlittenen Verluste wieder wettzumachen? Fazit: Je größer der Verlust, desto schwieriger der Verlustausgleich.*

Diese Grafik sollten Sie sich einprägen oder vergrößert über den Schreibtisch hängen als ständige Erinnerung daran, wie gefährlich es ist, hohe Verluste zuzulassen. »Die ersten Verluste sind immer die kleinsten«, lautet eine alte Börsenweisheit. Das ist ein wichtiger Grundsatz des Money Managements.

Money Management als regelgebundenes Verfahren der Verlustverarbeitung lernen wir später ausführlich kennen. An dieser Stelle wollen wir trotzdem die ganze Skala der Gefühle vorstellen, die mit Verlusten verbunden sind, und erste Hinweise darauf geben, wie man am besten damit fertig wird. Dazu greifen wir auf den Erfahrungsschatz von Praktikern zurück, die einfach reflektieren, was sie erlebt und was sie durchlitten haben. Viele der Erkenntnissen von Behavioral Finance finden sich in der Fallstudie von Jim Paul und Brendan Moynihan: »What I Learned Loosing a Million Dollars« wieder, in dem die Parketterlebnisse des Future-Händlers Jim Paul beschrieben wird (Paul/Moynihan 1996, dt.: Was Gewinner von Verlierern unterscheidet).

Bei der psychologischen Dynamik von Verlusten wird die Verlustverarbeitung in fünf Phasen eingeteilt, die jeder von uns – mehr oder minder stark – schon einmal durchlebt hat.

1. Negierung

Erleidet der Anleger einen größeren Verlust, der weh tut, so versucht er ihn zunächst als temporär zu betrachten. Am besten schaut er nicht auf sein Depot, um den Verlust nicht noch schwarz auf weiß vor Augen zu haben. Stattdessen wird nach Bestätigung für die Meinung eines temporären Kursrückgangs gesucht, wird Bestätigung bei anderen Marktteilnehmern erheischt, die ebenfalls von weiter steigenden Kursen ausgehen. Bei einer Aktie betont der Anleger zudem das Potenzial des Papiers, preist die Gewinndynamik und die Absatzchancen. Manchmal funktioniert das, die Aktie steigt. Aber was ist, wenn die Verluste bleiben und sogar größer werden?

2. Zorn

Kann die Negierung nicht länger Bestand haben, schmerzen die Verluste immer mehr, beginnt eine Phase des Zorns. Unser Anleger versucht die Verantwortung emotional abzuschieben. Der Bankberater ist schuld, weil er den falschen Tipp gegeben hat. Die Notenbank ist schuld, weil sie die Zinsen erhöht hat. Oder sogar die Ehefrau, weil sie ihm nicht genügend Ruhe zur Analyse gelassen hat. Alle sind verantwortlich – nur einer nicht: unser Anleger. Doch der Zorn bringt ihn nicht weiter, die Verluste bleiben und werden vielleicht sogar größer.

3. Feilschen

In dieser Phase versucht der Anleger, die Erholung quasi herbeizubeten, indem er einen Pakt mit sich und dem Markt schließt. Er will ja gar nicht mehr verdienen, er will nur wieder seinen Einstandspreis erreichen, dann steigt er aus. Hauptsache, das mentale Konto wird nicht mit einem Verlust geschlossen. Besonders, wenn es zwischenzeitlich zu einer Erholung kommt, tritt die Phase des Feilschens stark hervor. Doch auch das Feilschen hilft nicht – die Verluste bleiben.

4. Depression

Je mehr sich Verluste ausweiten, desto mehr können sie sich aufs Gemüt schlagen. Unser Anleger kann vielleicht vor lauter Sorgen nicht mehr richtig schlafen, denkt unentwegt über einen Ausweg nach und findet keinen. Er ist traurig, niedergeschlagen, depressiv, im schlimmsten Fall sogar mit klinischen Symptomen. Die Verluste bleiben.

5. Akzeptanz

Irgendwann kommt dann der Punkt, an dem unser Anleger die Verluste akzeptiert. Er verkauft die Position oder bucht sie mental aus, weil der Wert so gering geworden ist, dass ein Verkauf nicht mehr lohnt. Die Aktie wird zur Depotleiche. Die Trauerarbeit geht zu Ende.

Wie die Phasen ablaufen, kommt sicherlich auf die Höhe der Verluste an, bezogen auch auf das gesamte Börsenkapital, das zur Verfügung steht, oder auf das gesamte Vermögen. Ist die Lebensgrundlage in Gefahr oder nicht? Einzelne Emotionen wird jeder von uns immer wieder bei der Verlustverarbeitung erleben. Auch ist der Prozess nicht gradlinig, sondern kann durch zeitweilige Kurserholungen gestoppt und verzögert werden. Wichtig ist aber eines: dass wir uns mit Verlusten auseinandersetzen und sie nicht einfach verdrängen. Denn nur so können wir unsere Fehler erkennen.

Wichtig ist aber auch, dass wir unsere emotionale Haltung gegenüber Verlusten verändern. Wir sind als Anleger für unsere Handlungen verantwortlich. Das ist richtig. Aber wir sollten uns klar machen, dass Börse auch immer ein Spiel mit dem Zufall ist. Anleger – ob Profis oder Laien – müssen unter Unsicherheit entscheiden. Niemand kennt alle Faktoren, die gerade wirksam sind oder wirksam werden. Ein Verlust wird dann immer noch schmerzen, aber vielleicht hilft diese Einstellung, ihn nicht persönlich zu nehmen.

5 Tanzen die Bullen oder die Bären? – Emotionen als Massenphänomen

»Die Hauptmerkmale des Einzelnen in der Masse sind also: Schwinden der bewussten Persönlichkeit, Vorherrschung des unbewussten Wesens, Leitung der Gedanken und Gefühle durch Beeinflussung und Übertragung in der gleichen Richtung, Neigung zur unverzüglichen Verwirklichung der eingeflößten Ideen. Der Einzelne ist nicht mehr er selbst, er ist ein Automat geworden, dessen Betrieb sein Wille nicht mehr in der Gewalt hat.«

Gustave Le Bon, Psychologie des Foules, 1895 (deutsch: Psychologie der Massen)

Wir wissen, dass sich die Börse in Zyklen bewegt. Zum Teil sind diese Zyklen durch Entwicklung der Konjunktur, der Unternehmensgewinne, der Zinsen, wie sie von den Notenbanken gesteuert werden, zu erklären. Kurzfristig neigt die Börse jedoch zu Übertreibungen oder Untertreibungen. Diese sind ein notwendiger Teil des Suchprozesses im kybernetischen System. André Kostolany hat dies gern mit seiner berühmten Analogie vom Mann und vom Hund beschrieben. »Stellen Sie sich einen Mann vor, der mit seinem Hund die Straße entlanggeht. Der Mann schreitet gleichmäßig voran; das ist die Industrie. Der Hund stürmt vorwärts, springt hierhin und dorthin, kommt zu seinem Herrn zurück, läuft wieder davon und kommt wieder zurück; sein Weg stellt die Bewegungen der Wertpapiere dar. Beide kommen voran, Herr und Hund. Schließlich erreichen sie beide das Ziel des

Spaziergangs. Während der Mann einen Kilometer gegangen ist, hat der Hund den gleichen Weg drei- oder viermal zurückgelegt. Genauso ist es mit den Bewegungen an der in Unordnung geratenen Börse; indem sie mit zwei Schritte voran- und einen Schritt zurückmacht, begleitet sie die industrielle Expansion« (Kostolany 1962).

Auch wenn die fundamentalen Daten langfristig überwiegen, ist der Einfluss von Emotionen kurzfristig sehr stark. Wir müssen also die Gefühle einzelner Anleger quasi aggregieren und auf die Marktebene übertragen: Börse wird zur Massenpsychologie. Ein paar der beschriebenen Anomalien haben uns schon deutlich gemacht, wie stark das Verhalten der Einzelnen vom Verhalten der anderen anhängig ist, zum Beispiel bei der Bedeutung der Rahmenbedingungen für die Urteilsfindung. Der Einzelne gibt nicht nur Informationen in den Markt hinein, sondern er erhält auch Informationen, in der einfachsten und klarsten Form durch die Preisentwicklung.

***Abbildung 5-1:** Zyklus der Gefühle. Je nach Kursverlauf entwickeln Anleger ganz unterschiedliche Emotionen.*

Wie reagieren nun Anleger in einem Zyklus? Dazu haben wir einen typischen Auf- und Abschwung mit Emotionen belegt (Abb. 5.1). Jeder von uns unterliegt diesen Gefühlen, mal mehr, mal weniger. Schauen Sie sich den Zyklus an und prüfen Sie, was Sie in solchen oder ähnlichen Situationen empfunden haben.

Beginnen wir dort, wo wir vor einigen Jahren waren, in der Phase der **Depression**. Wir haben viel Geld an der Börse verloren, sind ziemlich geschockt, ja traurig. Bei uns und bei vielen anderen herrscht die Meinung vor: »Finger weg, es geht nur abwärts.« Vielleicht haben wir uns auch geschworen: »Nie wieder Aktien«, zumal wir noch eine Reihe von Leichen im Depot haben, die wir am liebsten vergessen möchten.

Doch irgendwann beginnen die Kurse wieder zu steigen, ein moderater Aufwärtstrend scheint sich zu entwickeln. Man kann an der Börse wieder Geld verdienen. Doch wir bleiben **skeptisch**. Die vorherrschende Meinung lautet: »Das hält nicht lange, und die Aktien sind schon so weit gestiegen, jetzt kann man nicht mehr kaufen.« Wir und die meisten halten sich zurück. Das gilt in dieser Phase besonders für Privatanleger, die ja – anders als die Profis – keinem wirtschaftlichen Zwang unterliegen, an den Finanzmärkten aktiv zu sein. Die hingegen müssen Performance bringen.

Doch was ist, wenn die Kurse weiter steigen? Im Rückblick hat sich dann ein stabiler Aufwärtstrend ergeben. Die Wirtschaftsdaten scheinen die Börsenentwicklung zu bestätigen, sie sind gut und werden besser. In dieser Phase herrscht **Optimismus** vor. Wir privaten Anleger kaufen, »nur ein paar Stück – man kann ja nie wissen«, sind wieder im Markt und Teil der großen Aufwärtsbewegung.

Die Kurse klettern immer höher, und zwar immer schneller. Was tun wir? Wir ärgern uns, dass wir nicht mehr Geld eingesetzt haben, denn dann wären wir jetzt schon reich. Also wird alles an Sparbüchern aufgelöst und in die Börse investiert. »Kaufen, Kaufen!«, heißt das Motto. »Mit Aktien kann man nur Geld verdienen.« Jetzt sind wir in eine

Phase der **Euphorie** und der **Gier** eingetreten. Die Gewinnprognosen werden immer höher geschraubt, die Begründungen, warum die Kurse weiterlaufen, immer waghalsiger. Panik herrscht, Kaufpanik. Niemand hat dieses Massengefühl besser beschrieben als Emile Zola in seinem schon zitierten Roman »Das Geld«. Sie erinnern sich: »Ein Chor von Segnungen stieg aus der glücklichen Menge der Kleinen und Großen empor, endlich bekamen die Töchter ihre Mitgift, die Armen waren plötzlich reich geworden und mit einer Rente gesichert, die Reichen brannten in der unersättlichen Freude, noch reicher zu werden ... eine Stunde des Glaubens an das Glück, die Gewissheit einer Chance ohne Ende.«

Doch kaum sind wir im Markt, haben uns gut positioniert und freuen uns über zunehmende Gewinne, beginnt die Börse zu wackeln. Die Kurse fallen, erholen sich wieder, fallen abermals. Erste Unruhe kommt auf, aber das vorherrsche Gefühl bleibt die **Hoffnung**: »Das ist nur eine Konsolidierung, bald geht es wieder aufwärts.« Also bleiben wir dabei, zumal es immer Prognosen gibt, die unseren Optimismus bestätigen.

Oft ist es in der Tat nur eine Konsolidierung, manchmal aber handelt es sich um das Vorspiel einer heftigen Korrektur, ja sogar einer lang anhaltenden Baisse. Wenn die Kurse dann über längere Zeit fallen und sich ein Abwärtstrend herausbildet, kommt **Angst** auf. Die Verluste nehmen zu. Statt zu verkaufen, machen wir uns Mut: »Die Verluste sind schon zu groß. Durchhalten! Nachkaufen und verbilligen! Die Kurse werden sich bald wieder fangen.«

Unsere Erfahrung ist: Wenn viele Anleger ihre Aktien verbilligen, wird der Abwärtstrend vielleicht verzögert, aber er ist meistens nicht zu Ende. Das Ende kommt erst dann, wenn wieder **Panik** entsteht und es schubweise abwärts geht. Dann heißt es wieder: »Raus, raus! Rette sich wer kann!« Und das Spiel kann von neuem beginnen.

Zugegeben, dieser Zyklus ist idealtypisch, aber er kommt in der Realität erstaunlich oft vor. Man muss nur den japanischen Aktienmarkt, die Nasdaq oder den Neuen Markt nehmen. Wie genau der Zyklus verläuft, weiß man ja mit Sicherheit immer erst im Nachhinein. Oft überlagern sich auch Zyklen, sodass nicht klar ist, wo die Börse gerade steht. Dennoch hilft ein solcher Gefühlszyklus, sich selbst immer wieder zu prüfen, ob man emotional aus dem Ruder läuft.

Lassen Sie uns die Zyklusanalyse noch durch eine Trendbeschreibung vervollständigen (Rapp 1997).

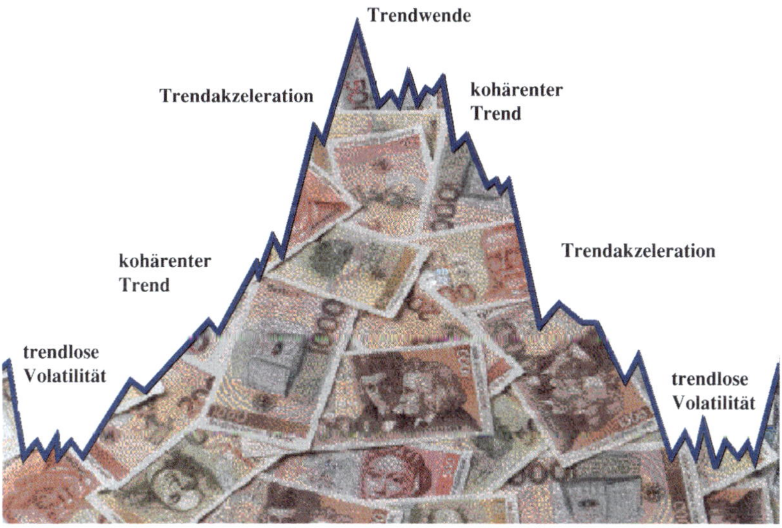

Abbildung 5-2: *Zyklus der Gefühle und Trendbestimmung*

In der Phase der Depression gibt es meist keinen klaren Trend. Es herrscht trendlose Volatilität vor, die nicht unbedingt heftige Ausschläge zeigen muss. Dann folgt der kohärente Trend, in dem der Zusammenhang zwischen fundamentalen Daten und Börsenentwicklung sehr deutlich ist. Die Gier- und Euphoriephase ist durch eine Trendakzeleration gekennzeichnet, also durch eine Beschleunigung. In der Trendwende, in der noch die Hoffnung auf eine Fortsetzung dominiert, herrscht dann oft wieder heftige Volatilität vor, meist mit stärkeren Schwankungen als in der Depressionsphase. Es schließt sich wieder ein kohärenter Trend, diesmal abwärts, an. Auch die Wirtschaftsdaten werden zunehmend schlechter. Schließlich mündet der Trend wieder in eine Beschleunigungsphase, bis dann eine neue Depressionsphase mit trendloser Volatilität einsetzt – und das Spiel kann von neuem beginnen.

Wie Behavioral Finance gezeigt hat, sind die Anlegerentscheidungen stark abhängig von der vorangegangenen Kursentwicklung, mithin von anderen Anlegern, deren Kaufentscheidungen zu diesen Kursen geführt haben. Solch kollektives Verhalten wird auch gern als Herdentrieb klassifiziert. Die Herde rennt dem Leittier nach, egal wohin es gerade steuert. Das gilt als irrationales Verhalten. Doch so einfach ist die Sache nicht. Kollektiv gleichgerichtetes Verhalten kann auch durchaus rational sein (Nöth, Weber 2001), dann nämlich, wenn neue Informationen zu neuen Einschätzungen führen. Deshalb ist ein Trend an der Börse per se nicht irrational, sondern nur, wenn sich das Verhalten von jeder gemeinhin als vernünftig erscheinenden Informationsgrundlage ablöst. Dann wird aus einem Trend die »irrationale Jubelstimmung«, die Alan Greenspan 1996/97 beklagt hat.

Wo da die Grenzen verlaufen, ist meist nicht klar auszumachen. Denn wir Anleger verändern in diesem gleichgerichteten Prozess offenbar unsere Wahrnehmungen, sei es aus Gründen der Dissonanzvermeidung, der Rahmenbedingungen oder der Repräsentativitätsheuristik. Der Einzelne verhält sich dann in der Masse anders als gewöhnlich, wirft Grundsätze von Risikokontrolle über Bord, die er sonst peinlich beachten würde. Dieses unterschiedliche Verhalten als Einzelner und als Teil einer Masse hat schon der – bereits erwähnte – französische Arzt Gustave Le Bon 1895 beschrieben, der damit wichtige Anregungen für die Entwicklung der Psychologie, Soziologie und Massenkommunikation gegeben hat.

An der Börse erleben wir dieses Massenphänomen als ausgeprägtes prozyklisches Verhalten, wobei sich einzelne Anlegergruppen gegenseitig aufschaukeln können. Dies wird auch als Herdentrieb charakterisiert. Das sieht man besonders gut an den Mittelzuflüssen der Fondsindustrie. Steigen die Kurse, wie die Grafik 5-3 zeigt, fließt den Fonds mehr Geld zu, da sich Anleger offenbar an den Kursen der Vergangenheit orientieren, selbst dann noch, wenn sich ein Zyklus dem Ende zuneigt oder fundamental nicht mehr gerechtfertigt erscheint. Die Fondsmanager müssen dann die zugeflossene Liquidität anlegen, sie investieren in einen Markt, der sie nicht mehr überzeugt, heizen ihn damit aber weiter an, bis dann der Trend irgendwann kippt. Die Grafik zu den Nettozuflüssen der Fonds zeigt auch, wie stark die Anleger 2003 bis 2005 hinterherhinken, obwohl die Kurse sich vom Baissetiefpunkt schon verdoppelt haben. Erst 2005 wurde die Trauerarbeit der privaten Anleger abgeschlossen.

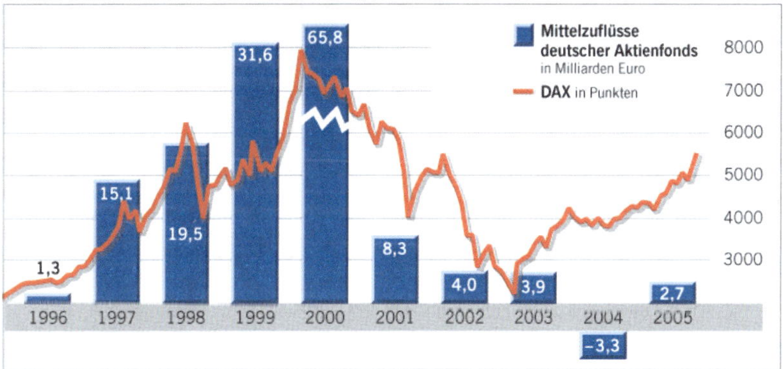

***Abbildung 5-3:** Herdentrieb: Wenn die Kurse steigen, fließen den Aktienfonds überdurchschnittlich Mittel zu. Fallen sie, werden Mittel abgezogen. Ergebnis ist ein ausgeprägtes zyklisches Verhalten der Fonds und der Anleger. Nach der Baisse 2000 kommt der Mittelzufluss allerdings nur mit großer Verzögerung in Gang. (Quelle: BVI)*

Zahlreiche Studien zum Anlegerverhalten haben bestätigt, dass bestimmte Fehler kollektiv ausgeprägt sind (Glaser/Weber 2004). Die Anleger diversifizieren zu wenig, sie handeln zu hektisch hin und her, und sie verringern dadurch sogar ihre Rendite. Ausgeprägt ist der so genannte Home-Bias: Anleger haben überdurchschnittlich viele heimische Aktien im Depot und vernachlässigen die internationale Diversifikation (Schiereck/Weber 2000). Dabei verschenken sie nicht nur Rendite bis zu zwei Prozent (v. Nitzsch/Stotz 2005), sondern gehen auch mehr Risiko ein.

Solches Verhalten führt aber per se noch nicht zu Extremsituationen, die für Anleger richtig gefährlich werden. Wann also ist der Markt irrational, wann ist höchste Vorsicht angebracht? Wir wissen, dass die beschriebenen Verzerrungen und Voreingenommenheiten zu Überreaktionen am Markt führen, die aber immer vom Markt auch selbst wieder korrigiert werden. Nur manchmal schaukelt sich dieses Verhalten so auf, dass sich eine Korrektur nur noch durch einen Crash oder eine Baisse entladen kann. Einige Warnzeichen seien genannt, im Bewusstsein, dass darunter auch so manche »weiche Faktoren« sind, die auf Erfahrungswerte von Praktikern beruhen (Rapp 1997):

Abweichung des Marktpreises vom »Fair Value«

Was der »wahre« Wert einer Aktie ist, darüber gehen die Meinungen oft auseinander. Doch es bildet sich meist eine breite Übereinstimmung heraus, was als vernünftig gilt, vor allem im historischen Vergleich. Da werden oft Mittelwerte genommen. Haben Aktien einer Branche zum Beispiel ein Kurs-Gewinn-Verhältnis im Durchschnitt von 15, dann fragt es sich schon, wenn manche Aktien mit 50 oder gar 100 bewertet sind, ob dies noch rational ist. Man kann auch künftige Gewinn abdiskontiert betrachten und daraus errechnen, welches Gewinnwachstum einer Firma welche Bewertung rechtfertigt. Ein KGV von 100 hieße dann zum Beispiel, dass eine Firma in den nächsten zehn Jahren jedes Jahr den Gewinn um 50 Prozent steigern müsste. Das ist zwar nicht unmöglich, aber alle Lebenserfahrung spricht dagegen, dass dies gelingt. Solche Abweichungen sollte man als Warnzeichen nehmen.

Hohe Nachrichtensensitivität

Wir haben gesehen, dass neue Nachrichten oft stärker gewichtet werden als bekannte. In einem Hype, in einer Euphoriephase springen die Anleger meist regelrecht auf neue Nachrichten und hinterfragen diese kaum. Ein typisches Beispiel gab es im Internetboom mit den Ankündigungen, dass Telekommunikationsfirmen neue Dienste einführen wollten, was ungeahnte Resonanz hervorrief. UMTS oder WAP waren Schlagworte, auf die Anleger wie die berühmten Pawlowschen Hunde reagierten, ohne dass die Frage gestellt wurde, ob sich solche Dienste langfristig rechnen können. Zumindest beim Mobilfunkstandard UMTS wurde exorbitante Preise für Lizenzen gezahlt, die – wie im Fall Mobilcom – zur Fast-Pleite beitrugen.

Themenfixierung, Modethemen

»Ich habe 200.000 Euro für die Ausbildung meines Enkels in Biotech-Fonds investiert, und nun sind es nur noch 80.000«, schrieb uns ein besorgter Großvater. Er war den Verlockungen typischer Modethemen erlegen. Dabei können durchaus handfeste Investmenthemen wie Internet, Biotechnologie oder Nanotechnologie zu Modethemen übersteigert werden. Das gilt vor allem in der Frühphase, wenn große Visonen und wenig Erfahrungen vorhanden sind. Wenn dann die Marketingmaschinerie der Banken anläuft und immer mehr Themenfonds herauskommen, ist das ebenfalls ein Warnzeichen.

Grad der Marktexpansion, Informationsdiffusion

»Wann beginnt eine Hausse? Wenn der Taxifahrer nach einem Aktientipp fragt? Und wann ist sie zu Ende? Wenn der Taxifahrer Aktientipps gibt.« Solche Witze gibt es zuhauf an der Börse, und sie haben im Kern Recht. Wenn alle über die Börse reden, wenn Aktien das Gesprächsthema beim Friseurbesuch sind, dann ist höchste Vorsicht angesagt. Früher nannte man das treffend die »Dienstmädchen-« oder

»Milchmädchenhausse«. Seien Sie vorsichtig, wenn die Medien von neuer Aktienkultur reden – oft ist es nur das Ergebnis einer sozialen Infektion.

Extremwerte im Sentiment, Überoptimismus

Die Börse bewegte sich in emotionalen Zyklen, in Extremwerten zwischen Gier und Angst. Den Grad des Optimismus kann man mit verschiedenen Methoden messen, wovon später noch die Rede sein wird. Die Erfahrung zeigt: Werden Extremwerte erreicht, dann kippt ein Trend oft. Das liegt eigentlich auf der Hand, denn wenn alle optimistisch sind, alle gekauft haben, wer sollte dann noch kaufen? Die Börsen ähneln damit einem Schneeballsystem, das lange laufen kann, aber zusammenbricht, wenn neue Käuferschichten ausbleiben.

Hohe Börsenumsätze

Die Messung der Umsätze hat in der technischen Analyse eine lange Tradition. Sie gelten erst einmal als trendbestätigend, ein Zeichen dafür, dass immer mehr Käufer auf den Zug aufspringen, und das wird positiv gewertet. Bei Extremwerten fragt man sich aber immer: Was kommt danach? Oft ist dann eine Trendwende nicht mehr fern. Das gilt nach oben wie nach unten. Ein Ausverkauf mit hohen Umsätzen gilt als Hoffnungszeichen, dass sich der Markt wieder fängt und dann nach oben dreht.

Volumen und Qualität von Neuemissionen

In den Jahren 1980 bis 1997 gab es in Deutschland durchschnittlich 17 Neuemissionen pro Jahr. 1998 sprang die Zahl auf 79, 1999 auf 175, und selbst 2000, als die Baisse begann, gab es noch 142 Börsengänge (siehe Abb. 5-4). Und viele dieser Neuemissionen waren offenbar nicht börsenreif. So manch kriminelles Element wurde angelockt.

Denken Sie an den Fall Comroad. Der Vorstand hatte in die Bilanz Umsätze von Geschäftspartnern aus Asien gebucht, die es – wie dann Recherchen von BÖRSE ONLINE ergaben – überhaupt nicht gab (Daum 2003). Man hätte angesichts dieses Booms ebenfalls gewarnt sein können.

Kursinformationen (»Fahnenstange«)

Wenn die Kurse immer schneller, also exponentiell, steigen, ergibt sich eine Formation, die Charttechniker als Fahnenstange bezeichnen. Wenn diese vermehrt, vor allem nach einem vorausgegangenen längeren Aufschwung, auftreten, ist höchste Vorsicht angesagt. »Wer an einer Fahnenstange hochklettert, kommt irgendwann oben an«, sagen die Praktiker, »und dann gibt es nur einen Weg: Abwärts!«

Die Erfahrung zeigt auch, dass dies mehr Hinweise als sichere Indikatoren sind. Solche psychologischen Ketten können sehr lange halten. Man kann sie identifizieren, weiß aber nicht, wann der Trend kippt.

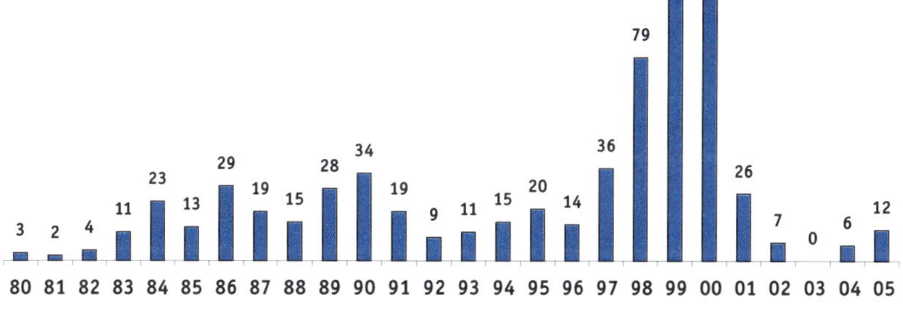

Abbildung 5-4: *Anzahl der Neuemissionen im Amtlichen Handel an der Deutschen Börse (Quelle: DAI)*

Professionelle Anleger mögen dann durchaus vorsichtiger werden, vielleicht fahren sie Positionen zurück, aber letztlich bleiben sie oft dabei, weil sie sonst viel Rendite verschenken würden, und geben sich der Illusion hin, sie könnten immer noch rechtzeitig vorher aussteigen. Auch die Profis unterliegen dem Herdentrieb, vielleicht sogar noch sehr viel stärker als die gescholtenen uninformierten Privatanleger. Denn Profis bilden enge Gruppen, sie haben die gleichen Informationen und reagieren sensibel aufeinander. Der Performance-Zwang ist enorm. Verpasste Gewinne in einem Aufwärtstrend werden von der Geschäftsleitung kaum verziehen. Deshalb sind viele Profis dabei, auch wenn sie nicht mehr von der Börse überzeugt sind. Stürzen die Kurse dann später, ist der Rechtfertigungszwang gering. Der Profi kann immer darauf verweisen, dass es den meisten anderen genauso ergangen ist. »Das konnte niemand wissen, das ist der Markt«, heißt es dann zur Entschuldigung.

Dieses herdentriebähnliche Verhalten lässt sich auch als Erklärung dafür heranziehen, dass Prognosen oft so wenig voneinander abweichen und im Ergebnis letztlich falsch sind. Dazu hat Gottfried Heller eine Untersuchung zu den Vorhersagen von Profis und Laien vorgenommen (Heller 1997). Bei ihren Prognosen zu deutschen und amerikanischen Aktien, zum Dollar, zu Gold und den Zinsen kamen die Teilnehmer der Kostolany-Börsenseminare auf eine Trefferquote von 50,4 Prozent, die Vergleichsgruppe der Kapitalmarktexperten nur auf 38,6 Prozent. Und das, obwohl diese Gruppe als viel besser informiert gilt und wohl auch ist. Also hätte man erwarten können, dass Kapitalmarktexperten besser als Laien oder genauso gut wie diese liegen. Dieses Ergebnis, nach dem die Laien aggregiert besser abschneiden als eine kleine Gruppe von Experten, wird von anderen Untersuchungen bestätigt (Surowiecki 2004). Eine Erklärung ist auf der einen Seite der Gruppendruck innerhalb einer kleinen Gruppe von Experten, wie schon angesprochen. Auf der anderen Seite geht bei den Laien eine viel größere Spannweite von Meinungen in das Gesamturteil ein. Dabei mögen einzelne Urteile durchaus unqualifiziert sein, das aggregierte Ergebnis ist im Ergebnis jedoch oft viel genauer als das von Experten. Dieser Logik folgt auch der Markt, in dem das Urteil von Millionen in einem Preis zusammengefasst wird. Schon daraus erklärt sich, dass Prognosen auf den Punkt in einem offenen Marktsystem, das eben auch die Börse ist, nicht möglich sind, wie in Kapitel 2 erläutert.

Nun kann man immer über die Methoden einzelner Untersuchungen streiten. Die sollen uns hier nicht weiter interessieren, sondern wir wollen aus Sicht eines Anlegers zwei Ergebnisse festhalten. Erstens tut er gut daran, sich darauf einzustellen, dass 50 Prozent seiner Vorhersagen oder Markterwartungen falsch sind. Zweitens sollte er bei den Prognosen der Experten äußerst skeptisch bleiben.

Sofort kommt jetzt die Frage auf, wie man in einem System, in dem 50 Prozent der Erwartungen, schlimmer noch: vielleicht sogar 70 Prozent falsch sind, überhaupt per saldo gewinnen kann. Die Antwort heißt ein weiteres Mal, Sie ahnen es schon: Money Management. Dazu gleich mehr.

Lassen Sie uns noch klären, ob und inwieweit Behavioral Finance dazu beiträgt, die Kapitalmarktanalysen entscheidend zu verbessern, ja, ob Behavioral Finance sogar ein überragendes Anlagekonzept ist, das andere schlägt. Dazu schauen wir auf einige Investmentfonds, die aus Behavioral Finance abgeleitete Methoden anwenden. Die meisten tummeln sich in den USA, wo jeder Professor für Behavioral Finance auch seinen Fonds zu managen scheint. Der berühmteste von ihnen ist Richard Thaler von der Universität Chicago, der schon als Pionier für Behavioral Finance erwähnt wurde. Die von ihm gemeinsam mit Russell Fuller verwalteten Fonds gelten als diejenigen, die das Psycho-Konzept am stärksten umgesetzt haben (Husmann/Jünemann 2005). Im Interview mit BÖRSE ONLINE erläuterte Thaler seine Methoden: »Wir suchen eine psychologische Voreingenommenheit im Markt, überlegen uns, wie in solchen Situationen das Verhaltensschema zum Tragen kommt, und warten dann auf eine Gelegenheit, bei der wir unseren Vorteil ausspielen können.« Thaler/Fuller greifen dabei auf das Phänomen der Verankerung zurück, das wir schon kennen gelernt haben. Mit Hilfe von Computerprogrammen werden Firmen ausgesucht, die überraschend gute Gewinne melden und bei denen Analysten ihre Einschätzungen nur unzureichend nach oben anpassen. Thaler/Fullers Undiscovered Managers Behavioral Value Fund hat zwischen 2000 und 2005 den Russel-2000-Index klar geschlagen. Das war aber eine Zeit, in der Value-Fonds generell sehr gut gelaufen sind. Verglichen mit einem Korb von Value-Aktien schrumpft der Performance-Vorsprung auf wenige Prozentpunkte zusammen. Trotzdem halten wir fest: Behavioral Finance zahlt sich aus.

Das gilt auch für den LGT Global Sector Trends von der Liechtensteiner LGT Capital Management. Er wird von Alfons Cortès von der Schweizer Unifinanz beraten. Sein Credo: »Es geht immer darum, ob die Bullen oder die Bären die Oberhand haben.« Bei ihm steht eine Parteienanalyse im Mittelpunkt. Dazu vernetzt er Indikatoren wie Relative Stärke, Momentum und Veränderungsraten der Umsätze von Aktien, nutzt also Methoden aus der Technischen Analyse. »Wenn viele Akteure übereinstimmende Präferenzen entwickeln, haben wir eine meta-stabile Phase«, erläutert er. Spricht alles für einen stabilen Trend, wird die Gewichtung erhöht, andernfalls verringert. Mit Hilfe eines quantitativen Modells analysiert Cortès die Entwicklung von Ländern, Branchen und einzelnen Aktien. Das Ergebnis kann sich sehen lassen: Der LGT-Fonds hat – seit seiner Auflegung bis 2005 – die Benchmark, den MSCI-Welt-Index, um 40 Prozentpunkte geschlagen.

Behavioral Finance wird auch bei JPMorgan Asset Management in Europa groß geschrieben. Chris Complin und sein Team managen 30 Fonds nach diesem Ansatz. Der Investmentansatz besteht aus zwei Stufen: »In der ersten Phase nutzen wir Erkenntnisse über individuelle Fehler und verbessern unsere Entscheidungen, in der zweiten Phasen nutzen wir Anomalien anderer.« Complin versucht, die Wahrnehmung einzelner Aktien zu identifizieren, indem er den Nachrichtenstrom analysiert. »Wir lieben günstig bewertete Aktien mit positiven Nachrichten«, lautet sein Credo. Auch diese Fonds haben sich gut entwickelt, tummeln sich in den üblichen Fonds-Performance-Listen durchaus auf den höheren Plätzen, stechen aber nicht als absolute Spitze heraus. Andere Produkte können auch ohne expliziten Verweis auf Behavioral Finance mithalten.

Das gilt vor allem für Value-Fonds, die ja per se auf Irrationalitäten des Marktes setzen. Der typische wertorientierte Manager konzentriert sich in seiner Analyse auf den inneren Wert einer Firma, analysiert ihre Substanz und Ertragskraft. Dann wird der so ermittelte Wert mit dem am Markt bezahlten verglichen. Ergibt sich eine Unterbewertung, also eine Irrationalität des Marktes, wird die Aktie gekauft in der Hoffnung, dass auch andere Anleger den »wahren« Wert erkennen, ebenfalls kaufen und so den Kurs nach oben treiben.

Behavioral Finance hat auch Eingang in die Technische Analyse gefunden, die versucht, mit verschiedenen Methoden die Stimmung zu erfassen. Extremwerte gelten dann oft als Vorboten eines Trendwechsels, den man durch rechtzeitige Positionierung gewinnbringend nutzen kann. Behavioral Finance hat dazu beigetragen, solche Stimmungsindikatoren zu verbessern, indem Anlegerbefragungen durchgeführt werden. In Deutschland sind dazu unter anderem der Sentimentindikator der Deutschen Böse (http://deutsche-boerse.com) oder die Sentix-Indikatoren (www.sentix.de) zu nennen. Auch Fonds nutzen technische Indikatoren und Handelsmodelle, um die Auswahl von Anlageinstrumenten zu verbessern.

Ganz ehrlich – trotz beachtlicher Erfolge sind wir von den Ergebnissen dieser Ansätze nicht überwältigt. Behavioral Finance trägt zum Investmenterfolg bei, aber es ist kein in sich geschlossenes Investmentkonzept. Andere Analysemethoden, die Fähigkeit einzelner Manager, Glück oder Zufall, spielen ebenfalls eine Rolle, wenn nicht sogar eine größere. Anlageerfolg ist danach weiterhin, was es immer schon war: mehr eine Kunst als eine Wissenschaft. Behavioral Finance verbessert die Analyse – das ist wichtig genug –, aber ist keine Formel für den Börsenerfolg.

6 Gut geteilt ist halb gewonnen – Grundzüge des Money Managements

Gefährlich ist's, den Leu zu wecken,
Verderblich ist ein Bad im Nil,
Jedoch der schrecklichste der Schrecken
Ist für den Dummkopf Börsenspiel!
Weh' denen, die zur Börse rannten,
Um dort zu spielen ohne Sinn,
Wohl aber uns, den Spekulanten,
Denn ihr Verlust bringt uns Gewinn.

»Die Börse« 1876 (Anonymus zum Gründerkrach)

Wenn die Geldanlage letztlich mehr eine Kunst als eine Wissenschaft ist, stellen sich trotzdem einige Fragen: Was funktioniert? Wovon hängt der Erfolg ab? Was bringt Mehrwert?

Nach unserer Erfahrung kann man Börsenerfolg auf drei Hauptfaktoren zurückführen:

- Analyse,
- Psychologie der Märkte und
- Money Management.

Bei der Analyse geht es im Wesentlichen darum zu entscheiden: Was kaufe ich? Zum Beispiel werden Firmendaten untersucht, Substanz, Gewinne und Geschäftsaussichten analysiert, um zu einer Kaufentscheidung zu kommen. Die Bücher über die Börse sind voll mit den verschiedensten Analysemethoden, die oft in Strategien gegossen werden, ob fundamental oder charttechnisch. Zweifellos ist eine gute Analyse wichtig und vergrößert die Wahrscheinlichkeit, ein Engagement gewinnbringend abzuschließen. Doch das ist nicht das Hauptthema dieses Buches. Welche Analyse Sie anwenden, wie intensiv Sie die Sachverhalte untersuchen, ist abhängig davon, wie viel Zeit Sie aufwenden wollen und welche Methode Ihnen entspricht. Doch seien Sie sich immer bewusst, dass Ihre Wahrnehmung und Analyse emotional bedingten Verzerrungen unterliegen.

Beim zweiten Komplex, der Psychologie der Märkte, steht die Frage im Vordergrund: Wann kaufe ich? Vereinfacht gesagt muss man herausfinden, ob die Bären oder die Bullen stärker sind, ob sie die Kurse eher nach unten oder nach oben treiben. Dazu kann man zum Beispiel die Dynamik von Märkten mit Hilfe der Technischen Analyse messen, kann die charttechnische Situation einzelner Märkte und Aktien in Betracht ziehen oder auch die Wahrnehmung der Masse gegenüber bestimmten Sachverhalten untersuchen, wofür Behavioral Finance einige Erkenntnisse beigetragen hat. Man kann aber auch einfach darauf achten, wie die Börse im Freundeskreis oder in den Medien wahrgenommen wird. Die *Bild-Zeitung* als Indikator hat durchaus ihre Berechtigung. Sie sehen: Auch zu dieser Frage gibt es keinen Mangel an Methoden und die entsprechenden Literatur dazu. Meist wird Psychologie der Märkte in Zusammenhang mit der Analyse eines Anlageinstrumentes gesehen, es ist aber ratsam, beides getrennt zu untersuchen.

Schließlich lautet die Frage beim Money Management: Wie viel kaufe ich? Haben Sie sich darüber schon überhaupt mal große Gedanken gemacht? Die meisten entscheiden das aus dem Bauch heraus, je nachdem, was gerade an Geld zu Verfügung steht oder welches Gewinnpotenzial gesehen wird. Doch die Höhe des Kapitaleinsatzes ist viel wichtiger, als üblicherweise angenommen wird. Machen Sie sich zudem klar: Ob Sie gewinnen oder verlieren, ist oft genug Zufall: Die Hälfte der Erwartungen geht auf, die andere nicht. Diesen Anteil am Ergebnis Ihres Börsenspiels haben Sie nicht unter Kontrolle, auch nicht mit der besten Analyse. Doch wie viel Sie von Ihrem Vermögen einsetzen, steht in Ihrem Belieben. Das ist der einzige Punkt, den Sie vorher ganz genau unter Kontrolle haben. Der Kapitaleinsatz entscheidet darüber, ob ein Anleger trotz Fehlern bei den Analysen zu den ersten beiden Bereichen letztlich noch gewinnen kann oder kleine statt große Verluste erleidet.

Die verschiedenen Konzepte des Money Managements werden aus zwei Theoriequellen gespeist: der Portfoliotheorie nach Markowitz, im Wesentlichen also die Diversifikation von Risiken, und der Spieltheorie. Spiel meint hier buchstäblich Spiel, Schach, Mühle, Dame oder typische Glücksspiele wie Roulette. Die Spieltheorie untersucht Konflikte zwischen einzelnen oder Gruppen von Menschen. Sie setzt wie die effiziente Kapitalmarkttheorie rationales Verhalten voraus, entwickelt Strategien, wie eine Folge von Konfliktsituationen nach bestimmten Regeln gelöst werden kann, ob im Krieg, in der Wirtschaft oder im Glückspiel.

Das Glücksspiel wird gern herangezogen, da es rein zufallsbedingt ist und der Teilnehmer nur drei Alternativen hat: Spielen, Nicht-Spielen und die Höhe seines Wetteinsatzes. Deshalb lässt Trader-Coach Van K. Tharp seine Probanden zu Beginn eines Kurses immer erst ein Murmelspiel absolvieren. Dabei werden Murmeln aus einem Säckchen geholt, deren unterschiedliche Farben unterschiedlich hohe Gewinne und Verluste darstellen. Die Teilnehmer merken so schnell, wie ihr Spielkapital sich in nichts auflöst, wenn sie zu risikoreich spielen (Tharp 2001). Ralph Vince, ein anderer Protagonist für Money Management, hat ein bemerkenswertes Experiment mit 40 promovierten Spielern gemacht, nur Teilnehmer mit Abschlüssen in Statistik und Tradingerfahrung wurden ausgeschlossen. Jeder Spieler erhielt 1.000 Dollar Startkapital, sie hatten 100 Spielzüge, 60 Prozent gewannen, 40 Prozent verloren. Die Höhe des Wetteinsatzes konnten sie jeweils selbst bestimmen. Am Ende hatten 38 Teilnehmer Geld verloren, obwohl die Chancen bei diesem Spiel mit einer Trefferquote von 60 Prozent höher als bei jedem anderen bekannten Glückspiel waren. Hätten die Doktoren bei jedem Spielzug zehn Dollar gesetzt, wäre zum Schluss mit großer Wahrscheinlichkeit ein Gewinn von 20 Prozent herausgekommen. Warum verloren 95 Prozent dieser klugen Leute? Die meisten erhöhten ihren Einsatz nach Verlustserien und verringerten ihn nach Gewinnserien. Wir haben das Phänomen ja schon bei Behavioral Finance als Trugschluss des Spielers kennen gelernt. Ohne schon zu sehr ins Detail zu gehen, zeigt das Spiel, wie wichtig die Höhe des Kapitaleinsatzes ist.

Ein zentrales Element solcher Spiele ist die Gewinnerwartung oder der mathematische Erwartungswert. Es reicht nämlich nicht zu wissen, wie oft man gewinnt oder verliert, wie hoch also die Trefferquote ist, sondern wie viel man jeweils verliert oder gewinnt. Der **Erwartungswert (EW)** bzw. das durchschnittliche Ergebnis wird definiert als:

$$EW = \text{Wahrscheinlichkeit Gewinn} \times \varnothing\text{Gewinn} - \text{Wahrscheinlichkeit Verlust} \times \varnothing\text{Verlust}$$

Formel 6.01

Dazu ein Beispiel: Wenn die Trefferquote eines Spiels bei 60 Prozent liegt, entsprechend die Verlustquote bei 40 Prozent und jedes Mal ein Euro gewonnen oder verloren wird, dann ergibt sich nach der Formel eine Gewinnerwartung von 0,2 Euro. Wir rechnen:

$$0{,}6 \times 1\,€ - 0{,}4 \times 1\,€ = 0{,}2\,€$$

Nun nehmen wir an, bei jedem Verlust verlieren wir zwei Euro. Daraus ergibt sich folgende Rechnung:

$$0{,}6 \times 1\,€ - 0{,}4 \times 2\,€ = -\,0{,}2\,€$$

Der Erwartungswert dieses Spiels ist negativ. Wer immer wieder spielt, wird letztlich verlieren. Nehmen Sie zum Beispiel das Roulette, ein

Spiel mit negativem Erwartungswert, selbst wenn Sie nur auf Rot oder Schwarz setzen. Denn es gibt ja noch die Null, bei der die Bank gewinnt.

Lässt sich so ein Spiel auf die Kapitalmärkte übertragen? Nur bedingt. Denn wir haben ja schon festgestellt, dass an den Märkten andere Bedingungen herrschen. Es wird nicht nur rational entschieden, die Anzahl der Variablen ist so groß, dass niemand sie ganz erfassen kann. Auch sind Märkte nach vorne hin offene Systeme, anders als Glücksspiele, für die man die Regel und die Variablen genau kennt und mathematisch darstellen kann. Glücksspiele sind für die Teilnehmer Nullsummenspiele. Was der eine gewinnt, verliert der andere. Märkte sind das nicht. Denn wenn in Unternehmen investiert wird und der Wohlstand des Landes steigt, gewinnen alle. In Teilbereichen, zum Beispiel im Optionsgeschäft, sieht es anders aus. Doch auch das ist kein echtes Nullsummenspiel. Denn die Bank kassiert zum Teil erhebliche Gebühren, die jedem Spieler abgezogen werden. Anders als beim Roulette gewinnt die Bank immer.

Die Anwendung auf die Märkte ist also auch nur annäherungsweise möglich. Wer seine Gewinnerwartung berechnen will, kann dies nur durch eine Rückrechnung vornehmen. Wenn das Ergebnis negativ ist, gibt es gute Gründe, seine Strategie zu überprüfen. Ob das Ergebnis aber auch für die Zukunft gilt, ist offen. Meistens funktioniert es, aber manchmal eben aus den genannten Gründen nicht, weil sich Spielregeln und die Spielteilnehmer geändert haben. Dennoch gilt es ein wichtiges Prinzip für das Spiel wie für die Börse festzuhalten: Der Teilnehmer experimentiert in beiden Fällen letztlich mit dem Zufall. Volle Kontrolle hat er nur bei den Alternativen Spielen, Nicht-Spielen und der Höhe des Einsatzes. Wie man eine Strategie überprüft, zeigen wir in Kapitel 9.

Zunächst müssen wir die Ziele des Money Managements festlegen. Ein Ziel haben wir zu Beginn des Buches schon kennen gelernt, nämlich stets so zu agieren, dass man auch die schlimmsten Verlustphasen überstehen kann. Alexander Elder formuliert kurz drei Ziele (Elder 1998):

- Überleben sichern,
- stetiges Einkommen und
- hohe Gewinne.

Die meisten Anleger orientieren sich bei all ihren Entscheidungen erst einmal an den hohen Gewinnen, die sie zu erreichen hoffen. Das ist ihr Antrieb, und vielleicht ist die Motivation auch nötig, um überhaupt aktiv zu werden. Dennoch ist es absolut nötig, das Überleben als erstes Ziel zu definieren. Wir werden nachher bei der Entwicklung unseres Money-Management-Systems für private Anleger noch strengere Bedingungen anlegen: nicht nur das Überleben sichern, sondern das Gesamtvermögen erhalten.

Money Management wird oft im Zusammenhang mit Risikokontrolle gesehen. Das ist nicht ganz richtig, aber zu einem gewissen Grade sinnvoll. Denn ohne vernünftige Kontrolle des Risikos lässt sich auch der Kapitaleinsatz nicht kontrollieren. Wir beginnen deshalb mit einer breiten Definition von Money Management, die Kapital- und Risikokontrolle miteinander verbindet (Abb. 6-1).

Zu Beginn steht die Kapitalkontrolle, die sich auf das Gesamtvermögen bezieht. Die Frage lautet, wie wir unser Gesamtvermögen so einteilen, dass wir auf der sicheren Seite sind, also auch in der schlimmsten Baisse nicht pleitegehen können. Viele Anleger vernachlässigen das, riskieren gerade im Boom Haus und Hof und stürzen dann fürchterlich ab. Was heißt sicher? Eine hundertprozentige Sicherheit gibt es natürlich nicht. Aber Staatsanleihen mit hoher Bonität sind ziemlich sicher, wenn sie bis zur Endfälligkeit gehalten werden. In normalen Zeiten sollte ihre Rendite auch noch die Inflation kompensieren und damit die Substanz erhalten. Am besten wäre, wenn das auch nach Steuern gelänge. Diesen Aspekt lassen wir einmal außen vor, obwohl er für die Substanzerhaltung ebenfalls eine wichtige Rolle spielt. Der Immobilienbesitz gilt als relativ sicher, sofern die Objekte nicht überteuert in einem Boom gekauft wurden und eine gute Lage haben. All das ist vielleicht langweilig, aber sichert einen regelmäßigen Einkommensstrom. Über Jahre hinweg kommt so ein erklecklicher Wertzuwachs zustande.

Wer an der Börse agiert, sollte auch immer auf genügend Liquidität achten. Wie ärgerlich, wenn sich günstige Gelegenheiten ergeben, und wir können nicht zugreifen. Deshalb gilt: nie alles investieren, sondern 30 Prozent in bar halten. Gut verzinste Tagesgeldkonten machen dies leichter. In Krisenzeiten sollten wir auch einen höheren Anteil Cash halten. Machen Sie sich bewusst: Niemand zwingt Sie, an der Börse anzulegen. Es ist Ihre Entscheidung. Machen Sie sich frei von dem Anlagezwang, dem viele Anleger unterliegen. Wenn sie ein paar Euro übrig haben, glauben sie, sie müssten sofort investieren. Nein, suchen Sie erst nach überzeugenden Gelegenheiten. Setzen Sie sich nicht unter Zwang. Üben Sie sich in Geduld.

Unser Börsenkapital – die Summe aus Depotwert und Cash – definieren wir als den spekulativen Teil. Setzen Sie diesen nie auf eine Karte,

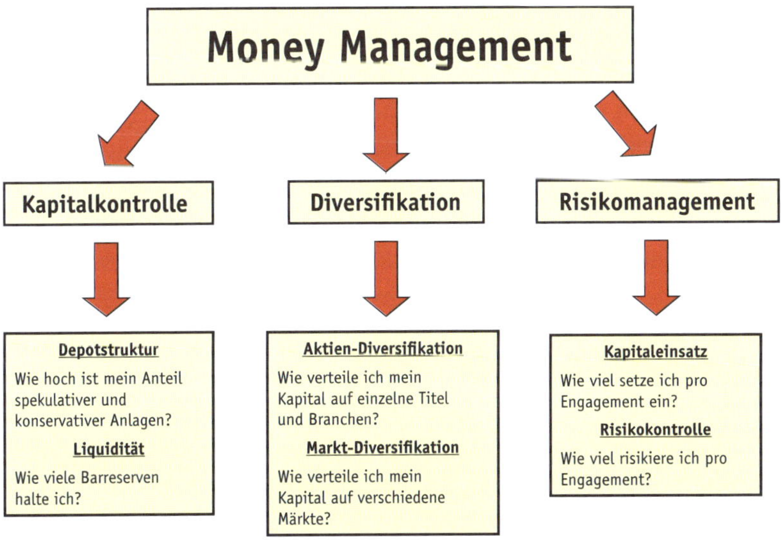

Abbildung 6-1: *Elemente des Money Managements*

sondern handeln Sie nach dem alten Sprichwort: »Geld ist wie Mist, man muss es streuen«. Harry M. Markowitz, der Vater der modernen Portfoliotheorie, hat gezeigt, wie man durch Diversifikation von gering korrelierten Investments das Risiko nicht nur verringern, sondern die Rendite sogar steigern kann. Seine Optimierungsstrategien gehören heute zum Standardrepertoire der Finanzindustrie. Allerdings werden sie – wie immer, wenn Marketingfachleute ihre Produkte an den Mann bringen wollen – gern als Lösung aller Anlageprobleme gefeiert. Das sind sie nicht, vor allem nicht in Extremsituationen an den Kapitalmärkten. Erinnern wir uns an die Unzulänglichkeit einer normal verteilten Kursentwicklung, die auch diesen Ansätzen zu Grunde liegt.

Unterschieden wird bei der Diversifikation nach unsystematischen und systematischen Risiken. Die unsystematischen Risiken beziehen sich auf die einzelnen Instrumente, zum Bespiel Aktien. Wenn man Aktien gut diversifiziert, dann wird der Kursverlust bei einer Aktie im Idealfall durch den Gewinn einer anderen abgefangen oder sogar überkompensiert. Deswegen sind Aktienfonds in der Regel breit diversifiziert und haben 50 bis einige hundert Titel im Portfolio.

Trotzdem sinkt der Wert insgesamt häufig. Und das hängt mit dem systematischen oder dem Marktrisiko zusammen, also den sattsam bekannten Schwankungen, im Extremfall mit Crashs und Baissen. Deshalb sollte man nicht nur Aktien diversifizieren, sondern auch Märkte, also zum Beispiel das Portfolio mit Märkten aus den Industrieländern und Emerging Markets bestücken. Im Idealfall macht man es so, dass die einzelnen Instrumente nicht korreliert sind. Aber genau da liegt das Problem in den modernen, eng vernetzten Kapitalmärkten: In Krisenfällen sinken alle Aktien, auch wenn sie aus völlig unterschiedlichen Branchen kommen. Deswegen werden Portfolios zunehmend mit Rohstoffen ergänzt. Denn diese sind in der Rückrechnung meist negativ zu Aktien korreliert, das heißt, ihre Preise halten sich stabil oder steigen, während die der Aktien fallen. Halten wir fest: Diversifikation vermindert die Risiken, vermeidet sie aber nicht vollständig. Deswegen ist mehr nötig: aktives Risikomanagement.

Im dritten Teil des Money Managements geht es dann um den Kern, die Steuerung des Kapitaleinsatzes. Dazu müssen Sie sich die Frage stellen, wie viel Sie im schlimmsten Fall bereit sind, pro Engagement zu verlieren. Sie müssen es wie die Profis machen: vorher festlegen, was Sie zu verlieren bereit sind, nicht nachher, wenn die Kurse purzeln. Dann sind Sie in der Regel psychisch so angespannt, dass Sie keinen klaren Gedanken mehr fassen können. Um die Höhe des hinzunehmenden Verlustes festzulegen, brauchen wir eine Referenz. Das ist unser Börsenkapital. Wir fragen jedes Mal bei einem Engagement: Wie viel Prozent unseres Börsenkapitals riskieren wir? Wenn die Frage an die Teilnehmer der Seminare gerichtet wird, dann kommen meist erstaunliche Anteile: 15, 20 oder 30 Prozent. Falsch, nie und nimmer. Machen Sie es wie die Profis. Pro Engagement wird nur ein kleiner Teil des Börsenkapitals riskiert, zum Beispiel ein Prozent. Das verwirrt. Deswegen hier eine einfache Rechnung: Angenommen, wir haben ein Börsenkapital von 100.000 Euro. Dann sind ein Prozent 1.000 Euro. Wenn wir also ein Engagement von 10.000 Euro eingehen, dann sollten wir davon 1.000 Euro riskieren. Bezogen auf das Börsenkapital ist das ein Prozent, bezogen auf das Engagement, auf unsere Position, sind es zehn Prozent. Beträgt der Einsatz 5.000 Euro, dann sind darauf bezogen 1.000 Euro 20 Prozent, aber auch nur ein Prozent des Börsenkapitals. Dieses Denken in Bezug auf Ihr Börsenkapital muss Ihnen in Fleisch und Blut übergehen. Stellen Sie sich vor, dass Sie für 1.000 Euro ein Hebelpapier kaufen. Dann können Sie 100 Prozent verlieren, ohne dass Ihre Ein-Prozent-Regel verletzt wird.

Verwirrt? Keine Bange, dass wird Ihnen nach und nach vertraut, wenn Sie sich mit unserem Money-Management-Tool auseinandersetzen. Die Berechnung des Kapitaleinsatzes wird dann in Kapitel 8 ausführlich erläutert.

Jeder, der die heftigen Schwankungen an der Börse erlebt hat, weiß, dass man nicht einfach den maximalen Verlust so generell festlegen kann. Also ist eine Regel hilfreich, die uns sagt, wann wir aussteigen müssen. Nur der Ausstieg begrenzt unser Risiko wirksam. Wir sind aus dem Markt und in Sicherheit. Dazu helfen Stoppkurse, deren Einsatz bei Anlegern höchst umstritten ist. Deshalb widmen wir das nächste Kapital dem Setzen von Stoppkursen, um danach diese zur Bestimmung des Kapitaleinsatzes zu verwenden.

7

Verkaufen ist (fast) alles – über die Kunst, Stoppkurse zu setzen

Erfolgreiche Trader behandeln Verluste wie ein Gelegenheitstrinker den Alkohol. Ein wenig reicht ihnen, und dann hören sie auf. Wenn sie mehrere Verluste hintereinander einstecken müssen, dann sehen sie das als ein Signal dafür an, dass irgendetwas nicht stimmt. Es ist also an der Zeit, anzuhalten und die Analysen oder Methoden zu überdenken. Verlierer können nicht aufhören. Sie traden weiter, weil sie abhängig sind von der Spannung des Spiels und weil sie weiterhin auf den großen Gewinn hoffen.

Alexander Elder, Trading for a Living

Des Öfteren klingelt in der Redaktion von BÖRSE ONLINE das Telefon, und Anleger fragen nach dieser und jener Aktie, die vom Magazin empfohlen wurde und die sich ganz anders entwickelt hat als erwartet. Obwohl alle Empfehlungen mit einem Stoppkurs versehen wurden, um die schlimmsten Verluste zu verhindern, stellt sich dann heraus, dass eben diese Stoppkurse nicht beachtet wurden. Offenbar besteht bei vielen Anlegern ein großes Unbehagen beim Umgang mit Stoppkursen. Warum das so ist, lässt sich mit all den Kenntnissen von Behavioral Finance leicht erklären. Jeder Verlust wird als Fehler gewertet, den man sich möglichst nicht eingestehen will. Deshalb regiert die Hoffnung auf eine baldige Erholung. Wenn die Aktie jedoch mit Verlust verkauft wird, also Verluste realisiert werden, ist die Hoffnung dahin. Man muss zu seinem Fehler stehen, ihn eingestehen. Verständlich, dass es deshalb vielfältige mentale Ausweichreaktionen gibt. Ein beliebtes Argument gegen Stoppkurse ist dann, dass man umsonst ausgestoppt wurde, wenn der Aktienkurs wieder nach oben dreht. Man hatte ja ursprünglich Recht. Allein der Gedanke daran, dass man aus dem Markt ist, dieser dreht und man nicht mehr dabei ist, erscheint vielen unerträglich. Es gibt auch die schon erwähnten Langfristinvestoren, die grundsätzlich durchhalten wollen, aber dennoch an den Verlusten leiden und schließlich entnervt aufgeben, leider dann oft vor der Wende nach oben. Hartnäckige zitieren schließlich gerne Warren Buffett, den Superinvestor aus dem amerikanischen Omaha. Ihm wird der Spruch zugeschrieben: »Wer keinen Wertverlust von 50 Prozent aushalten kann, sollte keine Aktie besitzen.«

Wie gefährlich das Aussitzen von Verlusten ist, wurde nun ausführlich genug beschrieben. Deshalb hier unsere Erfahrung: Per saldo zahlen sich Stoppkurse aus. Es ist meist besser, einen Stoppkurs zu setzen, als keinen. In vier von fünf Fällen hat sich nach unserer Erfahrung ein Stoppkurs als goldrichtig erwiesen. Aber natürlich geht es auch mal schief. Dann hat man im schlimmsten Fall überschaubare Verluste realisiert, ein paar schöne Gewinne verpasst, aber sich die Möglichkeit, neue Gewinne zu erwirtschaften, offen gehalten. Das ist immer noch besser, als tief ins Minus zu rutschen und dann sogar Pleite zu gehen.

Muss man zwangsläufig ohne Stoppkurse Pleite gehen? Nein, natürlich nicht, sofern man nur ein kleinen Teil seines Gesamtvermögens an der Börse investiert und sein Börsenkapital zudem breit diversifiziert. Doch wenn Sie Ihr Börsenkapital aktiv über die Schwankungen der Märkte hinweg steuern möchten, wenn Sie es dabei erhalten und ausbauen möchten, wenn Sie die Folgen von Fehlern – und die macht nun mal jeder – diszipliniert begrenzen möchten, dann kommen Sie um Stoppkurse nicht herum. Der Ausstieg aus dem Markt ist die einzige wirkliche Kontrolle, die Sie über die Börse haben.

Dass jeder Verlust eine emotionale Belastung darstellt, wurde schon ausführlich erläutert. Bei professionellen Händlern hat sich darum ein anderer Begriff – natürlich aus dem Angelsächsischen – durchgesetzt: Drawdown. Damit wird ein Rückgang des Börsenkapitals im Laufe des Anlageprozesses beschrieben. Drawdown klingt weniger harsch als Verlust, beinhaltet stärker die Hoffnung, dass der Rückgang nur zeitweilig ist, und ist mithin weniger belastet. In manchen Handelssystemen wird Drawdown als Maßstab für die Schwankungen genommen, als Abstand zwischen einem Hochpunkt und einem Tiefpunkt in einer bestimmten Periode. Damit lässt sich dann die Performance eines Traders beschreiben. »Er hat in einem Jahr 100 Prozent Gewinn bei einem maximalen Drawdown von zehn Prozent geschafft« will dann heißen, dass dieser Händler von einem einmal erreichten Niveau seines Portfolios nie mehr als zehn Prozent Rückgang hinnehmen musste – zweifellos ein gutes Ergebnis.

Ob nun Verlust oder Drawdown, Sie müssen sich erst einmal mental fit für Stoppkurse machen. Das heißt, Sie dürfen Verluste nie persönlich nehmen. Sicher kann es Fehler oder, besser, Fehleinschätzungen geben, aber die passieren nun mal. Denn wir bewegen uns in einem Markt, dessen Variablen wir nie alle kennen werden. Wir mögen uns ärgern, dass wir dieses und jenes nicht bedacht haben, es eigentlich doch hätten wissen müssen. Es gibt immer wieder neue Chancen an den Börsen. Die beste Möglichkeit, mit Verlusten emotional fertig zu werden, ist einfach, dass sie klein bleiben. Und das geht nun einmal nur mit Stoppkursen.

Stoppkurse zu setzen ist eine Kunst, genau wie das Spekulieren und Investieren auch. Es gibt eine Reihe von bewährten Methoden, die uns helfen können, die Fehlerquote gering zu halten. Ganz ohne Fehler wird es aber nicht gehen. Zunächst eine Einschränkung in Bezug auf die Kontrolle durch Stoppkurse. Ganz stimmt das mit der vollen Kontrolle beim Ausstieg nämlich nicht. Denn ob wir zum gewünschten Kurs auch verkaufen können, ist nicht sichergestellt. Wenn wir der Bank eine sogenannte **Stop-Loss-Order** geben, dann heißt dies, dass sie die Position verkauft, sobald der angegebene Kurs erreicht oder unterschritten wird. Die Stop-Loss-Order wird bei Erreichen des Stoppniveaus zur Marktverkaufsorder, zu »Bestens verkaufen«, das heißt, das Papier wird zum nächsten Kurs bestens verkauft. Dieser nächste Kurs kann aber weit vom Stop-Loss-Niveau entfernt sein. Bei starken Marktbewegungen droht richtig Ungemach, wenn es Kurslücken gibt. Das ist der Fall, wenn der Markt am nächsten Tag deutlich tiefer eröffnet, als er am vorherigen geschlossen hat. Der gesetzte Stoppkurs wird dann quasi »überlaufen«. Der nächste erreichbare Verkaufskurs kann in solchen Extremsituationen schon mal um fünf oder zehn Prozent niedriger sein als erhofft.

Wir müssen also die sogenannte Slippage ins Kalkül ziehen. Slippage heißt eine schlechte Ausführung. Die wird es immer wieder geben. Wir kaufen vielleicht etwas teurer ein als geplant, wir verkaufen etwas niedriger als geplant. Ergebnis: Unsere Performance ist immer etwas schlechter als ursprünglich kalkuliert. So etwas passiert besonders an bestimmten, allseits bekannten Chartmarken, die von vielen als Stoppkurs verwendet werden. Dann gibt es plötzlich eine Verkaufswelle, und der Ausstieg erfolgt nicht wie geplant am Stoppkurs von 100 Euro, sondern vielleicht bei 95 Euro.

Solche Situationen sind ein Argument für eine andere Art des Ausstiegs: **mentale Stopps**. Wir legen den Ausstiegspunkt vorher fest; wird dieser erreicht, müssen wir aktiv die Verkaufsorder eingeben. Der Vorteil: Werden Stoppmarken crashähnlich durchbrochen, können wir immer noch einmal unsere Entscheidung überdenken und häufig in einer Gegenbewegung besser aus dem Markt kommen. Der Nachteil: Bei mentalen Stopps setzt sofort das übliche emotionale Hin und Her ein, dieser Kampf zwischen Hoffnung und Angst. Wir sagen uns: Dieses Mal ist es anders – übrigens die fünf teuersten Worte an der Börse – und bleiben doch dabei. Vielleicht fühlen wir uns bei einer kleinen Gegenbewegung am nächsten Tag sogar bestätigt, bis dann die Abwärtsbewegung an Geschwindigkeit zunimmt. Dann ist die Gefahr groß, dass wir dem Phänomen der »Sunk Cost«, der versunkenen Kosten, nach den Erkenntnissen aus der Behavioral Finance erliegen: »Es ist zu spät, die Verluste sind schon zu groß. Jetzt ist es egal.«

Wer mit mentalen Stopps arbeitet, muss äußerste Disziplin üben. Dabei helfen Regeln, die man vorher formuliert. Wie die im Einzelnen aussehen, ist von der Börsenstrategie und vom Zeithorizont abhängig. Der kurzfristig orientierte Anleger wird sofort aussteigen, wenn die Marke irgendwann während eines Tages berührt wird, er muss dann konsequenterweise den Markt auch ständig verfolgen. Wer nicht die Zeit hat oder sich die Zeit nicht nehmen will, sollte seine mentalen Stopps auf Schlusskursbasis setzen. Wird der Stopp am Ende eines Handelstages erreicht, wird die Position am nächsten Tag zur Eröffnung verkauft. Basta.

Jetzt müssen wir noch bestimmen, wo die Stopps gesetzt werden. Dazu kann man auf drei Methoden zurückgreifen: prozentuale Stopps, fundamentale Stopps oder charttechnisch bestimmte Stopps.

Bei **prozentualen Stopps** wird einfach ein bestimmter Prozentsatz von einer bestimmten Kursmarke festgelegt, bei dem verkauft wird. Das kann zum Beispiel der Einstandskurs sein, die Regel würde also lauten: Verkaufe bei minus zehn Prozent unter dem Einstandskurs, bei einem Kurs von 100 würden wir also bei 90 verkaufen. Das wäre ein Stopp zur Verlustbegrenzung. Diese Regel kann man abwandeln, wenn die Aktie steigt und ein Gewinn aufläuft. Sie heißt dann: Verkaufe, wenn der Kurs um mehr als zehn Prozent vom Höchstkurs abfällt. Steigt die Aktie im Beispiel auf 120, würden wir bei 108 verkaufen. Das ist leicht durchzuführen und ziemlich bequem. Aber diese Methode wird den einzelnen Instrumenten und Märkten nicht gerecht. Je nach Volatilität, also nach Schwankungsintensität, wäre ein unterschiedlicher Stopp angemessen. Bei Aktien, die sich historisch gesehen wenig bewegen, reicht vielleicht ein Stopp von fünf Prozent. Andere Titel, die hochvolatil sind, lassen sich selbst mit einem Stopp von 30 Prozent kaum absichern. Die Folge: Wir würden immer wieder zum falschen Zeitpunkt ausgestoppt.

Dennoch hat diese Methode in bestimmten Fällen ihre Berechtigung, dann nämlich, wenn sich jemand aus Prinzip nicht mit komplizierten charttechnischen Methoden auseinandersetzen möchte und wenn er sich als langfristiger Investor mit einem diversifizierten Depot von Substanzwerten versteht. Dann ist ein Stopp von etwa 25 Prozent – gemäß unserer Grundregel »Besser ein Stopp als keiner« – immer noch die bessere Lösung. Sie schützt wenigstens vor starken Abwärtsbewegungen. Immerhin ist der DAX wie erwähnt zwischen 2000 und 2003 um mehr als 70 Prozent abgestürzt. Ein dazu im Vergleich geringer Verlust von 25 Prozent bedarf eines Gewinns von 33 Prozent, um wieder die Ausgangsbasis zu erreichen. Das ist in guten Börsenzeiten auch zu schaffen.

Bei **fundamental gesetzten Stopps** zögern wir, denn die meisten fundamental orientierten Anleger setzen allein auf die Kraft ihrer Analyse. Sie glauben, dass sie eher als die Masse der Anleger eine unterbewertete Aktie erkennen, diese rechtzeitig kaufen und dann Gewinne machen, wenn auch andere die Unterbewertung entdecken und den Kurs durch Käufe nach oben treiben. Auch solche wertorientierten Anleger haben gewisse Ausstiegsregeln. Von Stopps im Sinne von Kursmarken kann man dabei aber weniger sprechen, weil immer weitere Faktoren ins Spiel kommen. Es muss also ständig zwischen dem Wert des Unternehmens inklusive seinem Gewinnpotenzial und dem Kurs der Aktie verglichen werden. Nach oben, wenn Gewinne auflaufen, lässt sich mit Hilfe von Kennziffern irgendwann eine Überbewertung feststellen. Der Kurs erscheint im Vergleich zum Potenzial der Firma nicht mehr gerechtfertigt, die teure Aktie wird verkauft, und eine andere, die preiswerter erscheint, wird ins Depot genommen. Dieser Prozess wird bei vielen Value-Fonds mit computergestützten Screening-Methoden optimiert, und der Erfolg solcher Fonds über viele Jahre hinweg beweist, dass die Methode durchaus funktioniert. Nach unten, also bei einem Kursrückgang, bei dem Verluste auflaufen, funktioniert sie so nicht. Denn fallen die Kurse, ohne dass sich das Unternehmen fundamental geändert hat, wird die Aktie objektiv günstiger und ist damit eher ein Kauf als ein Verkauf. Die Crux ist, dass die Kurse häufig nicht ohne Grund fallen, und meistens fallen sie früher, als der Grund am Markt bekannt ist. Wer die Börse über längere Zeit verfolgt hat, staunt immer wieder, wie häufig erst die Kursbewegung und dann die dazugehörige Nachricht kommt. Einer der Gründe sind neben den Spitzen-Fundis oft Insider, die früher als andere merken, dass etwas mit der Firma nicht mehr so läuft wie bisher, und deshalb verkaufen. Fällt eine Aktie, lässt sich fundamental ein Ausstieg also nur mit einer neuen Analyse bestimmen, zum Beispiel, wenn sich die Gewinnaussichten bei einem Unternehmen eintrüben. Wie sich das auswirkt, erleben wir immer wieder bei der Verkündigung von Unternehmensdaten, zum Beispiel einem Gewinneinbruch. Die Aktie wird dann nach einer Schnelleinschätzung wie eine heiße Kartoffel fallen gelassen. Wohl dem, der dann (ohne aufwendige Analyse) einen Stoppkurs gesetzt hat, erst recht, wenn sich die schlechte Nachricht schon vorher durch fallende Kurse angekündigt hat.

Van K. Tharp, der nicht nur Trader, sondern auch Investoren berät, predigt dieser meist fundamental und langfristig ausgerichteten Anlegergruppe, wenigstens einen Stopp von 25 Prozent zu setzen. Er schütze vor den schlimmsten Auswirkungen einer großen Baisse im Gesamtmarkt, aber auch dem Kurssturz einer einzelnen Aktie. Sein Credo: Die Wahrscheinlichkeit, dass mit der Firma nach dem Sturz der Aktie um 25 Prozent fundamental etwas nicht mehr stimmt, sei relativ groß (Tharp 2004).

Damit sind wir bei der dritten Methode, der **charttechnischen Methode**, die uns am sinnvollsten erscheint. Wir möchten nicht den Streit anfachen, ob nun die fundamentale oder die charttechnische Methode die bessere Analyse ist, sondern wir nutzen die Charttechniken mit ihren Kursmarken vor allem, um uns emotional zu disziplinieren und relativ klare Ausstiegsregeln zu formulieren. Nun ist das mit dem »klar« in der Charttechnik oder der Technischen Analyse, wenn man die Fülle von Indikatoren einbezieht, so eine Sache. Es gibt Hunderte von Methoden, die entsprechend zu Ein- und Ausstiegssignalen führen, zum Beispiel gleitende Durchschnitte, Trendlinien, Volatilitätsindikatoren, Fibonacci-Korrekturziele, Bollinger-Bänder, die alle dann noch auf unterschiedliche Zeitebenen bezogen werden können. Viele Trader basteln sich daraus ihre geheime Kombination, um die besten Signale zu erzielen, und nutzen diese dann in computergestützten Handelssystemen. Die Crux dabei ist unser bekanntes Problem:

Den richtigen Stopp, der nicht unnötig oder falsch ausgelöst wird, gibt es ebenso wenig wie das immer richtige Kaufsignal. Dennoch sind Stoppkurse nicht sinnlos, sondern helfen, mit dem Zufall an der Börse besser zurechtzukommen. Wir stellen Ihnen drei einfache charttechnische Methoden vor, die nach unserer Erfahrung recht ordentlich funktionieren und mit denen man den maximalen Verlust einer Position definieren kann. Dieser ist später nötig, um den Kapitaleinsatz zu steuern. Wer mehr über technische Analysemethoden erfahren möchte, dem empfehlen wir, sich mit Hilfe spezieller Fachliteratur weiterzubilden, zum Beispiel mit dem Standardwerk von John Murphy *Technische Analyse der Finanzmärkte* (Murphy 1999).

Bei der ersten einfachen Methode schauen wir den Chart eines Anlageinstrumentes an und identifizieren das letzte markante Tief. Es gibt einen Rückschlag, es wird ein Tief markiert, und dann steigt der Kurs wieder, und zwar höher als das letzte Hoch. Dieses letzte Hoch war bisher ein Widerstand, also ein Kursniveau, das in der jüngsten Zeit nicht überschritten wurde. Durch den Anstieg über das letzte Hoch wird dieses nun zu einer ersten Unterstützung. Die Korrektur ist abgeschlossen. Unterstützungen sind in der Charttechnik Kurszonen, an denen Kurse bei einem Rückschlag »anhalten« und oft wieder nach oben drehen. Werden sie jedoch signifikant durchbrochen, so die oft bestätigte Erfahrung, fällt der Kurs noch tiefer. Schauen wir uns das Ganze an einem Beispiel an (Abb. 7-1).

Nehmen wir an, wir kaufen eine Aktie bei 100 Euro. Der Chart zeigt das letzte markante Tief bei 90 Euro. Die Aktie ist von 95 auf 90 gefallen und dann wieder über 95 gestiegen. 95 ist nun die erste Unterstützung, 90 die zweite. Bei der zweiten setzen wir jetzt einen Stoppkurs, und zwar nicht bei 90, sondern ein wenig darunter. Die Erfahrung zeigt, dass die Kurse häufig genau auf diesen Unterstützungslinien drehen. Wenn unsere Entscheidung für die Aktie falsch war, der Kurs also fällt, steigen wir bei 87 aus und haben einen Verlust von 13 Prozent realisiert. Liegen wir dagegen richtig, steigt der Kurs der Aktie. Wir bleiben bei unserem Stoppkurs, bis sich eine neue Korrekturphase ergibt. In unserem Beispiel steigt der Kurs auf 115, fällt

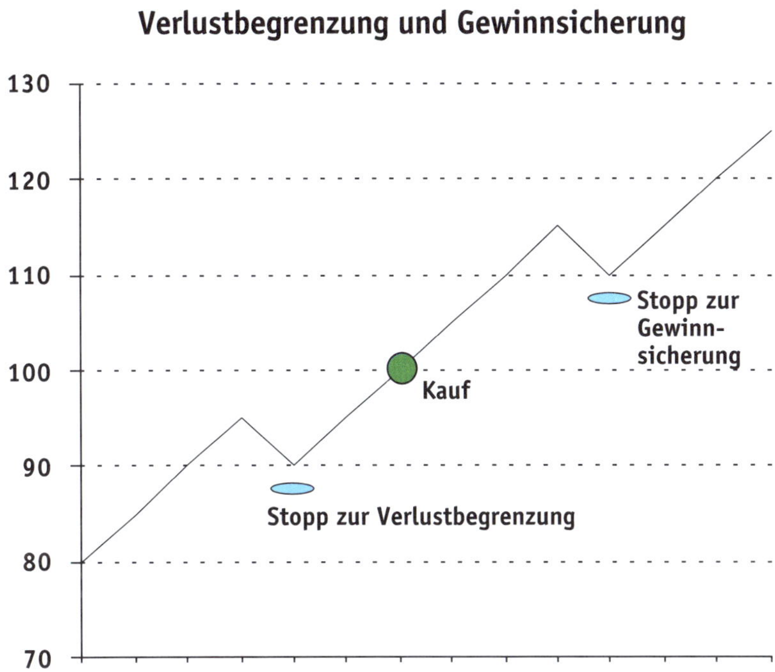

Abbildung 7-1: *Signifikante Korrekturen eignen sich zum Platzieren von Stoppkursen.*

auf 110 zurück und steigt dann wieder über 115. Bei 115 liegt nun die erste, bei 110 Euro die zweite Unterstützung. Wir setzen unseren Stoppkurs knapp unter der zweiten Unterstützung, also etwa 107, und sichern damit unsere Gewinne ab.

Klingt einfach. Ist auch einfach – mit einer Einschränkung, die schon erwähnt wurde. Die Kurse, die wir als Stopps haben wollen, bekommen wir oft nicht wegen der schlechten Ausführung. Außerdem sind die Kosten beim Kauf und Verkauf zu beachten. Beide schmälern die Performance. Doch um die Erklärung des Prinzips zu erleichtern, lassen wir beide Faktoren in unserem Beispiel außer Acht. Im wirklichen Leben müssen Sie diese einkalkulieren, was Ihnen mit unserem Money-Management-Tool dann auch erleichtert wird.

Wie sieht das Ganze an einem realen Beispiel aus? Wir nehmen eine Aktie, die einst als solides Investment galt und viele Anleger erst an die Börse gebracht hat: die T-Aktie (Abb. 7-2). Wir kaufen die Aktie im Oktober 1999 bei 43 Euro, vorangegangen war eine seitwärtsgerichtete Korrekturphase mit einem Tief bei 38 Euro. Knapp darunter platzieren wir unseren Stopp zur Verlustbegrenzung. Die Aktie steigt, korrigiert unter 60, erreicht ein neues Hoch. Wir platzieren unseren Stopp zur Gewinnsicherung bei 57. Die Aktie steigt auf 70, korrigiert heftig, steigt wieder höher. Der nächste Stopp wird bei 60 gesetzt. Dann wieder ein Aufwärtsschub, der den Kurs über 90 trägt, wieder eine Korrektur. Der Stopp wird bei 83 platziert. Die Aktie ist außer Rand und Band, immerhin sind wir am Höhepunkt des Dot.com-Booms. Die T-Aktie markiert ein Hoch bei 104. In dieser Zeit werden immer neue Prognosen auf den Markt gebracht, die die tollen Aussichten der T-Aktie untermauern sollen. Vorstandschef Ron Sommer

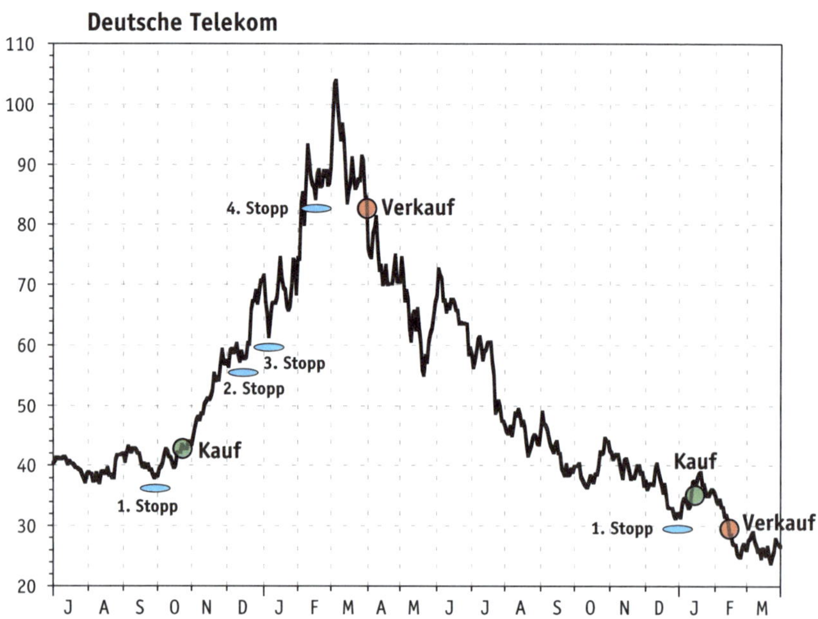

Abbildung 7-2: *Absicherung der Aktie der Deutschen Telekom durch Stoppkurse mit Hilfe von Unterstützungzonen* *(Quelle: Datastream)*

malt den Konzern in den tollsten Farben. Mancher steigt bei 100 ein und träumt von 200. Doch der Boom ist zu Ende. Die T-Aktie fällt runter, dreht kurz vor unserem Stopp, schießt noch mal hoch, um dann den Stopp auszulösen. Bei 83 wird verkauft. Selbst wer begeistert bei 100 gekauft hat, kommt noch mit einem blauen Auge und einem kleinen Verlust von 17 Prozent davon.

Nach einer langen Abwärtsphase fassen wir wieder bei 35 Mut, weil es nach einer Wende aussieht, wir kaufen, setzen den Stopp bei 30. Es funktioniert nicht, wir sind wieder raus. Ein Glück, muss man aus heutiger Sicht sagen, denn die Aktie ist, wie Sie wissen, unter zehn Euro gefallen, bevor dann eine längere Erholung einsetzte.

Eine andere einfache Methode, den Ausstieg zu bestimmen, sind gleitende Durchschnitte (Abb. 7-3). Sie sind das arithmetische Mittel der

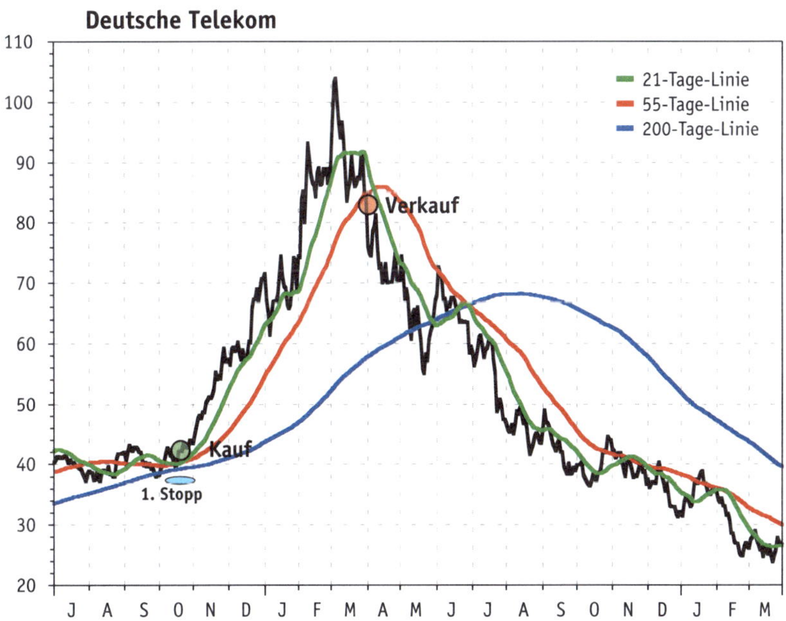

Abbildung 7-3: *Absicherung der T-Aktie durch Stoppkurse mit Hilfe von gleitenden Durchschnitten (Quelle: Datastream)*

Kurse über einen definierten Zeitraum und stellen das Kursgeschehen quasi geglättet dar. Der aktuellste Wert wird jeweils hinzugefügt, der älteste fällt raus. Dabei kann man gleitende Durchschnitte mit unterschiedlichen Fristigkeiten nutzen. Am bekanntesten ist der 200-Tage-Durchschnitt, oben im Chart blau dargestellt. Seine Richtung gibt übrigens Aufschluss darüber, ob ein Markt per saldo in einer Aufwärts- oder Abwärtsbewegung ist. Das zu erkennen ist außerordentlich hilfreich und gibt schon einen guten Hinweis auf die Chancen und Risiken einer Position. Schauen Sie sich die Telekom-Kurve noch einmal genauer an. Da, wo die 200-Tage-Linie nach oben weist, die Aktie also im Aufwärtstrend ist, wird die Hausse nur von kurzen Rückschlägen unterbrochen. Im Abwärtstrend ist es dann genau umgekehrt. Lange Abwärtsbewegungen werden von kurzen Erholungen unterbrochen. Sie können daran sehen, wie gefährlich es ist, gegen den Trend zu spekulieren.

Während die 200-Tage-Linie allgemein als langfristige Trendanzeige akzeptiert ist, werden kürzerfristige Durchschnittslinien je nach Vorliebe der Anwender genutzt, zum Beispiel die 90-Tage-, 55-Tage-, 50-Tage-, 38-Tage- oder 21-Tage-Linie. Welche Sie wählen, bleibt ihnen überlassen. Wir nutzen die 55- und die 21-Tage-Linie. Diese gehen auf Fibonacci-Zahlen zurück. Leonardi Pisani Fibonacci war ein Mathematiker, der im 12. Jahrhundert lebte und aus der Entwicklung der Hasenpopulation die Fibonacci-Zahlenreihe entwickelte. Durch Addition zweier folgender Zahlen ergibt sich die nächstfolgende, also 1,1, 2, 3, 5, 8, 13, 21, 34, 55 usw. Fibonacci hat auch den Golden Schnitt mathematisch beschrieben, der in der Kunst die ideale Proportion darstellt. In der Technischen Analyse sind Fibonacci-Zahlen sehr beliebt, weil erstaunlicherweise Kursentwicklungen häufig solchen Verhältnissen folgen. Das ist denn auch der Grund, warum die zwei genannten Durchschnittslinien von Charttechnikern so gern genutzt werden. Sie beschreiben das Kursgeschehen auf kurze Sicht. Vereinfach lassen sich die 55-Tage-Linie als Mittelfrist-Trend und die 21-Tage-Linie als Kurzfrist-Trend bezeichnen.

Für unseren Zweck ist wichtig, dass gleitende Durchschnitte als Widerstand fungieren, wenn sie fallen und die Aktie darunter notiert. Und dass sie Unterstützung bieten, wenn sie steigen und das Wertpapier darüber notiert. Sie eignen sich also sowohl als Einstiegs- als auch als Ausstiegssignale. Wird die Durchschnittslinie von oben nach unten durch den Kurs durchbrochen, ist Gefahr in Verzug. Auch hier gilt, dass wir unseren Stoppkurs unterhalb der Durchschnittslinie ansetzen, je nach Volatilität des Papiers um ein bis fünf Prozent tiefer. Aber aufgepasst: Je nach Marktsituationen gibt es überraschende Wendungen. Es gilt folgende Regel: Wird ein steigender Durchschnitt vom Kurs nur kurz durchbrochen und steigt dann wieder kräftig über die Linie, ist das oft ein hervorragendes Kauf- bzw. Zukaufsignal. Das Gleiche gilt umgekehrt bei fallenden Durchschnitten: Steigt der Kurs kurz über den fallenden Durchschnitt und rutscht sofort wieder darunter, ist das meist eine gute Verkaufsgelegenheit. Steigende oder fallende gleitende Durchschnitte wirken also oft wie ein »Magnet« auf die Kurse: Steigende ziehen den Kurs meist wieder nach oben, und fallende drücken ihn nach unten.

Bleiben wir bei den Ausstiegssignalen. In einer Marktphase mit einem steigenden 200-Tage-Durchschnitt sind sie, wie wir gesehen haben, nicht so zuverlässig. Deshalb ist es ratsam, weitere Faktoren für die Beurteilung heranzuziehen. Eine Bestätigung für den Trendwechsel wäre zum Beispiel, wenn auch die kürzerfristigen Durchschnittslinien, also die 21- und die 55-Tage-Linie, die 200-Tage-Linie von oben nach unten schneiden. Das können Sie im Telekom-Chart ebenfalls gut sehen. Und noch eine Komplikation: In einer starken Aufwärtsbewegung entfernt sich der Kurschart manchmal sehr weit von der 200-Tage-Linie. Wenn Sie dort den Stopp setzen, schrumpfen Ihre Buchgewinne je nach Einstieg unter Umständen sehr stark. Eine solche Formation signalisiert in der Regel auch Gefahr, weil sich der Kurschart meistens durch einen Rückschlag wieder der 200-Tage-Linie annähert. Im Fall der T-Aktie beträgt der Abstand beim Hochpunkt rund 50 Prozent, während normalerweise bis zu 20 Prozent als üblich gelten. In einer solchen Phase ist es ratsam, engere Stopps zu platzieren, also in unserem Beispiel die 55-Tage-Linie. Das zeigt eben auch, dass man immer die Marktsituation insgesamt in Betracht ziehen muss. Bestimmte Signale funktionieren nur in bestimmen Situationen gut. Erfahrene Charttechniker nutzen deshalb meist zur Bestätigung eines Trends noch ein zweites Signal oder noch mehr. Das technische Signal, das immer in allen Marktphasen funktioniert, gibt es leider nicht.

Wie sieht das wieder an unserem konkreten Beispiel der T-Aktie aus? Wir kaufen im Oktober 1999 bei 42 Euro und setzen den Stopp unterhalb der 200-Tage-Linie wieder bei 37 Euro. Die T-Aktie steigt bis ins Extreme, weder der 200er- noch der 55er-Durchschnitt werden berührt geschweige denn durchstoßen. Nach dem Hochpunkt über 100 schneidet der Kurs bei 92 die 21-Tage-Linie, die dreht dann bei 90 nach unten. Bei 85,40 wird die 55-Tage-Linie geschnitten. Diese ist wegen der Extremsituation unser Ausstiegssignal. Wir verkaufen kurz darunter bei 83, also ähnlich wie bei der ersten Methode. Die 200-Tage-Linie wird dann bei 61,50 geschnitten, der Kurs erholt sich noch einmal darüber, der zweite Schnitt erfolgt bei 64. Kurz darauf schneiden auch die beiden kürzeren Durchschnitte die 200-Tage-Linie – ein starkes Baissesignal. Selbst wer sich nur auf die 200-Tage-Linie stützt, steigt in diesem Beispiel spätestens um die 60 aus und vermeidet immer noch das Schlimmste.

Die Methode mit gleitenden Durchschnitten wie auch mit anderen Trendfolgeindikatoren hat einen Nachteil: Sie können zwar den ersten Stopp zur Verlustbegrenzung setzen, doch beim Nachziehen des Stopps kennen Sie den Schnittpunkt nicht vorher, weil sich die Durchschnitte mit den Kursen ebenfalls verändern. Sie können also nicht weit im Voraus eine Stop-Loss-Order eingeben, die dann automatisch ausgeführt wird. Es gibt jedoch zwei Lösungen des Problems. Erstens können Sie die automatischen Stopps regelmäßig (zum Beispiel wöchentlich) nachziehen – natürlich immer im gleichen prozentualen Abstand unter den aktuellen Niveaus des Durchschnitts oder der Trendlinie. Oder Sie arbeiten – zweitens – mit mentalen Stopps, die allerdings, wenn das Signal erfolgt, ohne Wenn und Aber umgesetzt werden müssen. In computergestützten Handelssystemen lassen sich solche Stopps natürlich definieren und dann auch automatisch ausführen, aber das ist etwas für professionelle Anleger.

Neben Durchschnitten eignen sich auch Trendlinien gut zur Stoppkursplatzierung (Abb. 7-4). Die Konstruktion ist relativ einfach: Mindestens zwei steigende Tiefpunkte eines Aufwärtstrends werden durch eine Linie verbunden. Die Stoppkurse werden dann analog zu gleitenden Durchschnitten ein wenig, je nach Volatilität des Anlageinstruments, unter der Linie platziert und in regelmäßigen Zeitintervallen (beispielsweise wöchentlich oder monatlich) erhöht. Ein gutes und zudem relativ aktuelles Beispiel dafür ist der DAX-Chart von Oktober 2005 bis Mai 2006 (siehe Abb. 7-4). Angenommen, wir sind Mitte November bei 5.150 Punkten in Zertifikate oder Endlos-Turbos eingestiegen und haben uns entschieden, die Stopps jeweils am Monatsende anzuheben.

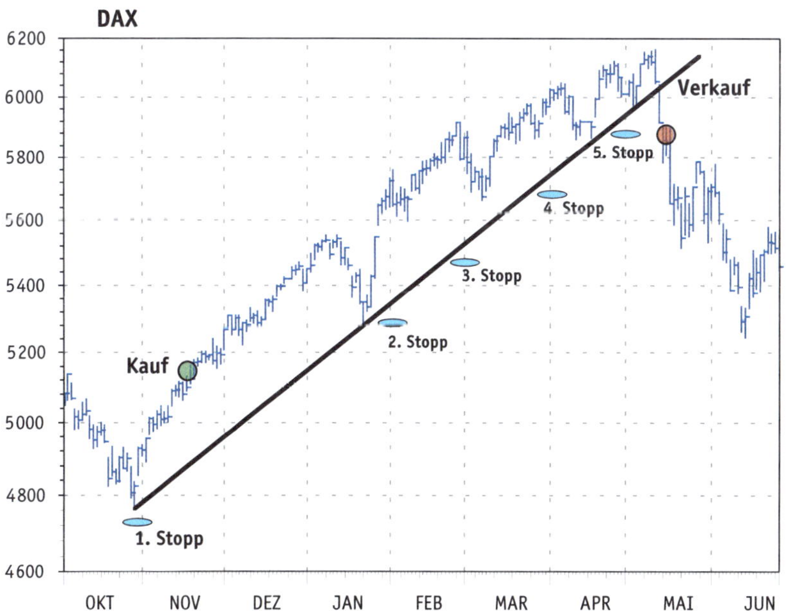

Abbildung 7-4: *Stoppkurse mit Hilfe von Trendlinien. Gezeigt wird ein Balkenchart. Das obere Ende des Balkens zeigt den Tageshöchstkurs, das untere den Tagestiefstkurs. Der Haken rechts ist der Schlusskurs.* *(Quelle: Datastream)*

Dann wäre die Stoppkurspolitik wie folgt abgelaufen: Beim Kauf (im November kann noch keine sinnvolle Trendlinie eingezeichnet werden) wird der erste Stopp (zur Verlustbegrenzung) unter dem letzten markanten Tief bei 4.700 Zählern gelegt. Gegen Ende Januar korrigiert der DAX kräftig, und die Aufwärtstrendlinie kann eingezeichnet werden. Der zweite Stoppkurs wird dann Ende Januar knapp unter der Linie platziert. Der dritte wird Ende Februar und der vierte Ende März unter der Linie gelegt. Als der Index Mitte April die Linie berührt, wird ihre Bedeutung damit bestätigt. Der fünfte Stopp wird dann Ende April knapp unter der Linie bei etwa 5.880 Punkten platziert, und nach dem Durchbruch der Linie wird die Position Mitte Mai mit gutem Gewinn bei etwa 5.880 Zählern ausgestoppt.

Auch wenn die Signale in unseren Beispielen recht einfach zu erkennen sind – so einfach ist es im täglichen Kursgeschehen leider nicht. Auch hier gilt: Üben, Üben, Üben. Nehmen Sie sich mal ein paar Charts von Aktien vor, die sie gehabt haben oder noch besitzen, und schauen Sie, wo und wie Sie die Stopps hätten setzen müssen. Nach und nach erhalten Sie dann dadurch Sicherheit und können auch im aktuellen Kursgeschehen cool entscheiden.

Es gibt allerdings auch Fälle, bei denen es kaum möglich ist, sinnvolle Stoppkurse zu setzen. Das ist in der Regel bei kleineren, wenig liquiden Aktien so. Man nennt sie auch Hot Stocks, heiße Aktien. Der Grund ist, dass so genannte Gaps, also Kurslücken, recht häufig auftauchen. Das ist oft der Fall, wenn Tatsachen bekannt werden, die das ganze Geschäftsmodell in Frage stellen. Dann verabschiedet sich die Fangemeinde oft auf einen Schlag. Manchmal ist sie auch von Gurus aufgebaut worden. Das gab es in Zeiten des Neuen Markts, aber das gibt es auch jetzt schon wieder. Kurslücken treten besonders oft bei Biotech-Aktien in Erscheinung, wenn plötzlich ein klinischer Test versagt oder eine Zulassung verweigert wird.

Eine Kurslücke bedeutet einen plötzlichen Sturz ohne Handel. So kann eine Aktie zum Beispiel an einem Tag mit 90 Euro schließen und am nächsten Tag bei 85 Euro öffnen. Die Lücke ohne Handlungsmöglichkeit beträgt fünf Euro. Da kann man also nicht mehr reagieren, erst recht nicht, wenn die Meldung nach Börsenschluss veröffentlicht wird und die Aktie am nächsten Morgen deutlich tiefer eröffnet. Mit einer Stop-Loss-Order würden wir weit tiefer verkaufen als geplant, also einen überraschend hohen Verlust automatisch realisieren. Das ist besonders ärgerlich, wenn die Aktie kurz darauf eine Gegenreaktion vollführt und kurzfristig wieder deutlich höher notiert. Dann hätten wir zu deutlich höheren Kursen und einem deutlich geringeren Verlust verkaufen können.

Bei solchen Aktien ist es ratsam, die Stopps mental zu setzen und dann je nach Situation zu entscheiden, trotz aller psychologisch bedingten Voreingenommenheit, die dann wirksam wird. Wir können auch ohne Stopp arbeiten und das Risiko über den Kapitaleinsatz begrenzen. Wir nehmen an, dass die Aktie ein Risiko von 50 Prozent hat, und kaufen entsprechend weniger, um das Risiko nicht zu groß werden zu lassen. Wie das geht, zeigen wir im nächsten Kapitel noch genauer.

Viele haben auch beim Einsatz von Derivaten Schwierigkeiten mit Stoppkursen. Die Frage: Wie viel verliere ich? ist nicht immer ganz leicht zu beantworten. Natürlich sollten wir beim Einsatz von Derivaten auch mit Stoppkursen arbeiten, und prinzipiell sollten wir sie am Basiswert setzen, also den Aktien- oder Indexchart zur Stoppplatzierung nutzen. Nur, was wir in absoluten Werten verlieren, ist abhängig von der Art des eingesetzten Derivats.

Inzwischen werden in Deutschland weit über 100.000 derivate Papiere angeboten, Anlagezertifikate und Hebelprodukte. Emittenten legen pfiffige Konstruktionen auf, die Anleger selbst nur mit hohem Aufwand an Terminbörsen umsetzen könnten. Klingt erst einmal gut, hat aber wie fast immer ein paar Haken. Denn die Banken versuchen diese Instrumente mit großem Marketingaufwand in den Markt zu drücken. Im Fall von Anlageprodukten, bei denen Aktien mit einem Discount gekauft werden oder bei denen am Ende der Laufzeit unter bestimmten Bedingungen ein Bonus gezahlt wird, betonen die Marketingexperten unermüdlich, dass Risiken deutlich vermindert werden. Das stimmt nur in gewissen Grenzen. Grundsätzlich lautet die Regel auch hier: Wenn der Markt gegen uns läuft, dann müssen wir raus, bevor die Verluste zu groß werden.

Beim Umgang mit gehebelten Derivaten ist das natürlich selbstverständlich, Hebelprodukte ohne Money Management sind, wie schon gesagt, finanzieller Selbstmord. Das Setzen des Stoppkurses am Basiswert ist an sich auch kein Problem und folgt den beschriebenen Regeln. Die Frage ist nur: Was verlieren wir? Das lässt sich im Fall von Optionen und Optionsscheinen nur mit einer komplizierten Rechnung ermitteln, denn der Preis des Derivates hängt zum Zeitpunkt der Auslösung des Stopps von vielen Faktoren ab: der Restlaufzeit, davon, ob das Papier einen inneren Wert hat oder nicht, wie hoch die implizite Volatilität, also die erwartete Schwankungsbreite, ist. Den zu erwarteten Verlust müssen wir dann mit Hilfe eines Optionsscheinrechners simulieren. Solche Tools gibt es im Internet oder als Teil von Chartprogrammen.

Einfacher ist es bei Futures, auch im Fall der für die Privatanleger konfektionierten »Futures« in der Form von unbegrenzt laufenden Turbos, Waves oder Mini-Futures. Diese Papiere haben keine Nachschusspflicht wie bei den großen Futures an der Eurex, aber einen so genannten Knock-out, an dem der Schein wertlos verfällt oder ein kleiner Restwert an den Anleger ausgezahlt wird. Grundsätzlich lässt sich bei diesen Scheinen der erwartete Verlust leicht berechnen, weil der Turbo sich – natürlich gehebelt – eins zu eins mit dem Basiswert bewegt. Also wenn die Aktie um ein Prozent fällt, dann fällt der Turbo mit einem Hebel von zehn annähernd um zehn Prozent. Damit habe ich dann meinen maximalen Verlust, den ich benötige, um den Kapitaleinsatz zu steuern. Leider ist es auch da in der Realität nicht ganz so einfach. Denn die Finanzierungskosten, die in der Regel vom Zinssatz abhängig sind und 2005 mit rund 3,5 Prozent zu Buche schlugen, machen sich vor allem bei längerer Haltedauer der Papiere bemerkbar. Sie sind nicht sofort zu erkennen, weil sie in einem leicht verminderten Kurs des Papiers zum Tragen kommen.

Bei den Anlageprodukten ohne Hebel, die sich im Prinzip eins zu eins wie der Basiswert bewegen und für längerfristige Engagements geeignet sind, lässt sich der maximale Verlust mit Hilfe des Stoppkurses sehr einfach berechnen, wenn die Papiere sich wirklich eins zu eins mit der Basis bewegen. Das ist bei Indexzertifikaten der Fall. Doch die meisten Zertifikate sind mit reizvollen Zusatzleistungen ausgestattet. Und sie sind auf das Ende der Laufzeit hin angelegt. Erst dann kommt das versprochene Auszahlungsprofil voll zur Geltung.

Bis zur Endfälligkeit warten oder vorher aussteigen, wenn die Kurse fallen? Diese Frage ist selbst bei den so beliebten Bonuszertifikaten nicht leicht zu beantworten. Denn wer vorher verkauft, verliert den Anspruch auf den Bonus, den er mit Verzicht auf Dividenden bezahlt hat. Wartet er ab, wird unter Umständen die untere Risikoschwelle – in der Regel 20 bis 60 Prozent unter dem Kaufpreis – erreicht, und der Bonus ist auch weg.

Hinzu kommt, dass nicht klar ist, wie sich der Preis des strukturierten Produkts konkret im Markt bewegt. Denn hinter dem Bonuspapier stecken Optionen, die abhängig von erwarteten Volatilitäten, also Kursschwankungen, sind. Die nehmen im Crash in der Regel kräftig zu und ziehen die Preise der Papiere zusätzlich nach unten, während das Bonusversprechen zum Ende der Laufzeit stabilisierend wirkt, solange die untere Risikoschwelle nicht verletzt wurde.

Deshalb ist zu überlegen, bei Bonuszertifikaten nicht mit Stoppkursen zu arbeiten, sondern Produkte mit niedriger Risikoschwelle auszuwählen. Damit ist die Wahrscheinlichkeit, dass der Anleger trotz heftiger Schwankungen bis zum Ende durchhält und seinen Bonus erhält, relativ hoch. Im Fall crashähnlicher Situationen ist es für Produkte ohne Stoppkurse unbedingt ratsam, weitere Gebote des Money Managements zu befolgen: den Kapitaleinsatz strikt zu begrenzen und breit zu diversifizieren.

Nun sind Bonuspapiere noch die einfacheren Varianten. Manche Konstruktionen locken mit einer bunten Mischung aus Hebel- und Garantieelementen, die geschickt an die Gefühle der Anleger, an Angst und Gier, appellieren. Machen wir dies deutlich an einem sogenannten Schmetterlingszertifikat, auch als Twin-Win-Zertifikat bekannt, bei dem der Anleger nach oben wie nach unten verdient, allerdings nur bis zu einer vorher festgelegten Risikoschwelle. Toll, wenn der Markt steigt, und ich bin mit dem 1,5fachen Hebel dabei. Toll auch, wenn der Markt fällt und mir am Ende der Laufzeit der Verlust als Gewinn ausgezahlt wird.

Das gilt aber nur bis zur Risikoschwelle. Bei einer Berührung wird aus dem Gewinn sofort ein Verlust, im Fall einer Risikoschwelle von 40 Prozent also ein Verlust von 40 Prozent. Soll man da überhaupt einen Stoppkurs setzen? Ja, unbedingt. Denn psychologisch führt ein solches Papier in die Schizophrenie. Wenn der Kurs fällt, der Markt also gegen uns läuft, müssten wir eigentlich raus, aber wir verdienen ja. Fällt er noch weiter, verdienen wir mehr, bis es dann plötzlich »Peng« macht und wir einen Verlust von 40 Prozent beklagen müssen. Hier sollte man nach einem sinnvollen Stopp auf Grundlage des Basiswertes schauen. Der sollte mindestens knapp unterhalb der Linie liegen, bei dem der Basiswert vom Plus ins Minus dreht. Dann sollten wir noch mit einem Gewinn rauskommen, der aber sicher niedriger sein dürfte als das Gewinnversprechen zum Ende der Laufzeit.

Wie sich der Kurs des Schmetterlingszertifikats verhält, wenn der Kurs weiter sinkt, ist unklar, zumindest konnten uns Anbieter dieser Papiere das nicht simulieren. Denn dem Gewinnversprechen zum Ende der Laufzeit steht die steigende Wahrscheinlichkeit gegenüber, dass die Risikoschwelle erreicht wird.

Alles klar? Wohl kaum. Deshalb sollte jeder beherzigen, was Superinvestor Warren Buffett praktiziert. Er kauft zwar keine Zertifikate, die sind in Amerika verboten. Aber sein Grundsatz gilt auch für sie: »Kaufe nie etwas, was du nicht verstehst!« Deswegen kann das einfachere Produkt oft das bessere sein. Das gilt besonders für Money Management, das Sie nur wirkungsvoll betreiben können, wenn Ihre Papiere eine klare Risikostruktur und ein eindeutiges Verhältnis zum Basiswert aufweisen, zum Beispiel ein simples DAX-Zertifikat.

8 Ein Prozent ist genug – die Money-Management-Formel für pfiffige Anleger

Der Grundsatz der erfahrensten Spekulanten ist, sich nicht mit den Aktien zu verheiraten. Wenn Ihr aber in die Schlingen der Spekulation geratet, so macht lieber nur ein kleines Geschäft mit geringerem Nutzen; denn wenn Ihr wenig macht, seid Ihr immer imstande, dem Geschäft leicht eine Wendung zu geben.

Joseph de la Vega, Confusion de Confusiones, 1688

Mit Hilfe des Stoppkurses können wir bestimmen, welchen Betrag wir beim Kauf einer **einzigen** Aktie riskieren. Wir wissen aber noch nicht, wie viele Aktien wir überhaupt kaufen sollen, also wie groß unser Geschäft insgesamt werden soll. Davon ist dann abhängig, wie groß das gesamte Risiko pro Position ist. Konzentrieren wir uns deshalb auf die sträflich vernachlässigten und gleichzeitig wichtigsten Bestandteile des Börsenerfolgs – auf die Kombination von Risikokontrolle und Money Management. Money Management beantwortet, wie mehrfach gesagt, die Fragen: Wie viel setze ich ein? Wie viel Stück eines Wertpapiers soll ich erwerben?

Wichtig dabei ist nicht nur, wie hoch der Verlust bei einem Geschäft werden kann, sondern auch, wie hoch dieser Verlust in Bezug auf das Börsenkapital ist. Dazu vorweg eine wichtige Regel, um größtmögliche Transparenz herzustellen: Bestimmen Sie exakt Ihr Börsenkapital, also die Summe aus Depotwert und Cash. Viele Anleger begehen den ersten Fehler, bevor sie eine Aktie kaufen. Sie definieren nicht das Kapital, das für die Börse verwendet wird. Sie nutzen zum Beispiel das Gehaltskonto als Verrechnungskonto für das Depot. Das hat einen Nachteil: Da immer wieder neues Geld nachkommt, werden sie verleitet, Verluste gegenzurechnen. Erfolg und Misserfolg an der Börse geht in einem Wust von Gehalt, Kosten der Lebenshaltung, Mietausgaben oder Hypothekenzinsen regelrecht unter. Doch machen wir uns klar: Das Börsenkapital ist von nun an unser wichtigster Bezugspunkt. Wenn Sie 2.000 Euro einsetzen, 1.000 davon verlieren, ist der Ärger riesengroß. 50 Prozent versemmelt, schrecklich! Doch was sind 1.000 Euro in Bezug auf das gesamte Börsenkapital von vielleicht 100.000 Euro? Ein Prozent – nicht mehr so schrecklich. Denken Sie deshalb beim einzelnen Engagement überwiegend in absoluten Größen, die Sie dann auf das Gesamtkapital an der Börse beziehen. Warum das so wichtig ist, zeigen wir gleich.

Wir betrachten drei mögliche Modelle zur Bestimmung des Kapitaleinsatzes. Daran können wir erkennen, wie wichtig die exakte Steuerung ist. Die meisten Anfänger und selbst viele »erfahrene« Anleger gehen so vor: Ist gerade genügend Geld da, wird dies eingesetzt, gab es eine überzeugende Fernsehsendung mit tollen Kurszielen, wird alles zusammengekratzt und eine dicke Position gekauft, sind sie gerade mal wieder auf die Nase gefallen, wird nur vorsichtig agiert und wenig Kapital in eine Aktie oder ein Zertifikat gesteckt. Diese Anleger lassen sich dabei von ihrem Angst- und Gierpegel leiten und setzen in der Regel viel zu viel ein – und das auch noch ohne Stoppkurs zur Verlustbegrenzung. Ihr **»Aus-dem-Bauch«-Modell** (Abb. 8-1) wirkt sich über kurz oder lang desaströs aus. Das sehen Sie dort genau: Ohne Stoppkurs ist jedes Engagement mit einem hohen Risiko behaftet, im schlimmsten Fall geht alles verloren. Mal werden 24.000 Euro eingesetzt, die in Bezug auf das Börsenkapital 24 Prozent Risiko darstellen, mal nur 5.000 Euro, die fünf Prozent repräsentieren. Die Chancen werden übergewichtet und die Risiken negiert. »Alles oder nichts« lautet die Devise. Laufen alle fünf Positionen schief, ist das ganze Geld weg. Die meisten merken das gar nicht so richtig, weil es ja zwischenzeitlich auch immer wieder Gewinnpositionen gibt. Das Desaster nimmt seinen Lauf, wenn die Positionen wertlos werden und der Einsatz weg ist. Das ist bei Aktien eher selten, bei Hebelprodukten mit einer Knock-out-Schwelle aber recht häufig.

Das „Aus-dem-Bauch"-Modell

Aktie	Kurs	Stoppkurs	Risiko in %	Anzahl Aktien	Kapitaleinsatz	Risiko pro Position	Kapitaleinsatz in %[1]	Risiko in %[1]
A	120	–	–100,00	200	**24000**	–24000	24,00	–24,00
B	100	–	–100,00	400	**40000**	–40000	40,00	–40,00
C	50	–	–100,00	100	**5000**	–5000	5,00	–5,00
D	70	–	–100,00	300	**21000**	–21000	21,00	–21,00
E	20	–	–100,00	500	**10000**	–10000	10,00	–10,00
				Gesamt	100000	–100000	100,00	–100,00

1) vom Börsenkapital

Abbildung 8-1: *Bei einem Börsenkapital von z. B. 100.000 Euro wird der Kapitaleinsatz nach dem aktuellen »Gier- und Angstpegel« festgelegt. Die Chancen werden übergewichtet und Risiken negiert – »Alles oder nichts«.*

Fortgeschrittene Börsianer platzieren dagegen bei jedem Engagement einen Stoppkurs und definieren zusätzlich, wie viel sie einsetzen wollen. Sie wenden das **Modell »Gleicher Einsatz«** an (Abb. 8-2): Bei einem Börsenkapital von 100.000 Euro bestimmen sie, dass pro Engagement (nachfolgend Position genannt) ein fixer Betrag von beispielsweise 10.000 Euro investiert werden soll. Sie können dann maximal zehn Positionen erwerben. Das pro Position in Kauf genommene Risiko hängt allerdings von der Entfernung des Stoppkurses vom aktuellen Kurs ab. Beispiel: Bei der Aktie E in Abb. 8-2 muss – auf Grund sehr hoher Volatilität – der Stoppkurs 40 Prozent unter dem Einstandskurs platziert werden. Das Risiko allein dieser Position beträgt 4.000 Euro oder vier Prozent des Börsenkapitals! Trotzdem: ein sicherlich besseres Modell als das bauchgesteuerte.

Dagegen setzen wir das **»Ein-Prozent-Risiko«-Modell**, wie es erfahrene Anleger praktizieren, vor allem dann, wenn der Kapitalerhalt

Das Modell „Gleicher Einsatz“

Aktie	Kurs	Stopp-kurs	Risiko in %	Anzahl Aktien[1]	Kapital-einsatz	Risiko pro Position[2]	Kapital-einsatz in %[3]	Risiko in %[3]
A	120	105	−12,50	83	9960	−1245	9,96	−1,25
B	100	90	−10,00	100	10000	−1000	10,00	−1,00
C	50	40	−20,00	200	10000	−2000	10,00	−2,00
D	70	59	−15,71	142	9940	−1562	9,94	−1.56
E	20	12	−40,00	500	10000	−4000	10,00	−4,00
				Gesamt	49900	−9807	49,90	−9,81

1) 10 000 : Kurs 2) (Kurs - Stoppkurs) x Anzahl der Aktien 3) vom Börsenkapital

Abbildung 8-2: *Bei einem Börsenkapital von z.B. 100.000 Euro wird »pro Position ein fixer Betrag des Börsenkapitals eingesetzt«. In diesem Beispiel 10.000 Euro.*

oberste Priorität hat (Abb. 8-3). Bei diesem Modell wird der Kapitaleinsatz anhand des Risikos berechnet. Auf jede Position soll der gleiche maximale Verlust entfallen – ein Prozent des Börsenkapitals. In unserem Beispiel verfügt der Anleger über ein Börsenkapital von 100.000 Euro und darf somit pro Position 1.000 Euro riskieren. Mehr Risiko – etwa zwei Prozent – sollten nur Anleger praktizieren, die auf Diversifikation wenig Wert legen und zum Beispiel nur fünf Positionen im Depot haben. Dann ergibt sich das gleiche Gesamtrisiko wie beim Ein-Prozent-Modell (fünf Positionen mit je zwei Prozent Verlust entspricht zehn Positionen mit je einem Prozent Minus). Dazu später mehr.

In die Money-Management-Formel (MM-Formel) zur Berechnung der Stückzahl fließt im Zähler das Risiko pro Position (RpP) ein, den Betrag, den wir insgesamt in der geplanten Position riskieren wollen. Und im Nenner wird das Risiko pro Stück (RpS) eingetragen, also die Differenz aus Aktien- und Stoppkurs.

Die MM-Formel zur Bestimmung der Positionsgröße lautet damit:

$$\text{Stückzahl} = \frac{\text{Risiko pro Position}}{\text{Aktienkurs} - \text{Stoppkurs}}$$

Formel 8.01

Es versteht sich von selbst, dass die MM-Formel nicht nur auf Aktien, sondern auch auf einfach strukturierte Indexzertifikate (zum Beispiel DAX-Zertifikate), auf börsengehandelte Fonds und selbst auf Hebelprodukte angewendet werden kann. Ausgenommen sind, wie schon in Kapitel 7 erwähnt, lediglich komplex strukturierte Produkte wie etwa Bonuszertifikate.

Wir berechnen zur Veranschaulichung der MM-Formel ein einfaches Beispiel:

Eine Aktie notiert bei 100 Euro, und den Stoppkurs platzieren wir bei 90 Euro. Wenn die Aktie ausgestoppt wird, soll der Verlust rund ein Prozent unseres Börsenkapitals (100.000 Euro) betragen, also 1.000 Euro. Wie viel Stück dürfen wir kaufen?

$$\text{Stückzahl} = \frac{1.000\ €}{100\ € - 90\ €} = 100\ \text{Stück}$$

Diese 100 Stück bedeuten eine Position von 10.000 Euro. Spesen und schlechte Kursausführung sind erst einmal beiseite gelassen. Sie müssen natürlich im realen Börsenspiel mit rein, dazu ebenfalls später

Das „1%-Risiko"-Modell

Aktie	Kurs	Stopp-kurs	Risiko in %	Anzahl Aktien[1]	Kapital-einsatz	Risiko pro Position[2]	Kapital-einsatz in %[3]	Risiko in %[3]
A	120	105	–12,50	66	7920	–990	7,92	–0,99
B	100	90	–10,00	100	10000	–1000	10,00	–1,00
C	50	40	–20,00	100	5000	–1000	5,00	–1,00
D	70	59	–15,71	90	6300	–990	6,30	–0,99
E	20	12	–40,00	125	2500	–1000	2,50	–1,00
				Gesamt	31720	–4980	31,72	–4,98

1) 1000 : (Kurs - Stoppkurs) 2) (Kurs - Stoppkurs) x Anzahl der Aktien 3) vom Börsenkapital

Abbildung 8-3: *Bei einem Börsenkapital von z.B. 100.000 Euro wird »pro Position 1 Prozent des Börsenkapitals riskiert« (1% von 100.000 = 1000).*

mehr. Um es noch mal klar zu machen. Wir setzen dann 10.000 Euro pro Position ein. Haben wir eine Niete erwischt, rutscht die Aktie bis zum Stoppkurs bei 90, dann steigen wir aus. Beim Verkauf unserer 100 Aktien wird ein Verlust von 1.000 Euro realisiert, ein Prozent des Börsenkapitals.

Im realen Börsenleben sind die Zahlen natürlich nicht so glatt, aber die Rechnungen sind trotzdem noch einfach, selbst wenn wir keinen Taschenrechner bei der Hand haben. Spielen wir das Ganze noch mal mit unterschiedlichen Positionen durch.

Die Aktie A, die wir zu kaufen beabsichtigen, notiert bei 120 Euro. Den Stoppkurs setzen wir bei 105 Euro. Damit beträgt das »Risiko pro Stück« 15 Euro. Jetzt können wir ausrechnen, wie viele Aktien wir kaufen dürfen. Die Rechnung: 1.000 € / (120 € – 105 €). Wir erwerben also 66 Aktien (die Stückzahl wird immer auf ganze Zahlen abgerundet). Unser Kapitaleinsatz beträgt damit 7.920 Euro (= 66 Stück x 120 €). Wird unsere Aktie ausgestoppt, dann beläuft sich der Verlust auf 990 Euro (da die Stückzahl abgerundet wird, ist der Verlust meist etwas geringer als kalkuliert – im Beispiel 990 statt 1.000 Euro). Bei der Aktie E legen wir den Stoppkurs bei zwölf Euro, also 40 Prozent unter dem voraussichtlichen Einstandskurs von 20 Euro. Unser Risiko pro Stück beträgt acht Euro. Gemäß der Money-Management-Formel dürfen wir 125 Aktien kaufen. Wird die Aktie ausgestoppt, müssen wir trotz des 40-Prozent-Stopps keinen größeren Verlust als rund 1.000 Euro beklagen.

Der erste große Vorteil des Ein-Prozent-Risiko-Modells: Wir wissen schon, bevor wir eine Aktie erwerben, dass unser Risiko auf rund ein Prozent des Börsenkapitals begrenzt ist. Egal, ob der Stoppkurs zehn oder 40 Prozent unter den Einstandskurs gelegt wird: Das Risiko pro Position (RpP) beträgt immer rund ein Prozent des Börsenkapitals. Engagements in Positionen mit optisch hohen Risiken können wir Anleger also psychologisch leicht verkraften. Im Modell »Gleicher Einsatz« wäre dagegen bei obiger Aktie E ein Verlust von 4.000 Euro oder vier Prozent des Börsenkapitals zu beklagen. Ein Stoppkurs von 40

Prozent lässt uns kalt, wir können sogar ein Papier mit einem hohen Hebel einsetzen, zum Beispiel einen Turbo oder Mini-Future, und die so genannte Knock-out-Schwelle als Stoppkurs definieren. Wird diese erreicht, verfällt der Schein wertlos (allerdings nur dann, wenn das K.-o.-Level mit dem Basispreis identisch ist). 100 Prozent weg, aber wir haben trotzdem nur ein Prozent unseres Börsenkapitals verloren.

Der zweite Vorteil des Modells: Das Gesamtrisiko (das Risiko sämtlicher Positionen) verändert sich kontrolliert und proportional zur Anzahl der Positionen. Das heißt: Wenn bei jeder Position ein Prozent des Börsenkapitals riskiert wird, beläuft sich das Gesamtrisiko bei fünf Positionen auf fünf Prozent des Börsenkapitals. Werden also in unserem Beispiel alle Aktien ausgestoppt, beträgt der Verlust rund 5.000 Euro.

Ein kleiner Schönheitsfehler: Das Risiko pro Stück (RpS) wird als Differenz zwischen Aktienkurs und Stoppkurs definiert. Die Spesen und die schon kurz angesprochene Slippage werden jedoch nicht berücksichtigt. Was gehört alles zur Slippage? Wenn wir eine Aktie kaufen wollen, erfahren wir den Kurs aus der Zeitung oder aus dem Internet. Bis unsere Order jedoch an der Börse ausgeführt wird, vergeht Zeit, und der Kurs verändert sich oft zu unserem Nachteil. Slippage ist auch die Differenz zwischen Bid und Ask (Geld- und Briefkurs). Kurz: Slippage ist ein schlechter Ausführungskurs. Damit muss man immer rechnen und dies einkalkulieren. Wir können zwar ein Kauflimit setzen, also der Bank mitteilen, dass unsere Kauforder nur bis zu einem bestimmen Preis ausgeführt wird. Das ist auf der einen Seite bei Werten der zweiten oder gar dritten Reihe auf Grund der schwachen Umsätze ratsam, weil die Gefahr groß ist, sonst zu teuer einzukaufen. Doch auf der anderen Seite ist der Ärger groß, wenn die Aktie wegen eines zu »geizigen« Limits ihren Höhenflug ohne uns startet. Wenn die Aktie ausgestoppt wird, fällt ebenfalls Slippage an: Sobald ein Umsatz auf oder unter dem Niveau des Stoppkurses zustande kommt, wird die Aktie automatisch bestens verkauft. Deshalb liegt der effektive Verkaufskurs in der Regel unter dem Stoppkurs – das gilt besonders für die gefürchteten Abwärts-Kurslücken.

Wie wirkt sich das in unserer Formel aus? Angenommen, wir zahlen pro Transaktion 0,6 Prozent Spesen und kalkulieren auch noch eine Slippage von 1,2 Prozent ein. Der Slippage-Prozentsatz ist hier ein Schätzwert, den jeder Anleger aus seiner Erfahrung heraus ermitteln sollte. Beim Kauf der Aktie A addieren wir also zum aktuellen Kurs von 120 Euro 1,8 Prozent hinzu (= 120 € x Kauffaktor 1,018) und erhalten als Ergebnis den wahrscheinlichen Kaufkurs von 122,16 Euro. Vom Stoppkurs bei 105 Euro subtrahieren wir 1,8 Prozent (= 105 € x Verkaufsfaktor 0,982), was einen wahrscheinlichen Verkaufskurs von 103,11 Euro ergibt. Das kalkulatorische Risiko pro Stück beträgt damit nicht 15 Euro, sondern 19,05 Euro (122,16 € – 103,11 €).

Diese wahrscheinlichen Kurse setzen wir in die Money-Management-Formel ein. Es ergeben sich statt 66 Aktien nur 52 Aktien. Die Rechnung: 1.000 € / (122,16 € – 103,11 €). Damit verringert sich auch der Kapitaleinsatz von 7.920 auf 6.240 Euro. Das Risiko pro Stück definieren wir also wie folgt: Aktienkurs x Kauffaktor – Stoppkurs x Verkaufsfaktor. Diese Berechnung des Risikos pro Stück ist sehr viel realistischer als die »Brutto«-Money-Management-Formel 8.01. Also modifizieren wir sie, indem wir die Slippage und die Spesen einbeziehen, und erhalten die »Netto«-Money-Management-Formel:

$$\text{Stückzahl} = \frac{\text{Risiko pro Position}}{\text{Aktienkurs} \times \text{Kauffaktor} - \text{Stoppkurs} \times \text{Verkaufsfaktor}}$$

Formel 8.02

Damit lautet die Rechnung für das obige Beispiel:

$$\text{Stückzahl} = \frac{1.000\ €}{120\ € \times 1{,}018 - 105\ € \times 0{,}982} = 52\ \text{Stück}$$

Die in die Formel einfließenden Spesen- und Slippage-Parameter sind, wie schon gesagt, individuell verschieden. Betragen die Spesenbelastung zum Beispiel durchschnittlich nur 0,5 Prozent und die kalkulatorische Slippage 0,8 Prozent, ergeben sich andere Faktoren. In der Formel werden der Aktienkurs dann mit 1,013 (= 1 + 0,005 + 0,008) multipliziert und der Stoppkurs mit 0,987 (= 1 – 0,005 – 0,008).

Mit obiger Formel wird in dem beiliegenden MM-Tool die Anzahl der Aktien berechnet. Sollte Ihr Broker oder Ihre Bank sogenannte Flat Fees berechnen, also keine prozentualen, sondern fixe Euro-Spesen, dann kann obige Formel 8.02 modifiziert werden:

$$\text{Stückzahl} = \frac{\text{Risiko pro Position} - \text{Spesen gesamt}}{\text{Aktienkurs} \times \text{Slippagefaktor Kauf} - \text{Stoppkurs} \times \text{Slippagefaktor Verkauf}}$$

Formel 8.03

Dazu ein einfaches Beispiel: Der Aktienkurs liegt bei 100 Euro und der Stoppkurs bei 90 Euro. Die Kauf- und Verkaufsspesen betragen jeweils 10 Euro, also zusammen 20 Euro. Als Slippage werden beim Kauf und Verkauf 1,2 Prozent einkalkuliert. Der Slippagefaktor beim Kauf beträgt dann 1,012 (= 1 + 0,012) und beim Verkauf 0,988 (= 1 – 0,012).

Wir rechnen also:

$$\text{Stückzahl} = \frac{1.000\ € - 20\ €}{100\ € \times 1{,}012 - 90\ € \times 0{,}988} = 79\ \text{Stück}$$

Für Trader, die beispielsweise Hebelzertifikate handeln, ist Money Management, wie schon erwähnt, ebenfalls geeignet, ja unbedingt zu empfehlen. Sehr einfach gestaltet sich die Rechnung mit Laufzeit-Turbos, bei denen der Knock-out-Level mit dem Basispreis identisch ist. Beispiel: Ein DAX-Long-Turbo notiert bei fünf Euro, und das Risiko pro Position soll 1.000 Euro betragen. Dann werden einfach 1.000 Euro durch fünf Euro geteilt, und als Ergebnis erhalten wir 200 Stück (ohne Kaufspesen und -slippage gerechnet). Geht der Turbo k. o., beträgt der Verlust auf den Einsatz berechnet zwar 100 Prozent, doch das Börsenkapital von 100.000 Euro wird nur um 1.000 Euro oder ein Prozent dezimiert. Dazu die Formel mit fixen Spesen und Kaufslippage:

$$\text{Stückzahl Laufzeitturbo} = \frac{\text{Risiko pro Position} - \text{Spesen gesamt}}{\text{Turbokurs} \times \text{Slippagefaktor Kauf}}$$

Formel 8.04

Beispiel: Der Laufzeitturbo auf den DAX notiert bei fünf Euro, Gesamtspesen 20 Euro (aus steuerlichen Gründen ist es empfehlenswert, den Turbo nach dem K. o. bei nahezu null Euro an den Emittenten zu verkaufen), die Kaufslippage betrage drei Prozent, und das RpP beläuft sich auf 1.000 Euro:

$$\text{Stückzahl Laufzeitturbo} = \frac{1.000\ € - 20\ €}{5\ € \times 1{,}03} = 190\ \text{Stück}$$

Selbst bei Futures lässt sich Money Management anwenden. Als Beispiel dafür nehmen wir den DAX-Future: Der Kurs des Futures liegt bei 5.000 Punkten, der Stop Loss bei 4.960 Zählern, und das RpP soll 1.000 Euro betragen. Wir dividieren dann das RpP durch das Produkt aus RpS und Punktwert. Die Rechnung: 1.000 € / (5.000 – 4.960) x 25 € = 1 Kontrakt (ohne Slippage und Spesen gerechnet). Ergibt sich als Ergebnis eine ungerade Kontraktzahl, sollten Futures-Trader je nach Risikobereitschaft und Trefferwahrscheinlichkeit entweder auf- oder abrunden, im Zweifel besser abrunden. Obige Berechnung setzt natürlich voraus, dass noch genügend Sicherheitsleistung beziehungsweise Margin vorhanden ist, um die Position eingehen zu können. Doch nun zurück zu des Investors liebsten Engagements, den Aktien.

Wir können jetzt die Anzahl der Aktien pro Position schnell und einfach berechnen. Zugegeben, diese Formeln klingen etwas kompliziert, aber keine Bange. Es gibt ja noch das Money-Management-Tool und die Formelsammlung auf der CD, mit denen Sie die wichtigsten Berechnungen leicht durchführen können.

Doch vorher müssen wir noch klären, welches maximale Gesamtrisiko wir in Kauf nehmen sollten. Denn nahezu jeder Anleger hat – schon aus Gründen der Diversifikation – mehrere Wertpapiere im Depot. Angenommen, im Depot befinden sich 20 Papiere mit je 1.000 Euro Risiko, die Wall Street crasht, und alle Positionen werden ausgestoppt. Dann wird das Börsenkapital von angenommen 100.000 Euro auf einen Schlag um 20 Prozent dezimiert. Das darf nicht passieren, und deshalb ziehen wir mit dem maximalen Gesamtrisiko (mGR) eine Grenze. Doch wie groß sollte der maximale Depotverlust, den wir zu tragen bereit sind, sein? Dazu denken wir an die Grafik, die wir beim Thema Verlustverarbeitung schon kennen gelernt und verinnerlicht haben. Jeder Einzelne muss prüfen, was er sich an Verlustausgleich zutraut. Wer zehn Prozent verliert, benötigt 11,1 Prozent zum Ausgleich, bei 20 Prozent müssen jedoch schon 25 Prozent erreicht werden. Zehn Prozent dürfte für die meisten kein großes Problem sein, nehmen wir also diesen Prozentsatz. Bezogen auf unser Börsenkapital von 100.000 Euro riskieren wir dann höchstens 10.000 Euro, unser maximales Gesamtrisiko. Wir können dann insgesamt zehn Positionen mit einem Risiko von jeweils 1.000 Euro erwerben. Sollten alle zehn Positionen ausgestoppt werden, hätten wir nur zehn Prozent des Börsenkapitals verloren. Das eröffnet uns alle Möglichkeiten, in einer besseren Börsensituation wieder in die Gewinnzone zu kommen.

Wir haben nun die wichtigsten Grundregeln für Money Management kennen gelernt: die Notwendigkeit, das Börsenkapital festzulegen (Details im nächsten Kapitel), die Bestimmung des maximalen Gesamtrisikos (dazu mehr in Kapitel 10) und die Steuerung des Kapitaleinsatzes in Abhängigkeit von den Stoppkursen. Damit können wir nicht nur Verluste begrenzen, sondern vor allem auch Gewinne laufen lassen. Sie sind jetzt fit für das Money-Management-Tool. In den nächsten Kapiteln zeigen wir, wie es funktioniert.

Wichtige Tipps zum Schluss dieses Kapitels:

1. **Vor dem Kauf** nicht nur an die erwarteten Gewinne, sondern an die Risiken denken. Denn Sie haben nur das Risiko, den möglichen Verlust im Griff.

2. **Berechnen Sie vor jedem Kauf die Stückzahl** bzw. den Kapitaleinsatz (von Hand oder besser mit dem Tool im Teil »Money Management leicht gemacht«). Mit der Zeit wird das zur Routine, und Sie gehören zur Elite der Gewinner.

3. **Verluste sind vollkommen in Ordnung**, solange sie **klein sind**. Große Verluste sind dagegen Gift für Ihr finanzielles Wohlergehen. Deshalb: Ohne Wenn und Aber Stoppkurse setzen und die goldene Regel »Gewinne laufen lassen und Verluste begrenzen« in die Tat umsetzen.

9

Schau nach unten, bevor Du noch oben schaust – immer zuerst an das Risiko denken

Geld ist nicht alles. Aber viel Geld ist etwas anderes.

George Bernard Shaw

Nach all den Vorbereitungen sind Sie jetzt reif für das Money-Management-Tool, das diesem Buch als CD beigelegt ist. Wir versprechen Ihnen, dass sich Ihr Börsenleben damit von Grund auf ändern wird. Denn in Zukunft werden Sie nicht mehr 100 oder 200 Aktien je nach Stimmungslage kaufen, sondern die Anzahl, die Sie nach einem Risikomodell errechnen. Das Excel-Sheet enthält drei Arbeitsblätter. Mit dem Teil »Vermögen und Börse« können Sie bestimmen, wie groß das Börsenkapital im Verhältnis zum Gesamtkapital sein soll. Im Tabellenblatt »Money Management leicht gemacht« geht es um die Berechnung der Kapitaleinsätze. Außerdem enthält es ein integriertes Depot und eine Liquiditätsberechnung. Mit dem Sheet »Bilanz der Trades« können Sie vergangene und auch künftige Gewinn- und Verlust-Engagements genau analysieren und herausfinden, ob mit Ihrer Strategie etwas nicht stimmt.

Zu viel Arbeit, zu kompliziert? Keine Bange. Sie brauchen nicht mehr als die Grundrechenarten, und die Berechnungen nimmt ihnen das Tool ab. Wenn Sie keinen Rechner bei der Hand haben, werden Sie aber dennoch die Grundprinzipien und die Zahlenbeispiele nachverfolgen können.

Machen wir uns noch einmal klar, was die Ziele des Money Management sind, wie sie Alexander Elder für den Trader formuliert hat, der vielleicht sogar durch seine Börsenaktivitäten seinen Unterhalt verdienen will:

- Überleben sichern;
- regelmäßiges Einkommen erzielen;
- hohe Gewinne einfahren.

Wir wandeln diese für unsere Zwecke ab. Denn ein regelmäßiges Einkommen ist für unsere Börsengeschäfte nicht so entscheidend, wenn wir dies woanders erzielen. Was wir aber wollen: das Vermögen sichern und vermehren. Deshalb stellen wir folgende Ziele auf:

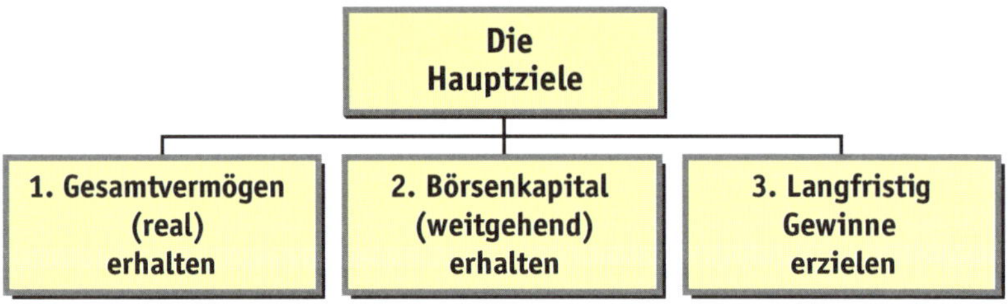

Abbildung 9-1

Warum wir diese Hauptziele wählen, dürfte jedem klar werden, wenn er die vergangenen Jahre Revue passieren lässt. »So werden Sie zum Gewinner« – als wir die Anleger in BÖRSE ONLINE mit diesem Titel im Frühjahr 1998 erstmals mit Money Management konfrontierten, war die Börsenwelt noch in Ordnung. Jeder dachte nur daran, schnell reich zu werden, das Thema »Risiko« war entsprechend wenig populär. Das änderte sich während der dreijährigen Börsenbaisse ab Frühjahr 2000 grundlegend: Manche Anleger verloren durch den gewaltigen Absturz der Wertpapiere bis zu drei Viertel ihres Gesamtvermögens. Das wichtigste Ziel eines jeden Anlegers heißt deshalb: Kapitalerhalt. Damit ist nicht das an der Börse eingesetzte Kapital, sondern das Gesamtvermögen gemeint. Mit dem Börsenkapital verfolgen wir lediglich das Ziel, im Vergleich zum meist kümmerlichen Wachstum des sicheren Vermögens eine Überrendite zu erzielen. Die erste Money-Management-Frage lautet daher: Welchen Teil meines Vermögens setze ich an der Börse ein? »Alles« – diese Antwort war zum Höhepunkt der Euphorie im Frühjahr 2000 die Regel. »Nichts« – antworteten die gleichen Anleger nach drei Jahren Baisse und schlimmsten Verlusten. Beide Extreme sind falsch. »Alles« kann die Existenz eines Anlegers vernichten, und »Nichts« führt zumindest in einer Hausse nur zu einem mageren Vermögenszuwachs. Wie meist im Leben gilt es, die goldene Mitte zu bestimmen. Das ist auch ein Ansatz, den die Banken in der Theorie zumindest in ihren Beratungen zur Vermögensplanung verfolgen. In der Theorie deshalb, weil manchmal das Interesse, bestimmte Produkte an den Mann zu bringen – provisionsträchtige allemal –, die Oberhand gewinnt.

Deshalb errechnen wir zuerst unser Nettovermögen – die Differenz aus Bruttovermögen und Verbindlichkeiten. Zunächst sollten wir uns einen Überblick über die liquiden Mittel verschaffen, also das, was auf dem Girokonto ist, was wir bar haben und was eventuell auf einem Tagesgeldkonto liegt. Dazu rechnen wir Sparanlagen, die nicht unmittelbar verfügbar sind, aber in der Regel in einer überschaubaren Zeit flüssig gemacht werden können. Sparpläne auf Aktien oder vom Aktienmarkt abhängige Zertifikate sollten nicht dazu zählen. Sie gelten in unserer strengen Definition nicht als sichere Anlagen. Sind sie mit bestimmten Garantien ausgestattet, können sie auch dazugenommen werden. Der Immobilienbesitz gehört ebenfalls dazu, die eigengenutzte wie die vermietete Immobilie. Wir setzen dazu den Verkehrswert an. Von diesem Vermögen müssen wir eventuell bestehende Verbindlichkeiten abziehen, also Hypotheken- und Ratenkredite.

Daraus errechnet sich dann das Nettovermögen, in unserem Beispiel 270.000 Euro. Der Betrag ist beispielhaft, um die später folgenden Praxistipps zu veranschaulichen. Nach Abzug einer Notreserve von 20.000 Euro (rund fünf Monats-Nettoeinkommen; siehe Tabelle Abb. 9-2) ergibt sich ein theoretisch für Börsen-Engagements verfügbares Nettovermögen von 250.000 Euro.

VERMÖGEN UND BÖRSE			
	Anlage	**Einzelsumme**	**Gesamtsumme**
BRUTTOVERMÖGEN			
Liquidität	Girokonto	5 000	
	Barbestand	500	
	Tagesgeld	11 500	17 000
Sparanlagen	Termingeld	15 000	
	Sparbücher	5 000	
	Sparpläne	20 000	
	Bundesschatzbriefe	20 000	
	Staatsanleihen (AAA)	40 000	
	Sonstiges	4 000	104 000
Lebens- u. Rentenversicherungen	(aktueller Rückkaufswert)	50 000	50 000
Immobilien	(aktueller Verkehrswert)	180 000	180 000
Summe Bruttovermögen			**351 000**
VERBINDLICHKEITEN			
Verbindlichkeiten	Immobiliendarlehen	80 000	
	Sonstige Kredite	1 000	81 000
Summe Verbindlichkeiten			**81 000**
NETTOVERMÖGEN			
= Bruttovermögen – Verbindlichkeiten			**270 000**
Notreserve (= 5 Monats-Nettoeinkommen)		4 000	20 000
theoretisch für die Börse verfügbares Nettovermögen			**250 000**
davon 20 % Börse			**50 000**

Angaben in Euro — Quelle: eigene Berechnungen

Abbildung 9-2

Wir bestimmen unser Börsenkapital nicht aus dem Bauch, also gemäß den Ratgebern Gier (»Alles«) oder Angst (»Nichts«), sondern wählen einen Mittelweg. Damit ist aber nicht einfach die Hälfte des verfügbaren Nettovermögens gemeint, sondern eine vernünftige Gewichtung, die je nach Alter und Höhe des Nettovermögens variiert werden kann. Dazu später mehr. Machen wir uns aber klar, dass diese Gewichtung letztlich über Vermögenserhalt und -zuwachs oder Ruin entscheiden kann.

Um den Anteil des Börsenkapitals am Nettovermögen zu bestimmen, ermitteln wir zuerst den kalkulatorischen Zuwachs unserer konservativen Vermögensanlagen. Wir legen die durchschnittliche Rendite an den Kapitalmärkten und die erwartete Rendite weiterer Vermögensanlagen zugrunde und rechnen Kapitalzuflüsse dazu, etwa Einzahlungen in Sparpläne. So kalkulieren wir zum Beispiel mit einem jährlichen Wachstum des »sicheren« Vermögens von 3,50 Prozent auf Sicht von fünf Jahren. Länger sollten wir wegen kaum vorhersehbarer ökonomischer Entwicklungen erst einmal nicht planen. Dreieinhalb Prozent jährliches Wachstum unserer sicheren Vermögensanlagen ergeben nach fünf Jahren einen Zuwachs von insgesamt 18,77 Prozent.

Die Zuwachsformel hierzu lautet:

$$\text{Zuwachs} = (1 + \text{jährliches Wachstum})^n - 1$$

(wobei: n = Anzahl Jahre)

Formel 9.01

Das ist nichts anderes als eine normale Zinseszinsrechnung. Wir rechnen also: $(1 + 0{,}035)^5 - 1 = 0{,}1877$. Das Ganze wird dann mit 100 multipliziert, weil wir es in Prozent ausdrücken wollen. Das Ergebnis lautet 18,77 Prozent.

In einem zweiten Schritt bestimmen wir das »Worst-Case-Szenario« unserer Depotperformance auf Sicht von fünf Jahren. Da wir ja gelernt haben, nach jedem Wertpapierkauf ohne Wenn und Aber Stoppkurse zur Verlustbegrenzung zu platzieren, sollte das Minus selbst während einer Mega-Baisse nicht mehr als 30 Prozent betragen.

Auch wenn die Europäische Zentralbank die Inflation in Schach hält, gehen wir mal davon aus, dass der Euro nach fünf Jahren inflationsbedingt wahrscheinlich weniger wert ist als heute. Deshalb berücksichtigen wir in der Berechnung in einem dritten und letzten Schritt den Kaufkraftverlust. Auf Grund der deflationären Effekte der Globalisierung und des Euros (immense Konkurrenz zwischen Unternehmen und große Preistransparenz) dürfte die durchschnittliche jährliche Inflationsrate im betrachteten Zeitraum kaum höher als bei 1,7 Prozent liegen. Wenn Ihnen das zu niedrig erscheint, können Sie natürlich auch eine höhere Rate ansetzen. Am Prinzip ändert das nichts. Gemäß der Zuwachsformel (9.01) sollten wir also ausrechnen, wie viel Zuwachs zum Ausgleich des erwarteten Kaufkraftverlusts nötig ist. In unserem Beispiel liegt er bei 8,79 Prozent.

Nun können wir den Börsenkapitalanteil an unserem Nettovermögen ermitteln, indem wir die kalkulierten Werte in die Börsenformel einsetzen (9.02). Das Ergebnis lautet: 20,45 oder abgerundet 20 Prozent.

BÖRSENFORMEL

$$BKA = \frac{WSA5 + KKV5}{WSA5 - BKV5}$$

BKA: Börsenkapitalanteil am Nettovermögen
WSA5: Wertzuwachs „Sichere Anlagen" nach 5 Jahren
KKV5: Kaufkraftverlust-Ausgleich nach 5 Jahren
BKV5: Börsenkapitalverlust nach 5 Jahren (worst case)

Beispiel: $\frac{0{,}1877 + (-0{,}0879)}{0{,}1877 - (-0{,}30)} = 0{,}2045$ **oder 20,45 %**

Formel 9.02

Also noch einmal: Der Börsenkapitalanteil am Vermögen wird bestimmt, indem der geschätzte Zuwachs der »sicheren« Anlagen (hier zum Beispiel 18,77 Prozent), der kalkulierte Börsenverlust (30 Prozent) und der zum Ausgleich des erwarteten Kaufkraftverlusts ermittelte Wert (8,79 Prozent) in die Formel eingesetzt werden. Das Ergebnis ist dann 20 Prozent.

Es versteht sich von selbst, dass nicht jeder Anleger die gleiche Rendite beim »sicheren« Vermögen erzielt. Wir haben als Bezugspunkt für das Vermögenswachstum die durchschnittliche Rendite fünfjähriger Bundesanleihen in den vergangenen fünf Jahren von 3,5 Prozent verwendet. Abzüglich des Inflationsdurchschnitts der vergangenen Jahre (und auch der künftig erwarteten Inflation) von 1,7 Prozent ergibt sich eine Realverzinsung von 1,8 Prozent. Für Anleger, die ein geringeres oder größeres Vermögenswachstum erzielen, ergibt sich gemäß der Formel – unter der Annahme, dass die übrigen Parameter gleich sind – auch ein anderer Börsenkapitalanteil als 20 Prozent. Es gilt: Je höher die Realverzinsung, umso größer der Anteil des Börsenkapitals am Vermögen und umgekehrt (bei gleichem geschätzten Börsenkapitalverlust).

Nun vergleichen wir das bestehende Börsenkapital mit dem berechneten und passen es an, wenn größere Differenzen bestehen. Beispiel: In Abbildung 9-2 am Beginn des Kapitels werden 20 Prozent vom Nettovermögen (250.000 Euro), also 50.000 Euro, als Börsenkapital vorgeschlagen. Liegt das bestehende Börsenkapital deutlich darüber, zum Beispiel bei 80.000 Euro, ist es ratsam, das Depot durch Verkäufe zu verkleinern und die Gutschriften dem »sicheren« Vermögen zuzuordnen. Sollte genügend Cash auf dem Verrechnungskonto liegen, kann das Börsenkapital auch durch eine Umschichtung vom Verrechnungskonto zu den sicheren Anlagen reduziert werden. Umgekehrt – bei einem zu geringen Börsenkapital – wird entsprechend nach oben angepasst. Wichtig: Durch die Transaktionen hin zum oder weg vom sicheren Vermögen wird auch der Prozentsatz des Börsenkapitals verändert, sodass eine behutsame Anpassung vorgenommen werden sollte.

Nach diesen Ausführungen dürfte sich mancher Leser fragen: Warum diese aufwendige Berechnung anstellen, wenn sowieso jeder weiß, dass man nur einen Teil seines Vermögens an der Börse investieren soll? Ganz einfach: Der Unterschied zwischen Theorie und Praxis ist bei den meisten Anlegern immens groß. Die Emotionen spielen uns immer wieder einen Streich. Gier zum Beispiel führt besonders in Euphoriephasen zu einem sehr großen Börseneinsatz gemäß dem Motto »Schnell reich werden«.

Bei einem Anteil des Börsenkapitals am Vermögen von beispielsweise 80 Prozent hätten viele Anleger in der Baisse von 2000 und 2003 mit deutschen Blue Chips wahrscheinlich mehr als die Hälfte ihres Nettovermögens eingebüßt. Wer sich gar ausschließlich am Neuen Markt vergnügt hat, versenkte bei einem Börsenkapitalanteil von 80 Prozent rund drei Viertel seines Vermögens! Deshalb macht es Sinn, sich intensiv mit der Frage »Welchen Teil meines Vermögens verwende ich für Börsengeschäfte?« zu beschäftigen. Überhaupt führt eine systematisch-mathematische Vorgehensweise zu strikter Disziplin. Und die ist an der Börse noch viel wichtiger als im übrigen Leben.

Zu obiger Frage betrachten wir nun ein Beispiel mit kalkulatorischen Annahmen und verschiedenen Anteilen des Börsenkapitals am Nettovermögen (Abb.9-3):

KALKULATORISCHE ANNAHMEN:	
»sicheres« Wachstum Vermögen p. a.:	3,50%
Inflation p. a.:	1,70%
Zeitraum in Jahren:	5
Börsenkapital-Performance:	-30%

Börsenkapitalanteil am Vermögen:	10%	20%	30%	40%	50%	60%	70%	80%	90%	100%
VERMÖGENSVERÄNDERUNG:										
a) exkl. Wachstum u. Inflation:	-3%	-6%	-9%	-12%	-15%	-18%	-21%	-24%	-27%	-30%
b) inkl. »sicherem« Wachstum, exkl. Inflation:	14%	9%	4%	-1%	-6%	-10%	-15%	-20%	-25%	-30%
c) inkl. »sicherem« Wachstum, inkl. Inflation:	5%	0%	-4%	-9%	-13%	-18%	-22%	-27%	-31%	-36%

Abbildung 9-3

Lesebeispiel: Bei einem Börsenkapitalanteil am Nettovermögen von 20 Prozent und einem Börsenverlust von 30 Prozent schrumpft das Vermögen in fünf Jahren (ohne »sicheres« Wachstum und Inflation gerechnet) um sechs Prozent; inklusive sicherem Wachstum beträgt der Zuwachs neun Prozent und real, also nach Inflation, wird Vermögenserhalt erreicht. Die allgemeingültige Formel zur Berechnung der Vermögensveränderung (inkl. sicherem Wachstum und Inflation):

$$\text{Vermögensveränderung} = \frac{1 + BKA \times BKP + (1 - BKA) \times \left((1 + W)^n - 1\right)}{(1 + INF)^n} - 1$$

Formel 9.03

BKA: Börsenkapitalanteil am Nettovermögen,
BKP: geschätzte Börsenkapital-Performance nach n Jahren,
W: kalkulatorisches Wachstum »sicherer« Anlagen p. a.
INF: erwartete durchschnittliche jährliche Inflation
n: Anzahl Jahre

Die Gewichtungen des Börsenkapitals in Abb. 9-3 zeigen, dass bei einem angenommenen Verlust von 30 Prozent das Vermögen schon bei einem BKA von 30 Prozent real um vier Prozent schrumpft. Richtig übel wird es bei Anteilen von 50 oder gar 70 Prozent. Dann schmilzt das Vermögen um 13 respektive 22 Prozent – von höheren Regionen ganz zu schweigen. Der Umkehrschluss, die Börse am besten links liegen zu lassen, ist allerdings auch nicht der Weisheit letzter Schluss. Denn in diesem Fall besteht keine Chance, die heutzutage kümmerliche Rendite sicherer Anlagen zu steigern. Unter den obigen Annahmen (»sicheres« Wachstum, Inflation und Worst-Case-Börse) dürfte für Investoren ein Anteil von rund 20 Prozent die wohl beste Wahl sein, um auch stürmische Börsenzeiten mit ruhigem Schlaf zu überstehen.

Wie sich die Gewichtungen bei einer positiven Börsenentwicklung auf das Vermögen auswirken, zeigt Abb. 9-4. Der einzige Unterschied zur Tabelle in Abb. 9-3 liegt in der Börsen-Performance – statt einem Minus von 30 Prozent erzielt der Investor im betrachteten Zeitraum einen Gewinn von 70 Prozent.

In diesem Fall wäre ein BKA von 100 Prozent sicherlich die beste Wahl gewesen: Das Vermögen wächst selbst nach Inflation um 56

KALKULATORISCHE ANNAHMEN:	
»sicheres« Wachstum Vermögen p. a.:	3,50%
Inflation p. a.:	1,70%
Zeitraum in Jahren:	5
Börsenkapital-Performance:	70 %

Börsenkapitalanteil am Vermögen:	10%	20%	30%	40%	50%	60%	70%	80%	90%	100%
VERMÖGENSVERÄNDERUNG:										
a) exkl. Wachstum u. Inflation:	7%	14%	21%	28%	35%	42%	49%	56%	63%	70%
b) inkl. »sicherem« Wachstum, exkl. Inflation:	24%	29%	34%	39%	44%	50%	55%	60%	65%	70%
c) inkl. »sicherem« Wachstum, inkl. Inflation:	14%	19%	23%	28%	33%	37%	42%	47%	52%	56%

Abbildung 9-4

Prozent. Doch das ist eine Betrachtung im Nachhinein, die besser nicht angestellt werden sollte. Sie verleitet nur dazu, mit Gewalt schnell reich werden zu wollen – nachher ist man immer schlauer. Oft wird damit aber das Gegenteil erreicht: Bei der gleichen BKA-Gewichtung von 100 Prozent und einem Börsenverlust von lediglich 30 Prozent wäre das Vermögen real um 36 Prozent geschrumpft. Um den Ausgleich zu schaffen, ist ein Vermögenswachstum von rund 56 Prozent (!) erforderlich.

Wie schon gesagt, lässt sich obige Grundformel (9.02) variieren. Spielen wir das Ganze noch einmal für einen konservativen und einen hochspekulativen Anleger durch. Beim konservativen Anleger setzen wir einen maximalen Börsenverlust von 30 Prozent an, beim spekulativen von 90 Prozent. Das kann schnell so kommen, wenn man vorwiegend mit Hebelpapieren agiert. Entsprechend sollte der Trader seinen Börsenkapitalanteil am Vermögen reduzieren, nicht 20 Prozent, sondern bei einem kalkulierten Verlust von 90 Prozent nur neun Prozent des Vermögens verwenden. Bei einem geschätzten »Worst Case« von zum Beispiel 80 Prozent wären es gemäß der Formel zehn Prozent. Die Faustregel greift auch hier: Je höher das Risiko, desto geringer der Kapitaleinsatz.

Fall 1: Ruhig schlafen – Money Management für Anleger

Gute Zeiten, schlechte Zeiten – diese zyklischen Phasen kennt jeder, doch im Unterschied zu vielen anderen meistern wir konservativen Anleger Talfahrten grandios. Bei einem anhand der Börsenformel ermittelten Anteil des Börsenkapitals am Nettovermögen von 20 Prozent schrumpft unser Depot im ungünstigen Szenario (Abb. 9-5) nach fünf Jahren um 30 Prozent. Die mit einem Anteil von 80 Prozent gewichteten »sicheren« Anlagen wachsen dagegen um knapp 19 Prozent. Summa summarum erreichen wir nach fünf Jahren sogar unter Berücksichtigung der Geldentwertung unser Hauptziel: Kapitalerhalt. Im positiven Szenario (Abb. 9-5) – das Börsenkapital wächst im Beispiel um rund 15 Prozent per annum, insgesamt um 104 Prozent – er-

NEGATIVES SZENARIO FÜR ANLEGER							
Nettovermögen	250 000	1. Jahr	2. Jahr	3. Jahr	4. Jahr	5. Jahr	Resultat
Börsenkapital (20%)	50 000	40000	44 000	35 200	38 890	35 001	– 30,00 %
„Sichere" Anlagen*	200000	207 000	214 245	221 744	229 505	237 537	18,77 %
Gesamtvermögen	250000	247 000	258 245	256 944	268 395	272 538	9,02 %
Gesamtrendite		–1,20 %	3,30 %	2,78 %	7,36 %	9,02 %	

POSITIVES SZENARIO FÜR ANLEGER							
Nettovermögen	250 000	1. Jahr	2. Jahr	3. Jahr	4. Jahr	5. Jahr	Resultat
Börsenkapital (20%)	50 000	60000	54 000	81 000	72 900	102 060	104,12 %
„Sichere" Anlagen*	200000	207 000	214 245	221 744	229 505	237 537	18,77 %
Gesamtvermögen	250000	267 000	268 245	302 744	302 405	339 597	35,84 %
Gesamtrendite		6,80 %	7,30 %	21,10 %	20,96 %	35,84 %	

Angaben in Euro; *jährliches Wachstum: 3,5 %

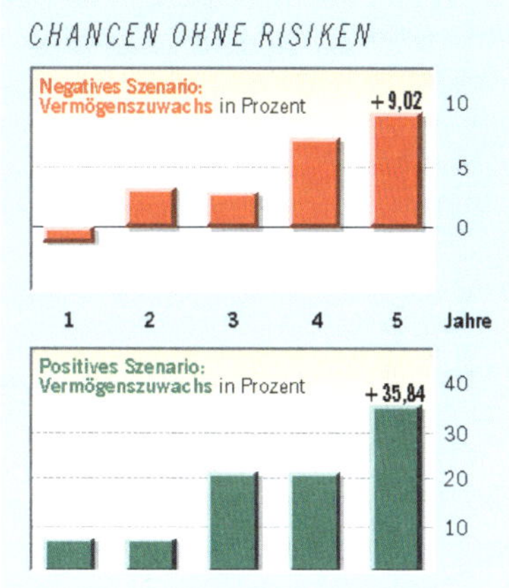

Abbildung 9-5:
(Quelle: eigene Berechnungen)

zielen Sie einen Vermögenszuwachs von knapp 36 Prozent (nach Geldentwertung rund 25 Prozent). Auch im Vergleich mit Anlegern, die Garantiefonds erwerben, liegen wir vorn. Denn diese Fonds bringen meist wenig oder keinen Gewinn.

Fall 2: 90 Prozent Verlust – na und? Money Management für Trader

Das war's dann wohl – stöhnen wir Trader (Abb. 9-6), die 90 Prozent ihres Vermögens in den Sand gesetzt haben. Sämtliche Turbos gingen k. o. und wir gleich mit. Mit Money Management wäre das nicht passiert: Gemäß der Börsenformel hätten wir bei einem kalkulierten Worst-Case-Szenario von 90 Prozent minus nicht das gesamte, sondern nur neun Prozent des Nettovermögens eingesetzt. Von K. o. keine Spur: Nach fünf Jahren könnte wir trotz immenser Verluste resümieren: »Uns geht's

NEGATIVES SZENARIO FÜR TRADER

Nettovermögen	250 000	1. Jahr	2. Jahr	3. Jahr	4. Jahr	5. Jahr	Resultat
Börsenkapital (9%)	22 500	11 250	13 500	4 091	4 500	2 250	– 90,00 %
„Sichere" Anlagen*	227 500	235 463	243 704	252 233	261 061	270 199	18,77 %
Gesamtvermögen	250 000	246 713	257 204	256 324	265 561	272 449	8,98 %
Gesamtrendite		–1,32 %	2,88 %	2,53 %	6,22 %	8,98 %	

POSITIVES SZENARIO FÜR TRADER

Nettovermögen	250 000	1. Jahr	2. Jahr	3. Jahr	4. Jahr	5. Jahr	Resultat
Börsenkapital (9%)	22 500	56 250	101 250	81 000	129 600	233 280	936,80 %
„Sichere" Anlagen*	227 500	235 463	243 704	252 233	261 061	270 199	18,77 %
Gesamtvermögen	250 000	291 713	344 954	333 233	390 661	503 479	101,39 %
Gesamtrendite		16,69 %	37,98 %	33,29 %	56,26 %	101,39 %	

Angaben in Euro; *jährliches Wachstum: 3,5 %

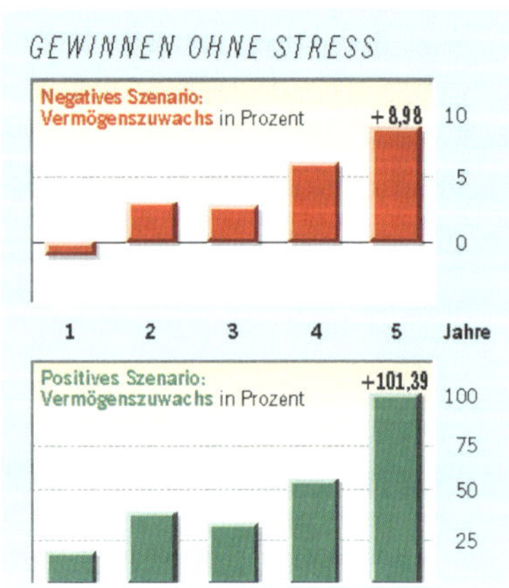

Abbildung 9-6:
(Quelle: eigene Berechnungen)

trotzdem gut«. Im positiven Fall würden sich bei uns, den Money-Management-Tradern, dagegen Hochgefühle einstellen: Alles läuft bestens – ob long, ob short, das Geld ist nicht fort, sondern es vermehrt sich rasant. Unser Vermögen hat sich dank exzellentem Timing – das Börsenkapital wächst im Beispiel um rund 60 Prozent jährlich, insgesamt um 936 Prozent – verdoppelt, und wir träumen jetzt nicht mehr von der Million, sondern steuern mit Volldampf auf sie zu. Noch eine Verdopplung, und ...

Viele werden natürlich fragen: Was ist, wenn ich das in dem Beispiel genannte Nettovermögen überhaupt nicht zur Verfügung habe? Dann wäre mein Börsenkapital unter Umständen viel zu klein, um angesichts der Kosten am Markt sinnvoll zu agieren. Das ist oft bei jüngeren Anlegern der Fall. In solchen Fällen kann ein höherer Anteil festgesetzt werden, also vielleicht 30 bis 50 Prozent. Wegen der normalerweise zu erwartenden Einkommen (immer auf Sicht von fünf Jahren) lässt sich das rechtfertigen. Dann ist es aber umso wichtiger, den Kapitaleinsatz an der Börse äußerst diszipliniert zu steuern. Auch ältere Börsianer, die keine Erben haben oder diesen nichts vermachen wollen, können größere Anteile frei definieren. Der eigene Lebensabend sollte allerdings gesichert sein.

Wichtige Tipps zum Schluss dieses Kapitels:

1. Beschäftigen Sie sich intensiv mit der Frage, **welchen Teil des Nettovermögens** Sie als Börsenkapital verwenden wollen. Denn damit beginnt Money Management.

2. **Zügeln Sie Ihre Gier** und halten Sie sich diszipliniert an die Regeln zur Bestimmung des Börsenkapitals. Das gilt besonders in Euphoriephasen (wie zuletzt Ende 1999 / Anfang 2000), in denen selbst disziplinierte Anleger plötzlich Haus und Hof riskieren.

3. Verwenden Sie den im beigefügten Tool enthaltenen Teil »Vermögen und Börse« zur Vermögensbestimmung und zur Berechnung des Börsenkapitalanteils am Nettovermögen.

10 Intelligente Disziplin – wie sich stressfrei das Börsenkapital steigern lässt

Versuche nicht, zum niedrigsten Kurse zu kaufen und zum höchsten zu verkaufen. Das kann kein Mensch – nur Lügner können es.

Bernard Baruch 1958

Wir kennen jetzt alle wichtigen Elemente, um den Kapitaleinsatz zu steuern: das gesamte Börsenkapital, das Risiko pro Position, das mit Hilfe von Stoppkursen festgelegt wird, und die Money-Management-Formel zur Bestimmung des Kapitaleinsatzes pro Position. Das reicht aber noch nicht ganz, denn unser Depot soll sich ja dynamisch entwickeln. Wir wollen nicht nur am Start das Risiko beschränken, sondern, wenn es gut läuft, auch Chancen nutzen. Dazu gibt es drei weitere Größen, die auf den Kapitaleinsatz wirken und die wir im Auge behalten müssen: das maximale Gesamtrisiko, das aktuelle Gesamtrisiko und das Freie Risiko.

Das **maximale Gesamtrisiko** (mGR) haben wir schon kurz kennen gelernt. Es ist der Teil des Börsenkapitals, den wir insgesamt bereit sind, im schlimmsten Fall zu verlieren. In unserem Beispiel ist es ratsam, wie dargelegt, den Anteil auf zehn Prozent zu beschränken. Bei 100.000 Euro Börsenkapital darf dann das Risiko aller Einzelpositionen zehn Prozent nicht überschreiten.

Es versteht sich natürlich von selbst, dass das mGR nicht den Worst Case für die Performance darstellt. Wird es voll ausgeschöpft und werden alle Positionen ausgestoppt, schrumpft das Börsenkapital um zehn Prozent auf 90.000 Euro. Wir kehren der Börse dann nicht den Rücken, sondern investieren bei der nächsten guten Gelegenheit neu. Die schlimme Phase will nicht enden, die Wall Street crasht, und wieder sind zehn Prozent weg. Von den 90.000 Euro bleiben dann noch 81.000 Euro übrig – insgesamt ein sattes Minus von 19 Prozent.

Ein solches Szenario kann mittels Depot-Diversifikation zwar nicht gänzlich ausgeschlossen werden, doch es wird dadurch zumindest ein wenig gedämpft. Diversifikation in verschiedene Branchen und Länder und auch in andere Assetklassen wie zum Beispiel Rohstoffe hilft, den Schaden zu begrenzen – gemäß dem Spruch »Lege nie alle Eier in einen Korb«.

Nun sind wir natürlich nicht immer voll investiert. Dann liegt das addierte Risiko aller Positionen niedriger. Das nennen wir das **aktuelle Gesamtrisiko** (aGR). Es ist die Summe der im Depot bestehenden Risiken. Dazu ein Beispiel: Im Depot haben wir vier Aktien mit jeweils 1.000 Euro Risiko (RpP). Das aGR liegt dann bei 4.000 Euro. Denn sollten alle vier Werte ausgestoppt werden, sind 4.000 Euro weg. Wenn wir die Stoppkurse nach oben nachziehen, weil es gut läuft an der Börse, wirkt sich das natürlich positiv auf das aktuelle Gesamtrisiko aus. Es wird geringer. Ganz einfach: Erhöhen wir die Stoppkurse so, dass wir immer bei Null rauskommen, also rein theoretisch keinen Verlust mehr erzielen, fällt das aktuelle Gesamtrisiko auf Null.

Das **Freie Risiko** (FR) ist die Differenz zwischen maximalem Gesamtrisiko und aktuellem Gesamtrisiko. Es ist das Risiko, das wir für neue Engagements so lange »frei« verwenden können, bis das maximale Gesamtrisiko ausgeschöpft ist. Das heißt: Bei jedem neuen Engagement wird vom Freien Risiko ein Teilrisiko »entnommen« – das in Kapitel 8 ausführlich besprochene Risiko pro Position, oder kurz RpP. Und zwar so, dass das RpP etwa ein Prozent des Börsenkapitals ausmacht.

Den Zusammenhang der Risikoarten zeigt Abb. 10-1 noch einmal deutlich:

Die Depotrisiken

Maximales Gesamtrisiko (mGR)

das größte Depotrisiko, das zu einem gegebenen Zeitpunkt in Kauf genommen wird. Teil des Börsenkapitals.

Aktuelles Gesamtrisiko (aGR)

das aktuell bestehende, reale Depotrisiko bzw. die Summe der einzelnen RpP in Euro

Freies Risiko (FR)

die Differenz zwischen maximalem und aktuellem Gesamtrisiko. Dient als Basisgröße für die Berechnung der einzelnen RpP in %.

Depotwert	20.000 Euro
+ Cash	80.000 Euro
= Börsenkapital (BK)	100.000 Euro
Max. Gesamtrisiko (mGR)	
10 % vom BK	10.000 Euro
– akt. Gesamtrisiko (aGR)	4.000 Euro
= Freies Risiko (FR)	6.000 Euro

Wichtig: Aus dem **Freien Risko wird das RpP so bestimmt**, dass es ca. 1 % des Börsenkapitals ausmacht.
Bsp: BK = 100.000 Euro, RpP = 1 % vom BK = 1.000 Euro, FR = 6.000 Euro = 6 % vom BK. Das RpP in % vom FR beträgt dann 1 % / 6 % = 16,66 %.
16,66 % vom FR 6.000 Euro = 1.000 Euro = 1% vom BK.

Abbildung 10-1

Im Depot befinden sich Aktien im Wert von insgesamt 20.000 Euro, und auf dem Verrechnungskonto liegen 80.000 Euro – damit beträgt das Börsenkapital 100.000 Euro. Unser maximales Gesamtrisiko haben wir auf zehn Prozent festgelegt, es darf also 10.000 Euro nicht überschreiten.

Das aktuelle Gesamtrisiko ist, wie schon gesagt, das im Depot real existierende Risiko. In unserem Beispiel macht es 4.000 Euro aus. Die Differenz zwischen maximalem und aktuellem Gesamtrisiko, hier also 6.000 Euro, ist das Freie Risiko. Davon können wir bei neuen Wertpapierkäufen das RpP entnehmen.

Doch wie viel? Das »Ein-Prozent-Risiko-Modell« besagt ja, dass bei neuen Engagements jeweils ein Prozent des Börsenkapitals riskiert werden soll. (Anmerkung: Erfahrene Anleger, die nicht viel Wert auf eine ordentliche Depot-Diversifikation legen und trotzdem über eine gute Performance verfügen, können bis zu zwei Prozent riskieren.) Vom Freien Risiko muss demzufolge das RpP so bestimmt werden, dass es dieser Prämisse entspricht.

Die Formel dazu:

$$\text{RpP in \% vom Freien Risiko} = \frac{\text{RpP in \% vom BK}}{\text{Freies Risiko in \% vom BK}}$$

Formel 10.01

Die Rechnung: Ein Prozent des Börsenkapitals wird durch das Freie Risiko dividiert. Beispiel: In der Tabelle (Abbildung 10-1) beträgt das Börsenkapital 100.000 Euro, ein Prozent davon, also 1.000 Euro, soll riskiert werden, und das Freie Risiko liegt bei 6.000 Euro (entspricht sechs Prozent des BK). Ein Prozent dividiert durch sechs Prozent beziehungsweise 0,01 dividiert durch 0,06 ergibt 0,1666 oder 16,66 Prozent. Obige Formel funktioniert auch mit absoluten Zahlen: Ein Prozent RpP vom Börsenkapital ist 1.000 Euro, geteilt durch das Freie Risiko von 6.000 Euro liefert als Resultat ebenfalls 16,66 Prozent. Wir verwenden also für den nächsten Kauf 16,66 Prozent des Freien Risikos als RpP. Voilà: Das ergibt 1.000 Euro RpP und somit genau das, was wir haben wollten: ein Prozent des Börsenkapitals. Sollte das Freie Risiko zu gering sein, um eine neue Position mit einem RpP von einem Prozent des Börsenkapitals zu kaufen, muss in diesem Fall das RpP in Prozent vom Börsenkapital verringert werden. Diese Berechnung müssen Sie nicht per Hand ausführen – auf der beiliegenden CD ist sie in der Datei »Formelsammlung« selbstverständlich enthalten.

Warum wir das RpP für neue Positionen nicht direkt vom Börsenkapital berechnen, sondern den Umweg über das Freie Risiko gehen, wird klar, wenn später die Depotrisiken Schritt für Schritt dargestellt werden.

Die neuen Risikotypen wollen wir in Abb. 10-2 nochmals grafisch betrachten, damit der Zusammenhang noch deutlicher zum Ausdruck kommt:

Zusammenspiel der Risiken

Börsenkapital	BK	100.000 Euro
max. Gesamtrisiko	mGR	10.000 Euro
akt. Gesamtrisiko	aGR	4.000 Euro
Freies Risiko	FR	6.000 Euro

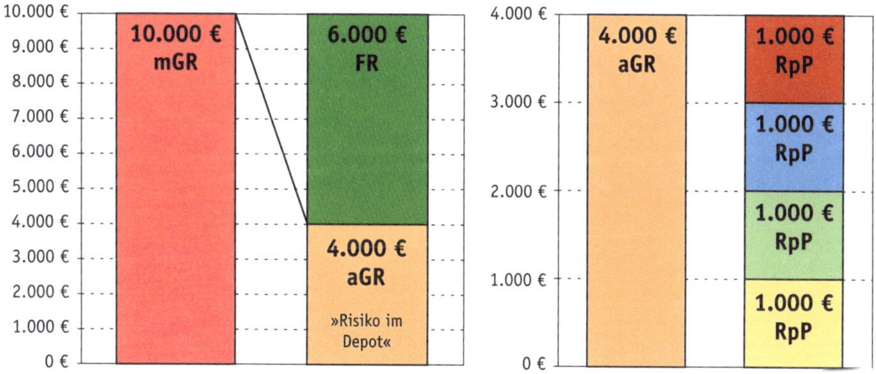

Abbildung 10-2

Vom maximalen Gesamtrisiko (10.000 Euro) stehen 4.000 Euro schon im »Feuer«, also im Depot. Es verbleibt noch ein Freies Risiko von 6.000 Euro. In der rechten Grafik sehen wir, wie sich das aktuelle Gesamtrisiko zusammensetzt: zum Beispiel aus vier Aktien, die mit einem RpP von jeweils 1.000 Euro gekauft wurden. Sollten nun die vier Papiere ausgestoppt werden, schrumpft das Börsenkapital um vier Prozent auf 96.000 Euro. Das aktuelle Gesamtrisiko liegt dann bei Null – im Depot ist ja nichts mehr drin –, und das maximale Gesamtrisiko beträgt zehn Prozent von 96.000 Euro, also 9.600 Euro. Da im Depot keine Papiere enthalten sind, ist das Freie Risiko in diesem Fall genauso groß wie das maximale Gesamtrisiko: 9.600 Euro. Denn 9.600 Euro maximales minus null aktuelles Gesamtrisiko ergibt 9.600 Freies Risiko.

Wie sich die verschiedenen Risikotypen gegenseitig beeinflussen und in Relation zu Depotaktivitäten verhalten, zeigen wir jetzt Schritt für Schritt an einem Beispiel (Abb. 10-3.1 und Abb. 10-3.2):

Money Management – Schritt für Schritt

1

MM-Basisdaten (1. Januar)	
Cash	100.000 Euro
Depotwert	0 Euro
Börsenkapital (BK)	100.000 Euro
max. Gesamtrisiko in%	10,00%
max. Gesamtrisiko (mGR)	10.000 Euro
– akt. Gesamtrisiko	0 Euro
= Freies Risiko (FR)	10.000 Euro

2

Kauf Position 1 (10. Januar)	
RpP in % (vom FR)	10,00%
RpP in Euro	1.000 Euro
Aktienkurs	100 Euro
Stoppkurs	75 Euro
Stück	40
Freies Risiko 09.01.	10.000 Euro
– akt. Gesamtrisiko 10.01.	1.000 Euro
Freies Risiko nach 1. Kauf	9.000 Euro

A

MM-Formel:

$$\text{Stückzahl} = \frac{\text{Risiko pro Position}}{\text{Aktienkurs} - \text{Stoppkurs}}$$

Beispiel:	
Risiko pro Position (RpP):	1.000 Euro
Aktienkurs:	100 Euro
Stoppkurs:	75 Euro

$$\text{Stückzahl} = \frac{1.000 \text{ Euro}}{25 \text{ Euro}} = 40$$

3

Kauf Position 2 (11. Januar)	
RpP in % (vom FR)	11,11%
RpP in Euro	1.000 Euro
Aktienkurs	50 Euro
Stoppkurs	45 Euro
Stück	200
Freies Risiko nach 2. Kauf	8.000 Euro

Abbildung 10-3.1

Wir eröffnen unser Depot am 1. Januar, 100.000 Euro liegen als Cash vor (1). Das maximale Gesamtrisiko ist mit zehn Prozent, also 10.000 Euro, definiert. Da wir noch nichts investiert haben, ist unser aktuelles Gesamtrisiko gleich null, das Freie Risiko beträgt mithin 10.000 Euro. Pro Position investieren wir immer so, dass ein Prozent des Börsenkapitals aufs Spiel gesetzt wird.

Wir entscheiden uns am 10. Januar, eine Aktie zu kaufen, die 100 Euro kostet (2). Der Stoppkurs wird bei 75 Euro festgesetzt. Um die Stückzahl berechnen zu können, muss das RpP bestimmt werden. Dem Freien Risiko in Höhe von 10.000 Euro entnehmen wir nun zehn Prozent RpP, genauso viel, dass es einem Prozent des Börsenkapitals entspricht (ein Prozent des BK soll riskiert werden, und das Freie Risiko beträgt zehn Prozent vom Börsenkapital, also lautet die Rechnung: 1 % / 10 % bzw. 0,01 / 0,1 = 0,1 oder 10 %). Wir entnehmen dem Freien Risiko diese zehn Prozent, also 1.000 Euro, und dürfen nun gemäß der Money-Management-Formel (A) 40 Stück kaufen. Kosten sind jetzt erst einmal ausgenommen, aber in dem Tool natürlich mitberechnet. Nach dem Kauf beträgt das aktuelle Gesamtrisiko 1.000 Euro. Entsprechend sind noch 9.000 Euro Risiko frei.

Gleich am nächsten Tag kaufen wir eine weitere Position (3). Die Aktie notiert bei 50 Euro. Der Stoppkurs wird bei 45 Euro eng festgesetzt. Da das Freie Risiko nach dem ersten Kauf nur noch 9.000 Euro beträgt, muss der prozentuale Anteil des RpP am Freien Risiko neu berechnet werden. Ein Prozent des BK soll riskiert werden, und das aktuelle FR beträgt 9.000 Euro beziehungsweise neun Prozent des Börsenkapitals. Dem Freien Risiko werden 11,11 Prozent (= 1 % / 9 % = 0,01 / 0,09) beziehungsweise 1.000 Euro als RpP entnommen. Mit Hilfe der Money-Management-Formel errechnen wir 200 Stück für die zweite Position. Das Freie Risiko beträgt nun 8.000 Euro.

Money Management – Schritt für Schritt

4

DEPOT (11. Januar)								
Kauf am:		Stück	Kauf-kurs	Kapital-einsatz	akt. Kurs	Kurswert	Stoppkurs	akt. RpP
10.01.	Pos. 1	40	100 €	4.000 €	100 €	4.000 €	75 €	1.000 €
11.01.	Pos. 2	200	50 €	10.000 €	50 €	10.000 €	45 €	1.000 €
Kapitaleinsatz ges.:				14.000 €	Depotwert:	14.000 €	aGR:	2.000 €

5

DEPOT (15. März)								
Kauf am:		Stück	Kauf-kurs	Kapital-einsatz	akt. Kurs	Kurswert	Stoppkurs	akt. RpP
10.01.	Pos. 1	40	100 €	4.000 €	140 €	5.600 €	95 €	200 €
11.01.	Pos. 2	200	50 €	10.000 €	80 €	16.000 €	50 €	0 €
Kapitaleinsatz ges.:				14.000 €	Depotwert:	21.600 €	aGR:	200 €

6

MM-Basisdaten (1. Januar)	
Cash	100.000 Euro
Depotwert	0 Euro
Börsenkapital (BK)	100.000 Euro
max. Gesamtrisiko in%	10,00%
max. Gesamtrisiko (mGR)	10.000 Euro
– akt. Gesamtrisiko	0 Euro
= Freies Risiko (FR)	10.000 Euro

7

MM-Basisdaten (15. März)	
Cash	86.000 Euro
Depotwert	21.600 Euro
Börsenkapital (BK)	107.600 Euro
max. Gesamtrisiko in%	10,00%
max. Gesamtrisiko (mGR)	10.760 Euro
– akt. Gesamtrisiko	200 Euro
= Freies Risiko (FR)	10.560 Euro

Abbildung 10-3.2

In unserem Depot (4) sind nun zwei Positionen im Gesamtwert von 14.000 Euro. Das aktuelle Gesamtrisiko ist mit der zweiten Position auf 2.000 Euro gewachsen.

Da wir die richtige Phase erwischt haben, steigen unsere Aktien. Position eins legt bis zum 15. März (5) von 100 Euro auf 140 Euro zu, Position zwei von 50 Euro auf 80 Euro. Um das Risiko zu verringern, erhöhen wir nun die Stoppkurse von 75 auf 95 Euro für das erste Engagement und von 45 auf 50 für das zweite. Beim ersten Engagement haben wir noch ein Risiko von 200 Euro (Kaufkurs 100 minus neuer Stoppkurs 95 ergibt fünf Euro Risiko pro Stück; fünf Euro RpS mal 40 Stück ergibt das neue RpP von 200 Euro). Das RpP der zweiten Position liegt bei null, da der Stopp auf Einstandsniveau angehoben wurde. Damit vermindert sich unser aktuelles Gesamtrisiko von 2.000 (4) auf 200 Euro (5). Das ist genau das, was wir erreichen wollten: Das Depotrisiko ist stark geschrumpft, während die Gewinne weiter wachsen können.

Insgesamt hat sich auch das Börsenkapital erhöht, nämlich von 100.000 (6) auf 107.600 Euro (7). Wir haben einen Depotwert von 21.600 Euro, Barreserven von 86.000. Das maximale Gesamtrisiko steigt nun im Vergleich zum 1. Januar von 10.000 (6) auf 10.760 Euro (7). Und das Freie Risiko legt ebenfalls zu – von ursprünglich 10.000 (6) auf 10.560 Euro (7). Das können wir nun für weitere Engagements einsetzen. Nehmen wir an, alles bliebe jetzt ein Jahr gleich, dann hätten wir schon eine Rendite von gut sieben Prozent auf unser Börsenkapital erzielt.

Diese Interaktion der Risiken hat nun einen pfiffigen Effekt. Steigen die Märkte, ziehen wir die Stoppkurse nach. Dann können wir mehr riskieren als zuvor und damit auch mehr Chancen wahrnehmen. Wir nutzen nicht das unsinnige Martingale-System, das durch Roulette bekannt wurde und das wir schon als Trugschluss des Spielers kennen gelernt haben. Dabei wird ja der Einsatz und damit das Risiko nach Verlusten verdoppelt, was letztendlich mit großer Wahrscheinlichkeit böse endet. Denn erhöhen Spieler ihren Einsatz bei einer Verlustserie (an der Börse nennt man das »verbilligen«), werfen sie dem schlechten Geld gutes hinterher. Das kann, wenn die Verlustserie lange genug anhält und nicht unbegrenzt viel Kapital zur Verfügung steht, letztlich zum Ruin führen. Genau umgekehrt wie das Martingale- wird das Anti-Martingale-System angewendet: Bei einer Gewinnserie werden die Einsätze verdoppelt. Diese Strategie ist an sich richtig, da eine gute Phase meist längere Zeit anhält. Der Haken: Beim Verdoppeln der Einsätze führt der erste Verlust, wenn das Risiko nicht begrenzt wird, auf null zurück. Damit das nicht passiert und auch die anderen Schwächen des Modells vermieden werden, modifizieren wir die gesamte Martingale-Systematik: Erstens wird der Einsatz nicht direkt, sondern über das Risiko angepasst. Zweitens wird das System entschärft, indem das Risiko prozentual an die Veränderung der Performance gekoppelt wird. Und drittens wird es in beide Richtungen – bei Gewinnen und Verlusten – angewandt. Steigt also die Performancekurve, wird das Risiko erhöht – und damit meist auch der Einsatz. Das Risiko wird dabei allerdings nicht verdoppelt, sondern streng in Relation zum Wachstum des Börsenkapitals angehoben. Umgekehrt wird bei negativer Performance weniger riskiert – und zwar proportional zum schrumpfenden Börsenkapital. Durch das modifizierte Martingale-System setzen wir die Philosophie der Gewinner in die Tat um: Gas geben, wenn es gut läuft, und auf die Bremse treten, wenn es schlecht läuft. Das ist eine Methode, die an der Börse recht gut funktioniert, da wir es oft mit Trendmärkten – nach oben und auch nach unten – zu tun haben.

Wir können nun unser Börsenkapital kontinuierlich steigern, wenn wir einen positiven Trend erwischen. Um das zu verdeutlichen, betrachten wir ein Modell: Nehmen wir der Einfachheit halber an, dass die Stoppkurse im Schnitt um 15 Prozent vom Einstandskurs entfernt sind und dass unsere Aktien jeweils um 30 Prozent zulegen. Dann können wir das mit dem wachsenden Börsenkapital steigende maximale Gesamtrisiko nutzen, den Kapitaleinsatz erhöhen und so Gewinne exponentiell steigen lassen. Das zeigt die Modellrechnung in Abb. 10-4.

Gewinnen mit Money Management

Ziel:	130 Euro
Kurs:	100 Euro
Stop	85 Euro
Stoppentfernung	15 %
Ergebnis	30 %

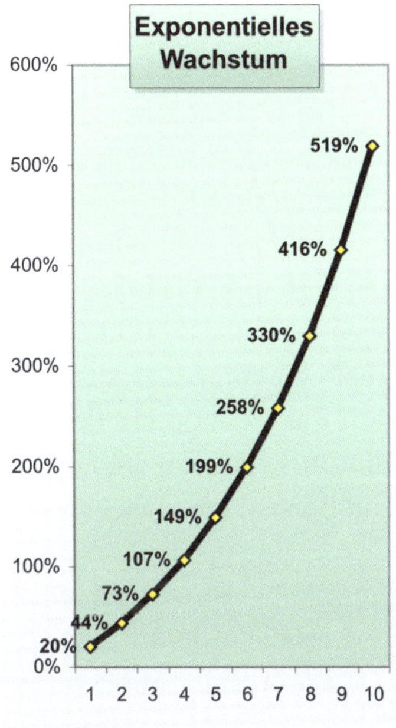

Periode:	Börsenkapital (BK):	max. GR: 10%	Kapitaleinsatz gesamt:	Ergebnis:	BK neu:	Perform. BK%:
1	100.000 €	10.000 €	66.667 €	20.000 €	120.000 €	20%
2	120.000 €	12.000 €	80.000 €	24.000 €	144.000 €	44%
3	144.000 €	14.400 €	96.000 €	28.800 €	172.800 €	73%
4	172.800 €	17.280 €	115.200 €	34.560 €	207.360 €	107%
5	207.360 €	20.736 €	138.240 €	41.472 €	248.832 €	149%
6	248.832 €	24.883 €	165.887 €	49.766 €	298.598 €	199%
7	298.598 €	29.860 €	199.067 €	59.720 €	358.318 €	258%
8	358.318 €	35.832 €	238.880 €	71.664 €	429.982 €	330%
9	429.982 €	42.998 €	286.653 €	85.996 €	515.978 €	416%
10	515.978 €	51.598 €	343.987 €	103.196 €	**619.174 €**	**519%**

Abbildung 10-4

Die Simulationsrechnung noch genauer:

Wir beginnen mit einem Börsenkapital von 100.000 Euro. Der Stoppkurs beträgt 15 Prozent. Wir setzen das maximale Gesamtrisiko voll ein, also 10.000 Euro. Um den Kapitaleinsatz zu bestimmen, werden das Gesamtrisiko durch die Stoppkursentfernung dividiert und das Ergebnis mit dem Kurs multipliziert (10.000 € / 15 € x 100 € = 66.667 €). Die Aktien steigen um 30 Prozent. Unser Börsenkapital erhöht sich dann um 20 Prozent auf 120.000 Euro. In der nächsten Periode gehen wir mit 120.000 Euro an den Start, und schon steigen das maximale Gesamtrisiko auf 12.000 und der Einsatz auf 80.000 Euro. Läuft das Periode für Periode so weiter, sind aus unseren 100.000 Euro Börsenkapital am Ende 619.174 Euro geworden – das ursprüngliche Börsenkapital ist exponentiell um 519 Prozent gewachsen.

Klingt toll – ist es auch, wenn es wirklich so läuft. Leider geht es in der Realität nicht so glatt. Zunächst ziehen wir die Kosten und die schlechte Ausführung beim An- und Verkauf ab. Beide sind ja in der Money-Management-Formel enthalten. Schon verläuft die Kurve flacher. Zudem muss bei engeren Stoppkursen (zum Beispiel fünf Prozent) der Risikoprozentsatz reduziert werden, denn andernfalls ergibt sich ein gigantisch hoher Kapitaleinsatz, der vielleicht gar nicht als Cash zur Verfügung steht. Häufig steigen die Aktien auch nicht in dem Maß wie angenommen, ja sie verlieren sogar an Wert. Wir werden häufiger mit Verlust ausgestoppt und müssen neu beginnen. Da wir aber die Verluste nach unten weitgehend abschneiden und die Gewinne laufen lassen, nähern wir uns langfristig durchaus der Performancekurve an. Sie wird kaum glatt verlaufen, sondern mit Zacken, die als Ausreißer nach unten zu erkennen sind. Aber wir sollten dennoch ein Vermögen aufbauen, diszipliniert und weitgehend stressfrei.

Das Entscheidende am obigen Modell ist nicht, ob es im realen Leben genauso funktioniert, sondern dass sämtliche Depot-Kennzahlen zueinander in Relation stehen: Wächst das Börsenkapital, steigen auch das prozentual davon berechnete maximale Gesamtrisiko und in der Regel auch der Kapitaleinsatz – und damit die Chancen. Wir setzen nicht auf gut Glück mehr ein, sondern nach einem strengen Regelwerk. Läuft es dagegen schlecht und schrumpft das Börsenkapital, wird auf Grund der prozentualen Koppelung auch weniger riskiert.

Wichtig ist, dass wir beginnen. Nehmen wir uns das Tool vor, tragen unsere Käufe und die Stoppkurse ein und erleben, wie sich die Positionen verändern. Wir werden oft gefragt, ob man das nicht in einem tollen Tool ganz automatisch laufen lassen kann. Das ließe sich zwar sicherlich einrichten. Ein automatisches Money-Management-Tool hätte allerdings den Nachteil, dass wir uns nicht ständig mit unseren Positionen auseinandersetzen. Besonders wenn es an der Börse schlecht läuft, besteht die Gefahr, dass wir angesichts vieler Depotleichen einfach die Augen verschließen. Unser »manuelles Tool« hat deshalb eine enorme erzieherische Wirkung. Bei der Art der Begrenzung, die wir hier mit den Positionen vornehmen, in der Regel also zehn Positionen, dürfte sich die Arbeit in Grenzen halten.

Die oben angesprochene Problematik der engen Stoppkurse betrachten wir jetzt an einem Beispiel und zeigen dann den Lösungsweg. Das Börsenkapital beträgt 100.000 Euro, das Freie Risiko 5.000 Euro (fünf Prozent des BK), und ein Prozent des BK soll beim nächsten Engagement riskiert werden. Gemäß Formel 10.01 werden 20 Prozent (= 0,01 / 0,05 oder 1.000 € / 5.000 €) des Freien Risikos als RpP verwendet, also 1.000 Euro. Wir möchten nun eine Aktie, die bei 100 Euro notiert, erwerben. Der Stoppkurs kann dank exzellentem Timing bei 98 Euro platziert werden, also lediglich zwei Prozent vom voraussichtlichen Einstandskurs entfernt. Wir dürfen nun gemäß der MM-Grundformel 500 Stück ordern (1.000 Euro RpP dividiert durch 2 Euro RpS). Das ergibt – vorausgesetzt, der Cashbestand ist entsprechend groß – einen Kapitaleinsatz von 50.000 Euro, die Hälfte des BK! Rein theoretisch wäre ein so großer Einsatz kein Problem, da das Risiko lediglich ein Prozent des BK beträgt. Entsteht jedoch ein sogenanntes »Gap«, eine Kurslücke, und die Aktie eröffnet beispielsweise bei 92 Euro, ist statt 1.000 Euro ein vier Mal so großer Verlust von 4.000 Euro zu beklagen. Um das Problem zu lösen, wird folgende Rechnung erstellt:

$$\text{RpP in \% vom Freien Risiko} = \frac{\text{Stoppentfernung in \%} \times \text{Kapitaleinsatz in \% vom BK}}{\text{Freies Risiko in \% vom BK}}$$

Formel 10.02

Bei der obigen Formel ist zu beachten, dass sie nur bei einer Stoppkursentfernung bis maximal zehn Prozent angewendet werden sollte. Die Formel ist außerdem so gestrickt, dass der Kapitaleinsatz frei gewählt werden kann (mehr als zehn Prozent des BK sollte jedoch auf Grund des oben dargestellten Gap-Risikos nicht gewählt werden!). Warum nicht mehr, ist klar, doch warum nicht viel weniger? Der Grund: Wenn schon ein sehr gutes Timing gelingt, dann sollte die Chance, die sich aus der Höhe des Kapitaleinsatzes ergibt, auch nicht zu gering sein (Faustregel: zwischen fünf und zehn Prozent Kapitaleinsatz). Angenommen, wir möchten nun in obigem Beispiel den Kapitaleinsatz auf zehn Prozent des BK, also 10.000 Euro, begrenzen, dann setzen wir folgende Daten in die Formel ein: Der Stopp ist zwei Prozent vom voraussichtlichen Kaufkurs entfernt (dezimal: 0,02), der Kapitaleinsatz beträgt zehn Prozent vom BK (dezimal: 0,1), und der Anteil des Freien Risikos am BK liegt bei fünf Prozent (dezimal: 0,05)

$$\text{RpP in \% vom FR} = \frac{0{,}02 \times 0{,}1}{0{,}05} = 0{,}04 \text{ oder } 4\ \%$$

Dem Freien Risiko von 5.000 Euro werden nun vier Prozent RpP, also 200 Euro, entnommen. Im Zähler der MM-Grundformel steht als RpP demzufolge nicht mehr 1.000, sondern nur noch 200 Euro. Da der Nenner der Formel mit dem RpS von zwei Euro gleich bleibt, werden lediglich 100 Stück (= 200 € / 2 €) gekauft, was den gewünschten Kapitaleinsatz von 10.000 Euro ergibt. Die Formel 10.02 ist im MM-Tool aus Gründen der Übersichtlichkeit nicht integriert, dafür jedoch, wie schon erwähnt, in der separaten Excel-Formelsammlung enthalten. Das Ergebnis der Berechnung, also im Beispiel vier Prozent, wird dann im MM-Tool beim Freien Risiko eingetragen. Nach der Kurs- und Stoppkurs-Eingabe wird dann die Stückzahl unter Berücksichtigung von Spesen und Slippage automatisch berechnet.

Für Trader, die rasch handeln müssen, weil ihnen der Kurs sonst davonläuft, gibt es eine schnelle Berechnungsmethode. Um diese anwenden zu können, müssen Sie alle wichtigen Depotdaten – das aktuelle Börsenkapital, das aktuelle Freie Risiko, die kalkulatorischen Spesen und Slippage – annäherungsweise im Kopf parat haben. Wir nehmen wieder die Daten aus dem obigen Beispiel – BK 100.000 Euro, FR 5.000 Euro, KE 10.000 EUR, Aktienkurs 100 Euro und Stoppkurs 98 Euro – und kalkulieren als Spesen 0,5 Prozent und als Slippage 0,3 Prozent ein. Zuerst ermitteln wir die Stückzahl, indem der geplante Kapitaleinsatz von 10.000 Euro durch den voraussichtlichen Kaufkurs 100,80 Euro (= aktueller Kurs 100 plus 0,8 Prozent) dividiert wird. Damit dürfen 99 Stück (= 10.000 / 100,80) geordert werden. Was noch fehlt, ist das eingegangene Risiko, das ja bei dieser auf den fixen Kapitaleinsatz bezogenen Rechnung je nach Stoppkursentfernung variabel ist. Dazu benötigen wir nicht nur den voraussichtlichen Einstandskurs von 100,80 Euro, sondern auch den kalkulierten Verkaufskurs im Verlustfall. Der dürfte bei 97,22 Euro (Stoppkurs 98 minus 0,8 Prozent) liegen. Das Risiko pro Stück (RpS) beträgt demzufolge 3,58 Euro (= 100,80 minus 97,22). Multipliziert mit der Stückzahl ergibt sich als Positionsrisiko (RpP) 354,42 Euro (= 99 x 3,58). Wichtig: Das RpP wird dem Freien Risiko entnommen und darf deshalb nicht größer als das Freie Risiko sein. Deshalb sollte das FR zumindest ungefähr bekannt sein. Mit ein wenig Übung lässt sich diese Rechnung sehr schnell mit einem Taschenrechner bewerkstelligen.

Das Ganze nützt allerdings wenig, wenn Sie beim Einstieg in die Börse ständig schief liegen. Deshalb ist es unbedingt nötig, das Anlageverhalten ständig zu überprüfen. Auch dabei hilft das Money-Management-Tool, wie wir im nächsten Kapital beschreiben.

Wichtige Tipps zum Schluss dieses Kapitels:

1. Vollziehen Sie nochmals die Berechnungen in den Abbildungen 10-3 »Money Management Schritt für Schritt« – auch mit anderen Zahlen! – nach. Das muss sitzen.

2. Verinnerlichen Sie die im Modell »Gewinnen mit Money Management« beschriebene Philosophie, die salopp ausgedrückt mit »Gas geben, wenn es gut läuft, und auf die Bremse treten, wenn es schlecht läuft« beschrieben werden kann.

3. Tragen Sie im Tool (Tabellenblatt »Money Management leicht gemacht«) alle bestehenden Depotpositionen nebst allen anderen wichtigen Daten ein.

11 Lernen, immer wieder lernen – Anlageverhalten überprüfen und verbessern

Wer einen Fehler gemacht hat und ihn nicht korrigiert, begeht einen zweiten.

Konfuzius

Gehen Sie mit Ihren Fehlern um wie die meisten Anleger? Ärgern Sie sich kurz, und dann heißt es: Neues Spiel – neues Glück? Fehler macht jeder, aber im Allgemeinen neigen wir dazu, sie zu verdrängen und schließlich zu vergessen. Viele schauen auf den Erfolg ihres Depots nur einmal im Jahr, wenn es nötig ist, die Daten für die Steuer zusammenzutragen. Dann stellen sie fest, ob es ein gutes oder ein schlechtes Jahr war, das Jahr wird abgehakt. Das aber ist grundfalsch. Wie die Untersuchung zum Anlageverhalten 1999 gezeigt hat (siehe Kapitel 3), korreliert die Häufigkeit von Fehlern negativ mit der Erfahrung von Anlegern. Fehler macht jeder – das ist ganz normal. Entscheidend ist, wie Fehler verarbeitet werden: Wer sie ständig wiederholt, ist zum Verlieren verdammt. Wer dagegen aus ihnen lernt, wird zum Gewinner.

Deshalb ist die Überprüfung der eigenen Anlagestrategie ein wichtiger Teil des Money Managements. Diese ist im Money-Management-Tool unter »Bilanz der Trades« enthalten. Wir nutzen dazu Methoden aus der Spieltheorie und errechnen Kennzahlen wie den Erwartungswert unserer Anlagestrategie (siehe auch Kapitel 6). Normalerweise beziehen sich diese Kennzahlen auf mechanische Handelssysteme. Damit können methodische Schwächen erkannt und das System verbessert werden. Die Berechnungen lassen sich jedoch genauso gut für die Überprüfung einer locker verfolgten Strategie einsetzen. Denn jeder Anleger ist mit seiner Analyse, seiner Erfahrung und seinen individuellen Emotionen selbst ein »System«. Was letztlich zählt, ist das Ergebnis. Daran ist sofort zu erkennen, dass etwas falsch läuft. Und dann kann die Fehlersuche beginnen.

Wir sollten uns also zuerst über unsere bisherigen Börsengeschäfte Klarheit verschaffen. Wer schon länger dabei ist, kann dann sogar mehrere Jahre einbeziehen und das Verhalten über unterschiedliche Börsenzyklus hinweg studieren. Beginnen wir aber erst einmal mit der Systematik.

Zuerst sollten wir alle Gewinn- und Verlustgeschäfte auflisten. In unserem Beispiel in Abb. 11-1 unten haben wir sechs Gewinntrades mit einem kumulierten Gewinn von 3.000 Euro. Daneben gibt es vier Verlusttrades mit einem Gesamtverlust von 4.000 Euro. Positiv ist, dass wir sechs Mal Recht gehabt haben und vier Mal falsch lagen, die Trefferquote mithin bei beachtlichen 60 Prozent liegt.

Gewinne und Verluste sortiert

Gewinne			Verluste	
1.	300 €		1.	- 1.000 €
2.	500 €		2.	- 500 €
3.	800 €		3.	- 2.000 €
4.	600 €		4.	- 500 €
5.	300 €			
6.	500 €			
	Summe: 3000 €			Summe: - 4000 €
			Gesamtergebnis:	- 1000 €

Abbildung 11-1

Es versteht sich von selbst, dass die in unserem Beispiel aufgeführten zehn Geschäfte statistisch nicht aussagekräftig sind. Idealerweise sollten Sie im Tool (im Tabellenblatt »Bilanz der Trades«) mindestens 50 Geschäfte, möglichst aus unterschiedlichen Börsenphasen (Hausse, Baisse, Sägezahnmarkt), eingeben. Außerdem sollten alle Gewinne beziehungsweise Verluste netto, also inklusive Spesen, eingetragen werden (im obigen Beispiel wurden nur der Übersichtlichkeit halber runde Zahlen verwendet).

Von obigen zehn Geschäften endeten sechs mit Gewinn, die Trefferquote beträgt also 60 Prozent – nicht schlecht. Aber wir haben mehr verloren als gewonnen. Unterm Strich steht ein Minus von 1.000 Euro. Denn bei den Gewinnern haben wir pro Trade im Durchschnitt 500 Euro verdient (= 3.000 € / 6), bei den Verlierern aber betrug das durchschnittliche Minus 1.000 Euro (= 4.000 € / 4).

Die Trefferquote und die durchschnittlichen Gewinne beziehungsweise Verluste können auch als Relation dargestellt und damit zu weiteren Berechnungen verwendet werden. Die erste Kennzahl wird als **»Relation Gewinner / Verlierer« (RGV)** bezeichnet.

Die Formel hierzu:

$$RGV = \frac{\text{Anzahl Gewinner}}{\text{Anzahl Verlierer}} \text{ oder } \frac{\text{\% Gewinner}}{\text{\% Verlierer}}$$

Formel 11.01

In unserem Beispiel liegt die Relation Gewinner / Verlierer demzufolge bei 1,5. Pro Verlustgeschäft gibt es also durchschnittlich 1,5 Gewinntrades.

$$RGV = \frac{6}{4} \text{ oder } \frac{0{,}6}{0{,}4} = 1{,}5$$

Die übliche Trefferquote (TQ) wird im Unterschied dazu geringfügig anders berechnet: Sechs Gewinner in Relation zu zehn Trades insgesamt ergibt 0,6 (= 6 / 10) oder 60 Prozent. Das RGV kann aus der Trefferquote ebenso abgeleitet werden [RGV = TQ / (1 – TQ)] (wie umgekehrt die TQ aus dem RGV [TQ = RGV / (1 + RGV)].

Die zweite Kennzahl ist die **»Relation durchschnittlicher Gewinn / durchschnittlicher Verlust« (RGV)**, die auch als Payoff-Ratio bezeichnet wird. In die Formel 11.02 wird der Verlust als absolute beziehungsweise positive Zahl eingegeben.

$$R\varnothing G\varnothing V = \frac{\varnothing \text{Gewinn}}{\varnothing \text{Verlust}}$$

Formel 11.02

In unserem Beispiel (durchschnittlicher Gewinn 500 Euro, durchschnittlicher Verlust 1.000 Euro) ergibt sich eine RGV von 0,5. Die Gewinne sind also nur halb so groß wie die Verluste.

$$R\varnothing G\varnothing V = \frac{500\ €}{1.000\ €} = 0{,}5$$

Während nahezu alle Börsianer ihr Augenmerk auf die Trefferquote richten, die mit dem RGV korreliert, wird die gleich wichtige Kennzahl RGV sträflich vernachlässigt. Denn erst die Kombination beider ergibt eine klare Aussage über die Güte einer Systematik und damit über Erfolg oder Misserfolg.

Nun können wir eine wichtige Kennziffer errechnen: den »Profitfaktor« (PF). Er kombiniert obige Kennzahlen und zeigt auf einen Blick, ob die angewandte Systematik Erfolg versprechend ist.

$$PF = \frac{\%\ \text{Gewinner}}{\%\ \text{Verlierer}} \times \frac{\varnothing \text{Gewinn}}{\varnothing \text{Verlust}} = RGV \times R\varnothing G\varnothing V$$

Formel 11.03

Im Beispiel (60 Prozent Treffer, durchschnittlicher Gewinn 500 Euro, durchschnittlicher Verlust 1.000 Euro) ergibt sich ein PF von 0,75.

$$PF = \frac{0{,}6}{0{,}4} \times \frac{500\ €}{1.000\ €} = 1{,}5 \times 0{,}5 = 0{,}75$$

Der Profitfaktor kann auch ganz einfach berechnet werden: Der summierte Gewinn wird durch den summierten Verlust (als positive Zahl) dividiert (3.000 € / 4.000 € = 0,75 €)

Ein Profitfaktor größer eins signalisiert, dass die Strategie erfolgreich ist, unter eins, dass sie auf lange Sicht Verluste bringt. In unserem Beispiel ist die Systematik mit den hohen durchschnittlichen Verlusten nicht erfolgreich. Der PF wird meist als pure Zahl dargestellt, doch auf Grund der Logik der Kennzahl ist auch eine Währungsdarstellung statthaft. Denn der PF besagt, wie viel Gewinn auf jeden verlorenen Euro entfällt. Im Beispiel bringt jeder verlorene Euro nur 75 Cent Gewinn zurück.

Die schon in Kapitel 6 vorgestellte Formel (6.01) zur Errechnung des Erwartungswertes (EW) sei hier zur Erinnerung nochmals dargestellt:

$$\begin{aligned} EW = {} & \text{Wahrscheinlichkeit Gewinn} \times \varnothing\text{Gewinn} \\ & - \text{Wahrscheinlichkeit Verlust} \times \varnothing\text{Verlust} \end{aligned}$$

Wie die nachfolgende Rechnung zeigt, hat unsere Strategie eine negative Gewinnerwartung erbracht – 100 Euro durchschnittlicher Verlust pro Geschäft.

$$EW = 0{,}6 \times 500\ € - 0{,}4 \times 1000\ € = -100\ €$$

Da der Erwartungswert nichts anderes als das durchschnittliche Ergebnis ist, kann er auch relativ simpel berechnet werden: Gesamtergebnis geteilt durch Anzahl Geschäfte. In unserem Beispiel werden also 1.000 Euro Verlust durch zehn Trades dividiert, und das Ergebnis ist ebenfalls minus 100 Euro (= 1.000 € / 10).

Aus diesen Berechnungen ergibt sich die erste wichtige Erkenntnis: Hätten wir unsere Verluste begrenzt und die Gewinne laufen gelassen, wäre unsere Bilanz wahrscheinlich positiv – ohne den Zwang, möglichst oft Recht haben zu müssen. Unser Problem ist also nicht, dass wir zu oft falsch gelegen haben, sondern dass die durchschnittlichen Verluste zu hoch waren. Wie wichtig es ist, Verluste zu begrenzen und Gewinne laufen zu lassen, wird dadurch eindrucksvoll demonstriert.

Das Ganze in Abb. 11-2 noch einmal im Überblick:

	Berechnung:	**Ergebnis:**
1. Trefferquote:	6 / 10	60%
RGV:	6 / 4	1,5
2. RØGØV:	500 € / 1.000 €	0,5
daraus folgt:		
Erwartungswert:	0,6 x 500 € – 0,4 x 1.000 €	- 100 €
Profitfaktor:	0,6 / 0,4 x 500 € / 1.000 €	0,75

Abbildung 11-2

Die in diesem Kapitel beschriebene Analyse der historischen Performance bringt zusätzlichen Nutzen, wenn die Ergebnisse mit dem eigentlichen Money Management verbunden werden. Denn der oben beschriebene Profitfaktor (PF) kann zusammen mit dem maximalen Gesamtrisiko (mGR) sinnvoll kombiniert werden. Als Standardparameter für das mGR haben wir in Kapitel 10 zehn Prozent festgelegt. Sollte nun die Performance außerordentlich gut oder schlecht sein, spricht nichts dagegen, das maximale Gesamtrisiko mit dem Profitfaktor zu adjustieren. Dazu betrachten wir Abb. 11-3.

Das adjustierte maximale Gesamtrisiko

PF	adjustiertes mGR
0,2	1 %
0,4	2 %
0,6	3 %
0,8	4 %
1,0	5 %
1,2	6 %
1,4	7 %
1,6	8 %
1,8	9 %
2,0	10 %
2,2	11 %
2,4	12 %
2,6	13 %
2,8	14 %
3,0	15 %
3,2	16 %
3,4	17 %
3,6	18 %
3,8	19 %
4,0	20 %

Bei einem PF von 1 liegt das mGR bei 5 %. Entsprechend wird das mGR bei einem anderen PF adjustiert, indem der PF mit 5 % multipliziert wird.

Abbildung 11-3

Die Adjustierung beziehungsweise Anpassung des mGR erfolgt, indem der Profitfaktor mit fünf Prozent multipliziert wird. Bei einem sehr guten PF von beispielsweise drei beträgt das mGR 15 Prozent. Ist dagegen die Performance mit einem PF von lediglich 0,6 negativ, reduziert sich das maximale Gesamtrisiko auf drei Prozent. Diese Adjustierung liegt genau auf der Linie unseres Prinzips »Gas geben, wenn es gut läuft, und auf die Bremse treten, wenn es schlecht läuft«.

Mancher Leser dürfte sich an dieser Stelle fragen: Warum soll bei einem Profitfaktor von eins oder darunter überhaupt investiert beziehungsweise Risiken eingegangen werden? Auf den ersten Blick erscheint es logisch, sich von der Börse fern zu halten, wenn man verliert oder bestenfalls ein neutrales Ergebnis erzielt. Doch wie kann man dann feststellen, ob es wieder besser läuft? Buchtrading, also einfach mal fiktiv mitspielen, ist keine Lösung, da der durch Verluste entstehende Schmerz dabei nicht zum Tragen kommt. Überhaupt ist Buchtrading blanker Unsinn, wie durch die unzähligen Börsenspiele längst bewiesen wurde. Denn die meisten Sieger dieser Spiele versagen mit echtem Geld mit schöner Regelmäßigkeit.

Im Tool werden im Teil »Bilanz der Trades« noch weitere interessante Kennzahlen errechnet – beispielsweise der **größte Gewinn** und der **größte Verlust**. Liegt der größte Gewinn deutlich über dem Mittel der übrigen Gewinne (zum Beispiel 20.000 Euro im Vergleich zu durchschnittlich 1.000 Euro Gewinn), dann wird die Statistik durch diesen »Ausreißer« verfälscht. In einem solchen Fall sollte dieser außerordentlich große Gewinn aus der Statistik eliminiert werden. Der größte Verlust bleibt dagegen in der Statistik. Er wird im Tool ausgewiesen, um zu zeigen, wohin es führen kann, wenn Verluste nicht begrenzt werden. Denn so mancher Börsianer ging schon durch einen einzigen Megaverlust k. o.

Weitere Kennzahlen sind die »**maximale Anzahl Gewinntrades in Folge**« und die »**maximale Anzahl Verlusttrades in Folge**«. Lange Gewinnserien sind zwar wünschenswert, doch sie können in uns das Monster »Gier« zum Leben erwecken und uns dazu verleiten, alle Regeln über Bord zu werfen. Es ist deshalb wichtig, eine solche Profitserie schon im Anfangsstadium zu »entdecken« (etwa fünf große Gewinne in Folge) und dann durch strengstes Money Management die Gier bewusst zu zügeln. Noch bedeutender sind jedoch aufeinanderfolgende Verluste. Denn Nietenserien führen meist zu einem finanziellen Fiasko. Besonders dann, wenn die Verluste auch noch groß sind. Richtig schlimm wird es, wenn Börsianer nach vielen Verlusten in Folge mit aller Gewalt versuchen, wieder hochzukommen. Dann werden große Einsätze getätigt, was nicht selten in den Ruin führt. Noch mehr als bei den Gewinnserien gilt hier: Wehret den Anfängen. Sobald eine Verlustserie im Tool gezeigt wird (etwa fünf größere Verluste in Folge), sollten diverse Gegenmaßnahmen ergriffen werden. So könnten etwa die Tradingfrequenz reduziert und das maximale Gesamtrisiko heruntergefahren werden.

Das Thema Verlustserie wollen wir an dieser Stelle wegen der eventuell sehr schlimmen Folgen für das Börsenkapital und für die Psyche etwas vertiefen. Es gilt: Die Wahrscheinlichkeit für mehrere Verluste in Folge ist besonders bei geringer Trefferquote groß. Dazu betrachten wir Abb. 11-4:

Wahrscheinlichkeit Verlustserien

Verluste in Folge:	Trefferquote:				
	20,00%	30,00%	40,00%	50,00%	60,00%
	Wahrscheinlichkeit:				
5	32,77%	16,81%	7,78%	3,13%	1,02%
6	26,21%	11,76%	4,67%	1,56%	0,41%
7	20,97%	8,24%	2,80%	0,78%	0,16%
8	16,78%	5,76%	1,68%	0,39%	0,07%
9	13,42%	4,04%	1,01%	0,20%	0,03%
10	10,74%	2,82%	0,60%	0,10%	0,01%

Abbildung 11-4

Lesebeispiel: Bei einer Trefferquote (TQ) von 30 Prozent muss damit gerechnet werden, dass zehn Verluste in Folge mit einer Wahrscheinlichkeit von 2,82 Prozent auftreten. Liegt die TQ dagegen bei 50 Prozent, beträgt die Wahrscheinlichkeit für die zehn Nieten in Folge lediglich 0,1 Prozent. (Anmerkung: Die Wahrscheinlichkeiten wurden wie bei einem Zufallsexperiment, bei dem alle Versuche voneinander unabhängig stattfinden, berechnet. Ein Anleger kann jedoch durch Erfahrung und auch durch Emotionen wie Gier und Angst durchaus abhängig von vergangenen Ergebnissen handeln. Deshalb sollten die angegebenen Wahrscheinlichkeiten nur als grober Anhaltspunkt für zu erwartende Verlustserien verstanden werden.)

Viele Verluste in Folge sind an sich kein allzu großes Problem. Ist nämlich das vorhandene Börsenkapital (BK) groß genug, kann eine Nietenserie relativ leicht verkraftet werden. Beispiel: Das BK beträgt 100.000 Euro, und der durchschnittliche Verlust bei zehn Nieten in Folge liegt bei 500 Euro. Dann sind nach der Minusserie 5.000 Euro oder fünf Prozent des Börsenkapitals weg. Das kann in einer besseren Börsenphase relativ einfach wettgemacht werden. Bei einem BK von lediglich 10.000 Euro wird die Verlustserie aus obigem Beispiel dagegen zu einem ernsthaften Problem. Das BK schrumpft dann auf 5.000 Euro – ein Minus von 50 Prozent! Ein zu geringes Börsenkapital in Verbindung mit einer geringen Trefferquote ist meist der Grund für das Scheitern von vor allem jungen Tradern.

Das Problem mit der Verlustserie lässt sich auf den ersten Blick leicht lösen. Es wird einfach die Trefferquote hochgefahren, indem keine Stoppkurse platziert (viele Stopps werden unnötig ausgelöst und ziehen die Trefferquote nach unten) und kleine Buchgewinne schnell realisiert werden. Davon ist jedoch abzuraten. Denn erstens widerspricht diese Vorgehensweise der goldenen Regel »Gewinne laufen lassen und Verluste begrenzen«, und zweitens können viele Verluste in Folge selbst bei einer hohen Trefferquote entstehen. Denn das aus der Wahrscheinlichkeitstheorie bekannte »Gesetz der großen Zahl« besagt, dass selbst sehr geringe Wahrscheinlichkeiten bei vielen Versuchen Realität werden können. Das mussten viele Börsianer in der dreijährigen Baisse ab Frühjahr 2000 schmerzlich erfahren. In der vorhergehenden Hausse dürften die Trefferquoten vieler Börsianer bei deutlich über 50 Prozent gelegen haben und in der Baisse danach (bedingt unter anderem durch Verlustserien) auf unter 20 Prozent gefallen sein.

Die Lösung des Problems ist also nicht das künstliche Aufblähen der Trefferquote. Oder – noch schlimmer – es wird einfach das Börsenkapital zu Lasten des sicheren Vermögens erhöht. Das ist vollkommen inakzeptabel. Die Lösung muss bei den durchschnittlichen Verlusten gesucht werden. Die können durch geschicktes Timing und geduldiges Warten auf Situationen mit großer Trefferwahrscheinlichkeit deutlich verringert werden. Im obigen Beispiel (10.000 Euro Börsenkapital, zehn Verluste mit durchschnittlich 500 Euro) wären die Folgen (50 Prozent minus) weniger dramatisch, wenn die durchschnittlichen Verluste der Serie statt 500 lediglich 200 Euro betragen hätten – das BK wäre dann um lediglich 20 Prozent geschrumpft. Zwar schlimm genug, doch in einer guten Börsenphase sind 25 Prozent Gewinn, die zum Ausgleich des Rückschlags von 20 Prozent nötig sind, leicht möglich. Für das 50-Prozent-Desaster sind dagegen 100 Prozent Profit zum Ausgleich der Bilanz erforderlich – für die meisten Anleger eine richtige Herkulesarbeit!

Im Tool-Bereich »Bilanz der Trades« werden nicht nur nützliche Kennzahlen berechnet, sondern es wird nach Eingabe der Gewinne und Verluste auch automatisch ein Performance-Chart gezeichnet. Das ist kein nutzloses optisches Element, sondern der Chart kann wie ein Aktienchart analysiert werden. Mit Esoterik hat die Performance-Analyse nichts zu tun, wie vielleicht mancher Leser einwenden mag, sondern mit der Kraft der visuellen Darstellung. Man begreift sein Verhalten auf einen Blick, erkennt leichter Trends in seinen Aktionen. Kein Wunder, dass auf diese Art und Weise in den USA viele Fondsmanager ihre Performance analysieren – sehr zu ihrem Vorteil!

Chartanalyse der Performance

Nach einem Top bei rund 98.000 Euro beginnt im Performance-Chart in Abb. 11-5 eine Baisse, die bis fast 70.000 Euro reicht. Danach entsteht ein »Boden«, der mit dem Ausbruch über das Zwischenhoch bei etwa 76.000 Euro beendet wurde. Ein Anleger könnte nun nach einem Performance-Top auf die Bremse treten und weniger riskieren. Und nach einem Boden wieder Gas geben, also wieder größere Risiken und Einsätze tätigen. Probieren Sie diese Art der charttechnischen Analyse aus – sie bringt sehr viel mehr als jede andere Form von Analysen!

Nun wissen wir, wie erfolgreich wir mit unseren Geschäften im Durchschnitt sind, wir wissen auch, wie wichtig es ist, die Verluste durch Stoppkurse und gezielten Kapitaleinsatz klein zu halten. Das ist

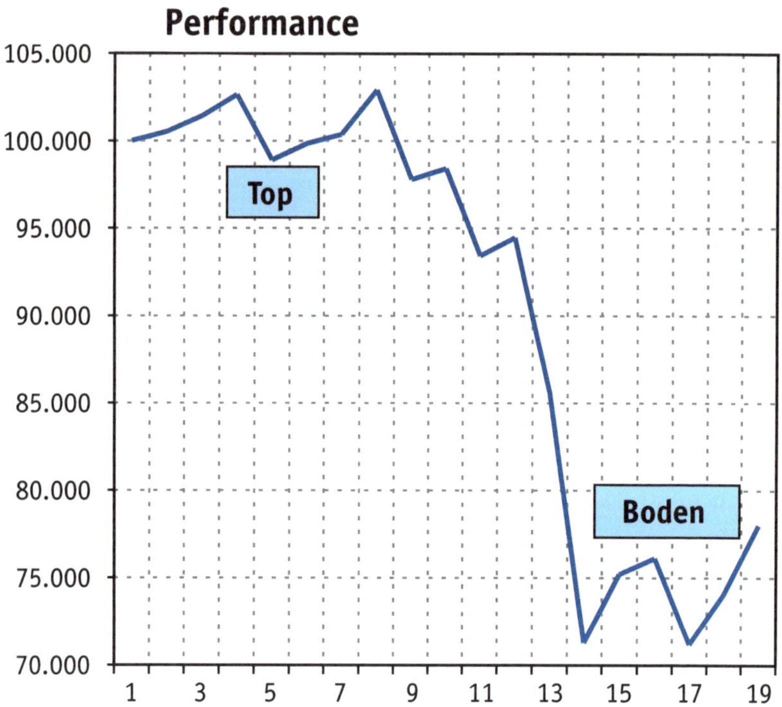

Abbildung 11-05

viel wichtiger als die Trefferquote. Eine Trefferquote von 60 Prozent ist ohnehin schon gut – alles darüber ist auf Dauer eher unrealistisch. Mit ordentlichem Money Management sollten wir es sogar schaffen, mit einer Trefferquote von lediglich 40 Prozent ein profitables Ergebnis zu erzielen. Zusammen mit der im letzten Kapital beschriebenen Methode, den Kapitaleinsatz in einer Gewinnphase sukzessive zu erhöhen und in einer Verlustphase zu reduzieren, sollten wir in der Lage sein, eine stetige gute Rendite bei geringen Performancerückschlägen zu erzielen. Und damit können wir die Börse ohne großen Stress genießen.

An dieser Stelle wollen wir noch kurz andere Money-Management-Systeme erwähnen. In den USA veröffentlichte John Larry Kelly 1956 mit Hilfe der Mathematik aus der Informationstechnik eine Methode

(Kelly-Formel oder kurz %K) zur Bestimmung des optimalen Kapitaleinsatzes bei Wettsystemen (Poundstone 2005). Die basiert ausschließlich auf der historischen Performance und kann sehr einfach berechnet werden:

$$\%K = TQ - (1 - TQ) / RGV$$

Bei einer Trefferquote von 60 Prozent, einem durchschnittlichen Gewinn von 3.000 Euro und einem durchschnittlichen Verlust von 1.000 Euro ergibt sich also ein Kapitaleinsatz von 47 Prozent.

$$\%K = 0{,}6 - (1 - 0{,}6) / 3 = 0{,}47$$

Die Formel wurde, wie gesagt, für Wettsysteme entwickelt und wird vor allem in Spielcasinos angewandt. Da gehört sie auch hin. Die Versuche, die Kelly-Formel auf die Börse anzuwenden, sehen wir skeptisch. Denn wer wie im Beispiel knapp die Hälfte seines Kapitals einsetzt, erleidet früher oder später ein finanzielles Desaster.

In den neunziger Jahren entwickelte Ralph Vince das »optimal f«-System, das auf der Kelly-Formel basiert und mit dem auch der optimale Einsatz berechnet wird. Im Gegensatz zur Kelly-Formel sollte »optimal f« börsentauglich sein. Es basiert auch auf der historischen Performance und soll das Kapital geometrisch wachsen lassen (Vince 1995). Das Modell geht davon aus, dass sich die historische Performance in der Zukunft sehr ähnlich wiederholt. Beispielsweise wird unterstellt, dass der größte historische Performance-Rückschlag konstant sei. Diese Annahme ist sehr gewagt, wie jeder weiß, der etwa bis zum Jahr 2000 relativ geringe Performancerückschläge verkraften musste und in den folgenden drei Jahren nie zuvor erlebte Minusrekorde erreichte. Darüber hinaus wird das Ziel, das Kapital geometrisch wachsen zu lassen, unter Inkaufnahme von immensen Risiken angestrebt. Wir können von einem derart aggressiven und rückwärts gewandten »Money Management«, das auch noch auf unrealistischen Annahmen beruht, nur abraten. Wer Stoppkurse platziert, um das Risiko zu kontrollieren, und darauf aufbauend den Einsatz berechnet, kalkuliert ein künftiges Ereignis, das Ausstoppen des Engagements, ein. Wer dagegen nur zurückblickt, muss fest daran glauben, dass der größte historische Verlust beziehungsweise Drawdown nie übertroffen wird. Die Analyse der historischen Performance dient deshalb vor allem der Suche nach Fehlern in der angewandten Systematik und sollte nicht die alleinige Grundlage eines risikobezogenen Money Management sein.

Wichtige Tipps zum Schluss dieses Kapitels:

1. Machen Sie sich die Mühe, sämtliche Gewinne und Verluste in das Tool im Teil »Bilanz der Trades« einzutragen. Die Berechnung der Kennzahlen wird dann automatisch ausgeführt. Es lohnt sich.

2. Lernen Sie aus Ihren Fehlern. Meist ist die Trefferquote in Ordnung, die in Relation zu den Gewinnen viel zu hohen Verluste sind fast immer das Übel. »Recht haben wollen heißt verlieren« – deshalb: Verluste begrenzen, Verluste begrenzen, Verluste begrenzen ...

3. Analysieren Sie den Performance-Chart, der in »Bilanz der Trades« enthalten ist. Beginnt eine »Performance-Baisse«, treten Sie auf die Bremse – weniger einsetzen, weniger riskieren. Erreicht die Performance einen Boden, gilt es, wieder Gas zu geben.

12 Was funktioniert wann an den Märkten? – Strategie und Money Management

Oktober. Das ist einer der besonders gefährlichen Monate, um mit Aktien zu spekulieren. Die anderen sind Juli, Januar, September, April, November, Mai, März, Juni, Dezember, August und Februar.

Mark Twain

Gemäß dem Militärtheoretiker Carl von Clausewitz ist Strategie die »Lehre vom Gebrauch der einzelnen Gefechte zum Zweck des Krieges« und Taktik die »Lehre vom Gebrauch der Streitkräfte im Gefecht«. Auf die Börse übertragen, lässt sich Strategie als die »Lehre vom Gebrauch des investierten Kapitals zum Zweck der Gewinnerzielung« definieren. Taktik ist dann die »Lehre vom Gebrauch der einzelnen Engagements im Depot«. So weit die Theorie. Doch wie sieht das in der Praxis aus? Wenden wir uns zunächst der Strategie zu.

Bei strategischen Fragen geht es hauptsächlich um die Auswahl der Anlageklassen und der einzelnen Positionen innerhalb der Anlageklassen sowie um die Investitionsquote insgesamt. Die meisten Strategien setzen auf Diversifikation, sei es nach einfachen Faustformeln oder mit Hilfe von finanzmathematischen Berechnungen von Korrelationen nach der Portfoliotheorie von Markowitz. Buy and Hold, also das Festhalten an Positionen im Rahmen der Strategie, ist weit verbreitet, aber es gibt auch Ein- und Ausstiegsregeln. Benötigt man dann kein Money Management mehr?

Im Gegenteil: Man braucht es sehr wohl. Vor allem dann, wenn man den schlimmsten Fall, das Worst-Case-Szenario, als eine Möglichkeit mit einbezieht. Da genügt es eben nicht, nur eine Börsenphase zu betrachten. Wenn die nach oben weist, muss die Strategie schon ziemlich dürftig sein, wenn man damit keine Gewinne erzielt. Aber was ist in einer richtig schlechten Börsenphase? Ob eine Strategie funktioniert oder nicht, wird üblicherweise durch eine statistische Untersuchung der Performance über Jahre hinweg geklärt. Eine wahre Fleißarbeit hat hierzu James P. O'Shaughnessy geleistet, der in seinem Werk *What Works on Wall Street* Hunderte von Strategien über 50 Jahre hinweg untersucht und wichtige Hinweise geliefert hat, was gut und was weniger gut funktioniert (O'Shaughnessy 2005). Ähnliche Untersuchungen, aber über kürzere Zeiträume, gibt es für den deutschen Markt (Aigner, Bilger 2006). Die Ergebnisse, zum Beispiel eine Rendite von fünf oder zehn Prozent pro Jahr, sind aber Mittelwerte. Was in einzelnen Jahren oder Monaten passiert, wird darin nicht sichtbar. Angenommen, es gibt fürchterliche Kursstürze zwischendurch, dann kann das Ergebnis über die Jahre immer noch positiv und sogar erfreulich sein. Demjenigen Anleger, der genau diese Kursstürze mit einer zu hohen Investitionsquote erlebt, ja durchlitten hat, mag das wenig helfen. Besonders dann, wenn unvorhergesehen Liquiditätsbedarf entsteht und die Investments zu Tiefstkursen verkauft werden müssen.

Wir können hier nicht alle Strategien diskutieren, wollen aber doch ein paar Grundformen vorstellen und deutlich machen, wie diese mit Money Management abgesichert oder teilweise ergänzt werden können. Welche Strategie Sie letztlich wählen, kommt auf Ihre Risikobereitschaft, Renditevorstellung und auf Ihre Bereitschaft zum Engagement an.

Buy-and-Hold-Strategie

Kaufen und Liegenlassen als Strategie zu bezeichnen mag ein bisschen einfach sein, aber Nichtstun kann eben auch eine Strategie sein. Der Anleger erwirbt dann einen Korb Aktien und hält ihn über viele Jahre, ja Jahrzehnte. Da der Kauf einer Aktie letztlich die Investition in eine Firma ist, ist entscheidend, ob das Geschäftsmodell in der Zukunft gut oder schlecht läuft. Für das übernommene fundamentale Risiko erhält der Anleger eine Prämie, zum Beispiel in Form der Dividende und Kursgewinnen. Dem steht das Kursrisiko gegenüber, das vom Verhalten der Marktteilnehmer insgesamt abhängig ist und zu den bekannten heftigen Schwankungen führen kann (Nitzsch 2006).

Durch Kaufen und Liegenlassen vertraut der Anleger auf die fundamentale Ertragskraft eines Unternehmens, die sich über alle Schwankungen hinweg letztlich durchsetzen sollte. Steigt die Ertragskraft, wird tendenziell auch das Kursniveau zunehmen. Und wenn nicht? Wir wissen zur Genüge, dass auch die Unternehmensergebnisse erheblichen Schwankungen unterliegen. Vielleicht fällt die Dividende aus, vielleicht geht die Firma pleite. Oder noch schlimmer: Die Wall Street crasht, und nahezu alle Aktien – egal ob fundamental gute oder schlechte – stürzen ins Bodenlose. Hinzu kommt noch, ob der Anleger bei der Auswahl solcher Aktien den fundamentalen Wert auch richtig erkennt. Jeder Irrtum ist möglich. Schließlich bewertet der Markt, wie wir in Kapitel 3 gezeigt haben, eine Aktie unter Umständen je nach Börsenlage ganz unterschiedlich.

So hatte die Allianz-Aktie (Abb. 12-1) im Grunde jederzeit ein einigermaßen ordentliches Geschäftsmodell. Trotzdem fiel der Wert von 2000 bis 2003 um 90 Prozent. Wer im Jahr 2000 am Hoch bei 402 Euro kaufte, musste am Tief 2003 von der Hoffnung leben, dass die Aktie um 900 Prozent zulegt, damit er seinen Verlust wieder ausgleicht. Im Herbst 2006 erreichte das Papier immerhin 150 Euro. Der Weg ist also noch lang. Hätte der Allianz-Aktionär wenigstens einen weiten Stopp von zum Beispiel 25 Prozent gesetzt und den Kapitaleinsatz begrenzt, wäre ihm viel erspart geblieben.

Abbildung 12-1: *Kursverlauf der Allianz-Aktie* *(Quelle: Datastream)*

So etwas kann natürlich bei jeder Aktie passieren. Das wissen auch die Verfechter von Buy and Hold und raten dringend dazu, das Depot mit dieser Strategie breit zu diversifizieren. Doch Diversifikation hilft, wie wir gezeigt haben, nur bedingt. Denn Aktienmärkte und andere Assetklassen verhalten sich oft nicht so, wie es gemäß historischen Korrelationsberechnungen zu erwarten wäre.

Man kann Kaufen-und-Liegenlassen sicherlich praktizieren, sollte sich dann aber auf substanzstarke Werte mit hoher Dividendenzahlung beschränken und nur einen kleinen Teil seines Depots damit bestücken. Dann muss man eben nicht so häufig hinschauen. Dennoch – wir empfehlen diese Strategie nicht. Sie sollten zumindest mentale und eventuell weit vom Kaufkurs entfernt platzierte Stopps setzen. Wird ein Stopp erreicht, sollten Sie Ihre Strategie und den einzelnen Wert genau unter die Lupe nehmen und gegebenenfalls die Investitionsquote deutlich verringern.

Fondsstrategie

Weil die Auswahl von Einzelaktien so schwierig ist, wird den privaten Anlegern empfohlen, doch lieber auf Fonds zu setzen. Dafür spricht einiges. Der Fondsmanager nimmt Ihnen die Arbeit ab, einzelne Aktien auszuwählen und zu überwachen; ebenso gilt dies für Renten oder Rohstoffe. Dank seiner Erfahrung und Ausbildung gelingt es ihm besser als dem Laien, die besten Titel herauszufiltern, und vor allem tut er dies mit viel mehr Wertpapieren. Er kann damit die Anforderung einer idealen Diversifikation nach Markowitz besser umsetzen. Die meisten Fonds legen in 40 oder mehr Titeln an. International ausgerichtete Fonds investieren in verschiedenen Anlageregionen. Es gibt Fonds, die spezielle Strategien verfolgen, auf unterbewertete Aktien setzen oder auf dividendenstarke Titel. Der Anleger kann sich aus der Fülle von 6.000 Fonds in Deutschland diejenigen auswählen, die seinen Anlagezielen am besten entsprechen, und er kann dies mit kleinen Einsätzen von zum Beispiel 50 Euro tun. Gute Fonds lassen sich zudem recht einfach herausfiltern. Ständig werden Performancelisten geführt, in denen die Wertentwicklung der Fonds – unterteilt nach verschiedenen Zeitperioden zwischen einem und zehn Jahren – aufgeführt ist. Allein auf die Gewinne zu achten reicht aber nicht: Die Performancerückschläge der Fonds in Baissen sollten mindestens genauso akribisch analysiert werden wie die Höhenflüge in guten Börsenphasen. Beispiel: Fonds A büßt in einem Zehn-Jahres-Zeitraum mehrmals zwischen 40 und 50 Prozent ein. Fonds B verliert im gleichen Zeitraum maximal 20 Prozent. Beide notieren nach den zehn Jahren mit 150 Prozent im Plus. Welchen Fonds würden Sie kaufen? Obwohl beide Fonds gleich gut performen, dürfte die Wahl nicht schwer fallen: Fonds B strapaziert erstens die Nerven weniger als der stark schwankende Fonds A und bringt zweitens bei einem zwischenzeitlichen Liquiditätsbedarf in einer Baisse größeren Gewinn. Hinzu kommen Ratings, also Beurteilungen von speziellen Ratingagenturen wie Standard & Poor's. Dabei wird der Investmentprozess im Einzelnen untersucht und auf seine Nachhaltigkeit geprüft. Wer also Fonds mit guten Ratings und guter Performance auswählt, kann hoffen, dass er mit diesen Produkten auch gut über die Schwankungen der Börse hinwegkommt und letztlich ordentliche Gewinne einstreicht.

Sind Fonds also kein Fall für Money Management? Mitnichten. Fondsmanager haben schlechte Phasen, Fondsmanager können wechseln, Fondsgesellschaften stellen ihren Investmentprozess um – alles Gründe dafür, dass die Performance von Fonds deutlich absackt. Hinzu kommt noch der Markt. Durch Diversifikation wird zwar das Einzelrisiko gemildert, das systematische Marktrisiko bleibt jedoch. Rein theoretisch könnte der kluge Fondsmanager dem ausweichen, indem er schlechte Marktphasen nach unten abschneidet, einfach in Cash geht. So einfach funktioniert das aber nicht, weil die meisten Fonds nur eine begrenzte Cashquote fahren, zum Beispiel bis zu 20 Prozent. Dann machen sie eine Abwärtsbewegung weitgehend mit. Auch die Möglichkeit, die Portfolios mit Derivaten abzusichern, wird von klassischen Fonds nur teilweise genutzt und kann entsprechend das Marktrisiko nur vermindern, nicht vermeiden.

Hinzu kommt noch das Ergebnis von vielen Untersuchungen, dass es im Durchschnitt nur 20 Prozent der Fondsmanager gelingt, besser als der Markt zu sein (O'Shaugnessy 2005). Es spricht also einiges dafür, auch Fondsinvestments genau zu beobachten. Sie sollten Fonds genauso überwachen wie Aktien, was auch mit Charts visuell leicht zu bewerkstelligen ist. Sie können dann Stoppkurse nach den in Kapitel 8 beschriebenen Methoden setzen oder – als Notlösung – mit einem breiten Stopp von etwa 25 bis 30 Prozent arbeiten.

Ein Sonderfall ist der Sparplan auf Fonds. Dabei kaufen Sie regelmäßig Fondsanteile für eine feste Summe pro Monat, zum Beispiel 50 Euro. Wenn die Kurse niedrig sind, kaufen Sie etwas mehr, wenn sie hoch sind, etwas weniger. Über die Jahre ergibt sich so ein recht günstiger mittlerer Kaufpreis, Sie profitieren vom sogenannten Cost-Average-Effekt. Der Vorteil liegt aber nicht in diesem Preiseffekt, sondern im disziplinierten regelmäßigen Kauf. In einer Baisse wird also nicht wie bei anderen Anlagen das Risiko durch Stoppkurse begrenzt, sondern durch Käufe das Gegenteil praktiziert. Die Fondsanteile sind dann preiswert, und der automatische Kauf sorgt für günstige Einstandskurse. Welcher Anleger würde den Mut aufbringen, in einer Baisse regelmäßig ins »fallende Messer« zu greifen? Diese Anlagephilosophie funktioniert jedoch – von Ausnahmen abgesehen – nur über lange Zeiträume, und auch nur dann, wenn die Börsen tatsächlich langfristig steigen. In Japan beispielsweise begann die Baisse Ende 1989, und knapp 17 Jahre später notiert der Nikkei-225-Index immer noch rund 55 Prozent (Stand: 1 / 2007) im Minus. Deshalb sollten Sie von Zeit zu Zeit überprüfen, ob Ihr Fonds noch zu den Besten gehört. Wer erst nach Jahren hinschaut, könnte eine böse Überraschung erleben. Einem mittelmäßigen oder schlechten Fonds – Sparplan hin oder her – muss man nicht die Treue halten.

Indexing

William Sharpe gilt zusammen mit Harry M. Markowitz und Merton Miller als Pionier der effizienten Kapitalmarkttheorie. Alle drei wurden 1990 mit dem Nobelpreis ausgezeichnet. Die Sharpe-Ratio ist eine wichtige Kennziffer, um die Performance eines Fonds zu messen. Sharpe hat dazu die Rendite eines Fonds abzüglich einer risikolosen Geldmarktinvestition mit dem Risiko beziehungsweise der Schwankungsbreite in Beziehung gesetzt. Dahinter verbirgt sich eine komplizierte Formel.

Sharpes Rat an die privaten Anleger ist dagegen ziemlich einfach: »Kaufen Sie Indexprodukte«, empfiehlt er (Sharpe 2002). Die seien zwar langweilig, eben nur passives Investieren. Aber das Ergebnis sei in der Regel besser als der Kauf von Einzelwerten, als aktives Investieren, wie es die meisten Fondsmanager praktizieren, die den Markt ja schlagen wollen, aber meist nicht können.

Auch wenn hinter diesen Aussagen natürlich die Überzeugung der Vertreter der effizienten Kapitalmarkttheorie steht, dass kein Anleger langfristig besser als der Markt sein kann – an den Empfehlungen ist etwas dran. Wie im Abschnitt vorher erwähnt, schaffen es nur rund 20 Prozent der Fondsmanager, besser als ihr jeweiliger Referenzindex zu sein. Nach einer Auswertung, die BÖRSE ONLINE im Jahr 2005 durchgeführt hat (Abb. 12-2), sind es noch weniger.

Abbildung 12-2: *Im langjährigen Vergleich fällt es dem Durchschnitt der Fondsmanager immer schwerer, ihre Referenzindizes zu schlagen. (Quelle: S&P)*

Die Erklärung dafür hat auch viel mit Psychologie zu tun, mit dem schon häufiger zitierten Herdentrieb, dem die Profis wie die Laien unterliegen. Wenn der Markt zum Beispiel nach oben dreht, handeln sie erst spät, stocken ihre Bestände auf, wenn sie überzeugt sind, dass die Rally weitergeht. Umgekehrt läuft es, wenn aus dem Boom eine Baisse wird. Hinzu kommt der Herdentrieb des Publikums. Wie wir gezeigt haben (Abb.4-1), fließt den Publikumsfonds immer dann viel Geld zu, wenn die Kurse steigen. Daraus entsteht bei den Fondsmanagern ein Anlagezwang, auch wenn sie nicht mehr vom Markt überzeugt sind.

In einer Seitwärtsbewegung leidet die Performance der aktiven Fonds vor allem unter den vergleichsweise hohen Gebühren, die bei Indexinvestments deutlich geringer sind.

Für jeden Anleger stellt sich deshalb die Frage, warum er die Mühen der Einzelaktienauswahl auf sich nehmen soll, wenn nicht mal die meisten Fondsmanager besser als der Markt sind. Wer einen Index kauft, also den gewichteten Durchschnitt von repräsentativen Aktien eines Marktes, diversifiziert schon mal breit. Wer zum Beispiel auf den S&P-500-Index und dazu noch auf den Euro-Stoxx-600-Index setzt, hat mit zwei Positionen quasi 1.100 Aktien im Depot. Damit sinkt zwar das Einzelrisiko von Aktien, doch das Marktrisiko bleibt.

Erste Indexfonds kamen schon in den siebziger Jahren auf den Markt. Aber der Durchbruch gelang erst, als Anfang der neunziger Jahre sehr flexible und kostengünstige Produkte entwickelt wurden. In den USA waren das die Exchange Traded Funds (ETF), die börsengehandelten Indexfonds, die es seit 2000 auch hier zu Lande zu kaufen gibt, und in Deutschland die Indexzertifikate. Damit können Anleger auf eine Fülle von Märkten und auch Strategien setzen. Auch aktive Portfoliomanager nutzen Indexprodukte, wie Peter E. Huber gesteht, der als einer der erfolgreichsten Value-Manager Deutschlands gilt: »Wir bilden die Grundstruktur eines Depots meist mit Indexprodukten ab und gestalten dann die Über- und Untergewichtung mit Einzelaktien.« Dahinter steht die sogenannte Kern- und Satellitenstrategie. Dabei wird im Kern auf Indexprodukte gesetzt, die dann mit aussichtsreichen Einzelaktien als Satelliten ergänzt werden. Damit lässt sich dann eine Streuung über Assetklassen hinweg gestalten, also die Grundentscheidung umsetzen, wie stark man auf Aktien, Renten oder Rohstoffe setzt.

Klar ist, dass Indexing nicht alles ist. Gerade bei speziellen Märkten kommt die Erfahrung des aktiven Fondsmanagers zur Geltung, zum Beispiel in Emerging Markets.

Auch wenn Einzelrisiken abgemildert werden, das Marktrisiko macht uns noch mehr als genug zu schaffen. Deshalb ist Indexing ebenso ein

Fall für Money Management. Da sich die Produkte eins zu eins wie der Index entwickeln und Indexdaten immer aktuell sind, lässt sich gut mit Stoppkursen arbeiten. Indexing wird dabei oft mit anderen Strategien, zum Beispiel Trendfolgestrategien, kombiniert. Dazu später mehr.

Dividendenstrategie

Nur so gut wie der Index zu sein ist den meisten aber nicht genug. Gibt es einfache Strategien, den Index zu schlagen, wenn nicht in jedem Jahr, so doch im Durchschnitt? Für Privatanleger leicht nachzuvollziehen ist die Dividendenstrategie. Dabei werden jeweils Aktien, die viel Dividende abwerfen, ausgewählt. Genauer: Aktien mit hoher Dividendenrendite, die sich aus Ausschüttung geteilt durch den Kurs multipliziert mit 100 ergibt. Diese Kennziffer ist quasi die laufende Verzinsung einer Aktie und kann leicht mit der Rendite von Anleihen verglichen werden. Eigentlich müsste die Dividendenrendite der Aktien höher sein als die von Anleihen, weil Aktien nun mal ein höheres Risiko bergen. Dem ist aber im Durchschnitt nicht so. Lukrativ wird es nur, wenn Dividenden durch Kurssteigerungen aufgepeppt werden. Beide zusammen sind in Zeiten steigender Kurse meist deutlich höher als die Rendite von Anleihen. Bei einzelnen Aktien kann auch die Dividendenrendite allein die Rentenanlage schlagen. So war es im Jahre 2006 bei der Aktie der Deutschen Telekom, die eine Rendite um die fünf Prozent bot, während die Rendite zehnjähriger Anleihen bei 3,5 bis vier Prozent lag. Aber aufgepasst: Eine hohe Dividendenrendite ist nicht automatisch ein Zeichen guter Substanz und hoher Profitabilität, sondern kann genau das Gegenteil sein. Denn für die Kennziffer wird zumeist die zuletzt gezahlte Dividende herangezogen. Wenn ein Unternehmen plötzlich schlechte Zahlen liefert, fällt der Kurs, und die Dividendenrendite steigt. Oft kommt dann aber mit Verspätung die Nachricht, dass wegen der schlechten wirtschaftlichen Entwicklung die Dividende gekürzt wird oder ganz ausfällt. Man sollte sich deshalb jedes Unternehmen immer genau anschauen und überprüfen, ob die hohe Dividende auch ohne Unterbrechung mehrere Jahre gezahlt wurde. Auf die Bedeutung der Dividende für die Substanz einer Aktie hat schon Benjamin Graham, der als »Vater« des Value-Investings gilt, vor mehr als 50 Jahren in seinen Standardwerken *Securities Analysis* (Graham/Dodd 1951) und *The Intelligent Investor* (Graham/Downes 2000) hingewiesen. Für defensiv ausgerichtete Anleger empfahl er zum Beispiel Firmen, die mindestens zehn Jahre lang kontinuierlich Dividenden gezahlt haben.

Den Anteil der Dividende an der Performance darf man nicht unterschätzen. Das gilt gerade für Baissezeiten, wenn die Kurse fallen. Erfahrungsgemäß fallen die Kurse dividendenstarker Aktien in dieser Zeit weniger extrem. Hohe Dividenden bieten somit einen gewissen Schutz nach unten. Die Investition in solche Werte ist besonders in Baissezeiten beliebt. Denn so winken außer der attraktiven Dividendenrendite noch kräftige Kurssteigerungen, wenn die Börsen wieder anziehen. Mag die Dividendenrendite in guten Jahren mit hohen Kursen auch nicht besonders hoch sein, über die Jahre baut sich doch ein schönes Polster auf. In der Rückrechnung hat der breite Euro-Stoxx-Index mit 314 Werten als Performanceindex, in den die Dividenden einberechnet werden, 1986 bis 2005 um rund 400 Prozent zugelegt. 45 Prozent des Anstiegs, also fast die Hälfte, gehen auf Dividenden zurück (siehe Abb. 12-3).

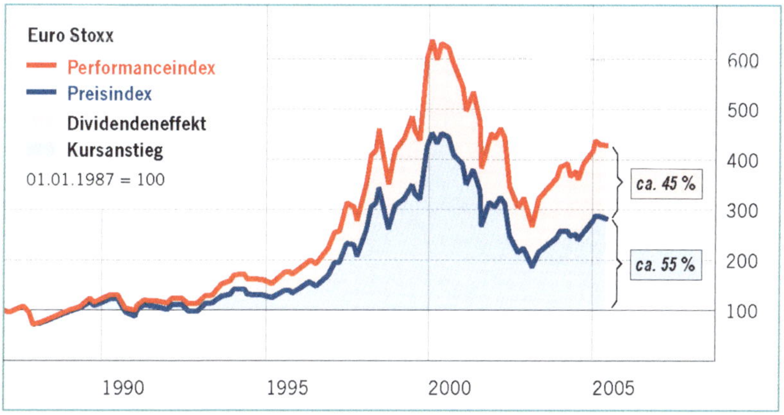

Abbildung 12-3: *Anteil der Dividende an der Performance des Euro-Stoxx-Index. (Quelle: BW Bank)*

Auf der Bedeutung der Dividenden für die Performance und Stabilität der Kursentwicklung bauen sogenannte mechanische Dividendenstrategien auf. Populär hat sie Anfang der neunziger Jahre der amerikanische Fondsmanager Michael O'Higgings mit seinem Buch *Beating the Dow* gemacht (O'Higgins/Downes 2000). Die Finanzzeitung *Barron's* hat diese Strategie griffig »Dogs of the Dow« getauft. »Dogs« lässt sich am besten im Deutschen mit den »armen Hunden« des Dow, den vernachlässigten Aktien, übersetzen. In der Grundform der Strategie ordnet der Anleger am Anfang des Jahres alle Dow-Werte nach der Höhe der Dividendenrendite und wählt die zehn Titel mit der höchsten Rendite für sein Depot aus. Gekauft werden diese mit dem gleichen Gewicht. Nach einem Jahr wird angepasst, es werden wieder die Titel mit der höchsten Dividendenrendite ausgewählt, die anderen scheiden aus. Im langfristigen Vergleich hat diese Strategie von 1996 bis 2005 mit einer jährlichen Performance von 20,3 Prozent den Dow geschlagen, der »nur« 15,3 Prozent erreichte. Auf dieser Methode baut inzwischen auch eine Reihe von Dividendenindizes auf, zum Beispiel der DivDAX und der Dow Jones Euro Stoxx Select Dividend 30. Letzterer kann als »intelligenter« Index bezeichnet werden, weil die Auswahlkriterien denen von aktiven Fondsmanagern entsprechen. So dürfen die 30 ausgewählten dividendenstärksten Aktien in den vergangenen fünf Jahren kein einziges Mal die Dividende gesenkt geschweige denn ausfallen lassen haben. Die Ausschüttungsquote darf 60 Prozent nicht überschreiten. Das soll eine Nachhaltigkeit der Dividendenzahlung gewährleisten. In der Rückrechnung haben diese Spezialindizes ihre Basisindizes, aus denen die Aktien ausgewählt werden, klar geschlagen. Ob das nun die besten Strategien aller Zeiten sind, bleibt umstritten. Denn es gab auch Zeiten, in denen sie nicht so gut gelaufen sind. Das gilt zum Beispiel (Abb. 12-4) für die Jahre 1997 bis 2000 für die Dogs-of-the-Dow-Methode.

Wer solche Strategien anwendet, sollte trotzdem Money Management nicht aus den Augen verlieren. Das gilt natürlich vor allem dann, wenn Anleger aktiv Einzelaktien kaufen. Hier ist immer die Gefahr gegeben, in einem Fall völlig schief zu liegen. Wer erkennt, dass die hohe Dividendenrendite nicht mehr Substanz, sondern Gefahr für den Fortbe-

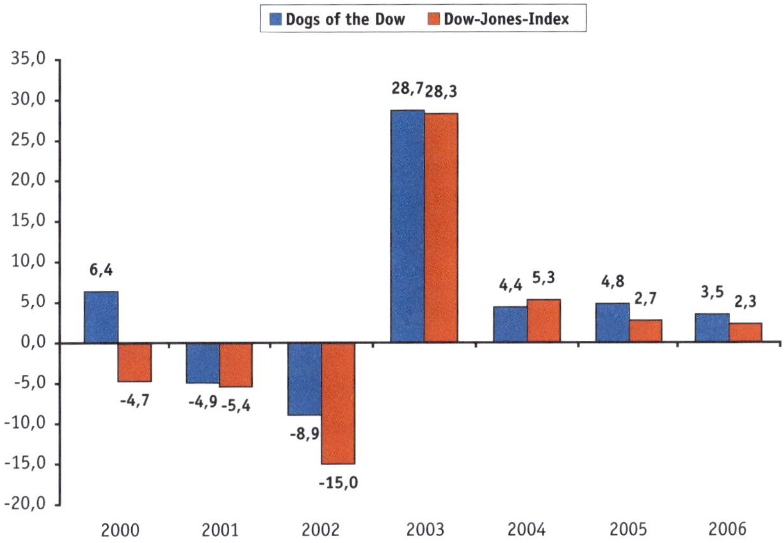

Abbildung 12-4: *Performance der Strategie Dogs of the Dow im Vergleich zum Dow-Jones-Index (in %). Daten: 2000 bis November 2006.*
(Quelle: www.dogsofthedow.com)

stand des Geschäftsmodells signalisiert, sollte die Aktie sofort auf den Prüfstand stellen. Mechanische Konzepte haben Ausstiegs- oder besser Auswechselregeln, die in Verbindung mit Diversifikation systematisches und diszipliniertes Vorgehen ermöglichen. Dabei sollten Sie dann nicht so sehr auf die Einzelwerte, sondern auf die Strategie insgesamt schauen. Am besten geht das mit Produkten, die solche Strategien schon beinhalten, also mit Zertifikaten oder Indexfonds auf solche Dividendenindizes. Diese können dann wie eine Aktie mit einem Stopp versehen werden – mit einem Prozentsatz von 25 bis 30 Prozent oder besser gemäß den beschriebenen charttechnischen Methoden. So können Sie sich in schlechten Zeiten leicht von solchen Strategien verabschieden. Denn wenn die Märkte insgesamt kräftig fallen, fallen Dividendenindizes mit, wenn auch nicht so extrem. Dann ist es ratsam, die Aktienquote generell zugunsten sicherer Anlagen zu verringern.

Dividendenstrategien sind einfache Value-Strategien. Von denen gibt es nun Hunderte. Wie schon in Kapitel 4 bei den Behavioral-Finance-

Fonds erwähnt, gehen die Portfoliomanager bei der ersten Auswahl quantitativ vor. Mit Hilfe von Computeranalysen forschen sie nach Aktien, die bestimmte Kennziffern aufweisen, die eine Unterbewertung signalisieren sollen. Wenn die Anforderungen nicht mehr erfüllt sind, werden die Titel ausgewechselt. Genauso gehen im Prinzip Growth-Manager vor, die sich von Kennziffern leiten lassen, die überdurchschnittliches Wachstum signalisieren. Hinzu kommen nach beiden Ansätzen meistens noch qualitative Analysen, das heißt, das Geschäftsmodell einzelner Firmen wird auf Herz und Nieren geprüft. Wir können hier nicht alle Strategien vorstellen, die meisten dürften auch für den Privatanleger viel zu aufwendig sein. Aber jeder, der seine Titel nach einer gründlichen fundamentalen Analyse auswählt, sollte einkalkulieren, dass er sich irrt und sich der Aktienkurs völlig anders entwickelt als erwartet. Dann ist Money Management Gold wert. Deshalb empfehlen wir, auch bei solchen Strategien vorher einen Stoppkurs zu setzen und den Kapitaleinsatz gemäß dem sich daraus ergebenden Verlustpotenzial zu steuern. Wird dieser Stopp erreicht, sollte auf jeden Fall geprüft werden, ob die ursprüngliche Analyse noch Geltung hat. Wenn nicht, heißt es auch hier: Weg damit.

Trendfolgestrategie

Money Management und Trendfolgestrategien passen besonders gut zusammen. In einer einfachen Form könnte man die fünf oder zehn Aktien eines Index auswählen, die in den vergangenen drei Monaten am stärksten gestiegen sind, und dann darauf setzen, dass sie weiter steigen. Wenn Kurse steigen oder fallen, dann setzen sie ihren Trend zumindest für eine Weile fort. Dies kann sich der Anleger zunutze machen, indem er auf Trends setzt. Diese Methode heißt auch Momentum-Strategie, sie setzt also auf den Schwung. Leider weiß man mit Sicherheit immer erst nachher, ob ein Trend wirklich ein Trend war. Deshalb gilt es, sich am Trend entlangzutasten. Das gelingt am besten mit den erwähnten charttechnischen Methoden. Wenn Kurse nach einer langen Abwärtsbewegung wieder mit hohen Umsätzen steigen, wenn alte Widerstandslinien überwunden werden, hat sich womöglich ein neuer Aufwärtstrend etabliert. Aber eine Garantie ist das nicht. Deshalb gilt für jeden Trendfolger: Beobachten Sie das Kursgeschehen genau, setzen Sie Stoppkurse, die nach einem Trendwechsel Verluste begrenzen, und steuern Sie entsprechend dem sich daraus ergebenden Verlustpotenzial den Kapitaleinsatz.

Antizyklische Strategie

Wer auf Trends setzt, läuft mit der Masse, nutzt deren Schwung. Man kann auch gegen den Trend spekulieren: Kaufen, wenn andere verkaufen, und umgekehrt. Nach dieser Devise handeln Antizykliker. Dahinter steht eine Erkenntnis, die sich oft genug an der Börse bestätigt: »Wenn alle gleich denken, denken alle wahrscheinlich falsch.« (Neill 1992). Genau genommen setzt der Antizykliker auf einen Trend, der keiner ist, aber früher oder später zum Trend wird. Nur dann kann er Gewinn erzielen. Am meisten verdient er, wenn er kurz vor dem Trendwechsel kauft. Andernfalls würde er lange, zu lange gegen einen Trend spekulieren und so viel Geld, zu viel Geld verlieren, bevor sich der neue Trend einstellt. Das zeigt die Problematik dieser Strategie: Wer gedankenlos gegen einen Trend spekuliert, läuft immer Gefahr, pleitezugehen, bevor er dann mit seiner Spekulation schließlich Recht bekommt. Money Management ist deshalb unerlässlich.

Gegen den Trend können sowohl fundamental orientierte Anleger als auch Charttechniker operieren – und zwar auf kurze wie auf lange Sicht. Ein antizyklischer Fundamentalist greift zu, wenn er Aktien nach verschiedenen Kriterien als äußerst preiswert einstuft. Er setzt darauf, dass später auch andere Anleger diese günstige Gelegenheit erkennen und mit ihren Käufen den Kurs hochtreiben. Damit lassen sich dann die Krisen von Märkten, von Branchen oder einzelnen Firmen gewinnbringend ummünzen. Die Kaufentscheidung für eine Aktie kann dann zum Beispiel von folgenden Kriterien abhängen (Gallea, Patalon 1999):

- Das Kurs-Gewinn-Verhältnis (KGV), ein Maß der Ertragskraft, sollte weniger als zwölf betragen. Sie können dazu bereits ausgewiesene Gewinne, also Vergangenheitswerte, heranziehen, oder aber Gewinnschätzungen wie von BÖRSE ONLINE nutzen, die auf die Zukunft bezogen sind.

- Das Kurs-Cashflow-Verhältnis (KCV), eine Kennzahl für die Investitionsfähigkeit eines Unternehmens, sollte kleiner als zehn sein.

- Das Kurs-Buchwert-Verhältnis (KBV), ein Indikator für die Substanzkraft, muss unter 1,0 liegen.

- Das Kurs-Umsatz-Verhältnis sollte ebenfalls kleiner als 1,0 sein. Diese Hilfsgröße lässt einen Schluss auf die Wettbewerbskraft einer Firma zu.

Allerdings darf man nicht zu schematisch vorgehen. Selbst wenn eine Firma alle Kriterien erfüllt, kann sie trotzdem zu schwach sein, um zu überleben. Deshalb muss der Fundamentalist immer das Geschäftsmodell im Einzelnen überprüfen. Aber die genannten Kriterien helfen natürlich bei der Vorauswahl und sollten die Trefferquote erhöhen. Auf www.boerse-online.de finden Sie einen Aktienanalyser, mit dem Sie deutsche Werte auf Grundlage der Gewinnschätzungen von BÖRSE ONLINE vorselektieren können.

Der kluge Fundamentalist weiß natürlich, dass auch eine gute Selektion nicht vor Verlusten schützt. Deshalb legt er Stoppkurse bei seinen Engagements. Die werden dann meist weit vom Einstandskurs entfernt platziert. Zudem werden smarte Fundis den Einsatz gemäß Money-Management-Regeln berechnen, damit auch im schlimmsten Fall kein Depotcrash droht. Der Ausstieg im Gewinnfall erfolgt in obigem Beispiel, sobald die Kennzahlen (etwa das KGV) der erworbenen Werte deutlich (zum Beispiel um 50 Prozent) gestiegen sind.

Die meisten Charttechniker sind im Grunde ihres Herzens Trendfolger. Aber in bestimmten Situationen zahlt es sich aus, auf einen Trendwechsel zu setzen, bevor sich dieser bestätigt hat. Ist zum Beispiel eine Aktie lange gefallen, kommt diese Bewegung zum Stillstand und bildet sich ein Boden aus, kann es lohnend sein, sich schon zu positionieren, auch wenn noch keine neuen Kaufsignale entstanden sind. Oft vollzieht sich nämlich der Trendwechsel mit starken Kursbewegungen, sodass vielleicht schon zehn Prozent oder mehr gelaufen sind, bevor die Bestätigung erfolgt.

Antizyklische Charttechniker gehen prinzipiell gleich vor wie die Fundamentalisten, sie platzieren aber meist sehr enge Stoppkurse. Ein typisches Beispiel: Eine Aktie schwankt seit einigen Monaten in einer Tradingrange zwischen 100 und 120 Euro. Bei 100 liegt also eine Unterstützung und bei 120 ein Widerstand. Sobald der Wert bei rund 100 Euro notiert, erfolgt der Einstieg. Der Stopp wird dann knapp unter der 100-Euro-Marke bei zum Beispiel 98 Euro gelegt. Gemäß unserer Money-Management-Grundformel könnte der Anleger bei einem Positionsrisiko (RpP) von 1.000 Euro und einem Risiko pro Stück (RpS) von zwei Euro 500 Stück erwerben (ohne Spesen und Slippage). Der Kapitaleinsatz beträgt dann aber 50.000 Euro. Bei einem Börsenkapital von zum Beispiel 100.000 Euro wäre das eindeutig zu viel. Denn sollte der Wert mit einer Kurslücke deutlich unter dem Stopp bei etwa 92 Euro eröffnen, wäre der Schaden groß: ein Minus von 4.000 Euro. Deshalb wird der Einsatz auf zum Beispiel zehn Prozent des Börsenkapitals, also auf 10.000 Euro, reduziert, und damit werden statt 500 nur 100 Stück geordert. Das in Kauf genommene Risiko beträgt dann nur noch 200 Euro. Kommt der Aktienkurs in der Nähe des Widerstands bei 120 Euro an, wird verkauft. Damit realisiert der Charttechniker im Vergleich zum eingegangenen Risiko von 200 Euro einen zehn Mal so großen Gewinn von rund 2.000 Euro (ohne Spesen). Scheitert der Aktienkurs an der Hürde bei 120 Euro, könnte der Antizykliker mit einem Hebelinstrument (wie Turbo oder CFD) auf fallende Kurse setzen. Er geht bei 120 Euro short, platziert den Stopp knapp über dem Widerstand bei zum Beispiel 123 Euro und berechnet gemäß seinem Positionsrisiko den Einsatz.

Für langfristig orientierte Anleger (egal ob Fundis oder Technos) eignet sich die antizyklische Panikstrategie: Sobald nach einer längeren Baisse ein panischer Ausverkauf stattfindet (beispielsweise weil ein Krieg beginnt oder bei Terror), wird gekauft. Am besten Indexzertifikate, da ein Ausverkauf sehr schnell verläuft und nicht die Zeit bleibt, die vielen ausgebombten Aktien zu analysieren und zu ordern. In der Regel genügt dann ein Stoppkurs von fünf bis zehn Prozent. Der Einsatz wird entsprechend der MM-Formel berechnet, wobei in diesem sehr seltenen Panikfall und auf Grund der großen Trefferwahrscheinlichkeit und Chancen ausnahmsweise ein Risiko von etwa drei Prozent des Börsenkapitals eingegangen werden kann. Denn meist beginnt nach einer Baisse, die in einem Sell-off endet, eine mittel- bis langfristige Hausse. Und da will man doch mit einem ordentlichen Einsatz und damit großen Chancen dabei sein!

Umgekehrt wird die antizyklische Euphoriestrategie angewandt: Am Ende einer langen Hausse steigen die Kurse oft exponentiell, und die Euphorie endet in einem »buying climax«, einem Kaufhöhepunkt. Brechen die Kurse dann sehr rabiat nach unten weg, können Baissiers mit einem Stopp knapp über dem Top short gehen (mit Turbos, CFDs, Futures oder Optionsscheinen), also auf fallende Kurse setzen. Selbstverständlich nicht ohne Money Management – das Risiko und der Einsatz werden auch hier genau kalkuliert.

Genug der Strategien. Sie entscheiden, was Sie sich erarbeiten möchten. Probieren Sie ruhig das eine oder andere aus – aber immer kontrolliert, um die Risiken nicht zu groß werden zu lassen. Dabei werden Sie immer wieder auf Situationen stoßen, in denen es ratsam ist, taktisch klug zu handeln. Deshalb stellen wir Ihnen im nächsten Kapitel einige Methoden aus dem Bereich der Taktik vor, die Ihnen helfen, in solchen Situationen die besseren Entscheidungen zu treffen.

13 Verlust ohne Risiko? – Taktik und Money Management

Wer billig gibt und teuer kauft, der hat am Markt bald ausgeschnauft.

Redensart an der Börse

Zu Beginn des Kapitels 12 haben wir Taktik als die Lehre vom »Gebrauch der einzelnen Engagements im Depot« definiert. Bevor wir nun ins Detail gehen, betrachten wir, wie die meisten Anleger ihre Positionen managen. Nach der Analyse oder nach einem Tipp wird die Aktie auf einen Schlag gekauft, und später wird die Position ebenfalls vollständig verkauft. Im Gewinnfall ist das sicherlich in Ordnung. Wird jedoch eine Niete gezogen, kommt das volle Risiko zum Tragen, und Buy-and-Hold-Anleger müssen herbe Verluste realisieren oder von der Hoffnung leben. Selbst fortgeschrittene Anleger, die mit Money Management und Stoppkursen arbeiten, können durch eine Verlustserie ordentlich ins Minus geraten. Deshalb wenden Profis beim Kauf oft die sogenannte Akkumulationstaktik an. Sie kaufen also die geplante Position in mehreren Teilen. Dadurch halten sie das Anfangsrisiko sehr klein und stocken nach und nach auf, wenn sich die Einschätzung oder der Trend bestätigt. Prinzipiell ähnlich erfolgt der Ausstieg mittels der Distributionstaktik: Es wird nicht alles auf einmal verkauft, sondern schön in einzelne Portionen aufgeteilt. Beginnen wir mit der einfacheren Taktik, mit dem sinnvollen Ausstieg aus Gewinnpositionen.

A) Distributionstaktik

Gewinne laufen lassen und Verluste begrenzen – diese wohl wichtigste Börsenweisheit klingt in der Theorie sehr einfach. Besonders der erste Teil scheint leicht wie ein Kinderspiel: einfach dabei bleiben und irgendwann in ferner Zukunft große Gewinne realisieren. Doch jeder kennt das: Kaum notiert die Aktie gut im Gewinn, schon beginnt eine Abwärtsbewegung, die sich nicht als Korrektur, sondern als Beginn einer Baisse entpuppt. Der Buchgewinn löst sich in Luft auf, und schließlich steigt man plus/minus Null oder gar mit Verlust aus. Verkauft man dagegen, nimmt den Gewinn mit, dann steigt die Aktie garantiert weiter und notiert ein paar Monate später 50 oder gar 100 Prozent über dem Ausstiegskurs. Der Ärger ist dann mindestens genauso groß wie beim Durchhalten.

Besser lässt sich das Problem mit den Gewinnen lösen, wenn man Stoppkurse nutzt, die angehoben werden, wenn der Kurs steigt (siehe auch Kapitel 7). Doch oft genug fällt der Kurs trotz sorgfältiger Stoppkursplatzierung bis zu den Verkaufslimits, und man ist draußen. Einfach wieder kaufen, wenn die Aktie nach dem Ausstieg wieder haussiert, ist auch nicht jedermanns Sache. Denn wird der Wert bei zum Beispiel 45 Euro ausgestoppt und erklimmt danach ein neues Verlaufshoch bei 50 Euro, sind die wenigsten Anleger bereit, zu dem für sie nun optisch hohen Kurs erneut einzusteigen. Eine gute Kompromisslösung ist der Teilverkauf. Dazu ein paar einfache taktische Methoden.

Null-Risiko-Taktik

Die auch als »opération blanche« bezeichnete Taktik ist die einfachste und zugleich angenehmste Methode, gute Gewinne zu realisieren, Buchgewinne gleichzeitig laufen zu lassen und dabei das Risiko auf null herunterzufahren. Diese Taktik wird im Idealfall eingesetzt, wenn der Buchgewinn 100 Prozent beträgt. Dann wird die Hälfte der Position verkauft, und der Gewinn entspricht dem ursprünglichen Einsatz. Beispiel: 100 Stück einer Aktie werden zu 30 Euro gekauft, der Einsatz beträgt also 3.000 Euro. Steigt der Wert auf 60 Euro, werden 50 Stück verkauft. Die Gutschrift auf dem Konto ist mit 3.000 Euro genauso groß wie der Einsatz (ohne Spesen und Slippage berechnet, da diese bei großen Gewinnen kaum ins Gewicht fallen). Schützende Stoppkurse sind für die verbliebene Position nicht mehr unbedingt notwendig. Denn das Risiko für den Anleger liegt selbst dann bei null, wenn die Aktiengesellschaft in Konkurs gehen sollte. Diese Taktik ist für alle Strategien geeignet. Beispielsweise können Buy-and-Hold-Anleger die Gewinne der verbleibenden Hälfte bis zum Sankt-Nimmerleins-Tag laufen lassen und jede noch so große Korrektur oder Baisse aussitzen (siehe Abb. 13-1).

Was aber ist, wenn man noch keine 100 Prozent Gewinn erreicht hat, sind dann auch Teilverkäufe sinnvoll? In Grenzen ja. Sie müssen dann mehr als die Hälfte Ihrer Position verkaufen, um das Risiko auf null zu drücken. Mit einer kleinen Rechnung (Einsatz dividiert durch den aktuellen Kurs) können Sie die zu verkaufende Stückzahl bestimmen. Dazu ebenfalls ein Beispiel: Sie kaufen 100 Stück zu einem Kurs von 30 Euro, der Kapitaleinsatz beträgt mithin 3.000 Euro. Der Wert steigt um 80 Prozent auf 54 Euro. Auf diesem Niveau ist vielleicht das erste Kursziel erreicht, und es erscheint ratsam, Teilgewinne mitzunehmen. Sie verkaufen nun 56 Stück (= 3.000 Euro / 54 Euro), und die restlichen 44 Stück sind damit wie im obigen 100-Prozent-Beispiel eine Null-Risiko-Position.

Allerdings hat der Einsatz der Null-Risiko-Taktik seine Grenzen. Sie sollte nur bei Gewinnen von mindestens 80 Prozent angewandt werden, da andernfalls zu viel verkauft wird. Bei 80 Prozent Gewinn verbleiben immerhin noch 44 Prozent der Gesamtposition im Depot. Gegen das Motto »Gewinne laufen lassen« soll ja durch diese Taktik nicht zu heftig verstoßen werden.

Die Null-Risiko-Taktik		
Buchgewinn	**Teilverkauf** (in % der Gesamtposition)	**Rest** (in % der Gesamtposition)
50%	67%	33%
60%	63%	37%
70%	59%	41%
80%	56%	44%
90%	53%	47%
100%	50%	50%
110%	48%	52%
120%	46%	54%
130%	44%	56%
140%	42%	58%
150%	40%	60%

Abbildung 13-1: *Je größer der Buchgewinn, umso weniger wird gemäß der Null-Risiko-Taktik verkauft (ohne Spesen und Slippage berechnet). Die Taktik sollte nur ab einem Buchgewinn von 80 Prozent angewandt werden.*

Verlust-ohne-Risiko-Taktik

Verluste realisieren ohne Risiko? Das scheint unmöglich, doch es geht. Angenommen, Sie sind ein eingefleischter Buy-and-Hold-Anleger, möchten aber auf Grund der schlimmen Erfahrungen während der großen Baisse von 2000 bis 2003 sicherheitshalber nicht nochmals einen Depotcrash erleiden. Stoppkurse zur Verlustbegrenzung sind daher für Sie kein Tabu. Dennoch sollen sie nur im äußersten Notfall und ausschließlich zur Verlustbegrenzung eingesetzt werden. Der beim Kauf in ausreichender Entfernung platzierte Stoppkurs wird also nicht angehoben, wird kein Break-even- oder Gewinnstopp, sondern bleibt, wo er ist. Das hat den Vorteil, dass bei einem erfolgreichen Engagement das unnötige Ausstoppen sehr unwahrscheinlich ist.

Wie die Verlust-ohne-Risiko-Taktik funktioniert, wollen wir anhand eines Beispiels betrachten. Sie kaufen 100 Stück einer Aktie zu 50 Euro und platzieren den Stoppkurs bei 40 Euro. Sie haben ein gutes Händchen bewiesen, und der Kurs steigt um 30 Prozent auf 65 Euro. Der Stoppkurs liegt damit rund 38 Prozent unter dem aktuellen Kurs – das reicht zur Genüge. Sie möchten nun so viel Stück verkaufen, dass, selbst wenn der weit vom Kurs entfernte Stoppkurs erreicht werden sollte, kein Verlust für die Gesamtposition entsteht. Die Stückzahl wird anhand einer relativ einfachen Formel (ohne Spesen und Slippage) ermittelt.

$$\text{Stückzahl »Verlust ohne Risiko«} = \frac{\text{Stückzahl Gesamtposition}}{1 + (\text{aktueller Kurs} - \text{Kaufkurs}) / (\text{Kaufkurs} - \text{Stoppkurs})}$$

Formel 13.01

Die Daten in die Formel eingesetzt, ergibt die Stückzahl, die verkauft werden sollte:

$$\text{Stückzahl »Verlust ohne Risiko«} = \frac{100}{1 + (65\ € - 50\ €) / (50\ € - 40\ €)} = 40\ \text{Stück}$$

Sie veräußern nun 40 Stück zu 65 Euro und erhalten eine Gutschrift über 2.600 Euro (ohne Spesen). Sollten nun im schlimmsten Fall die restlichen 60 Stück bei 40 Euro ausgestoppt werden, landet auf Ihrem Konto eine Gutschrift über 2.400 Euro. Zusammen beträgt der Kontozufluss also 5.000 Euro und ist damit gleich groß wie die Lastschrift beim Kauf in Höhe von 5.000 Euro. Wer es relativ genau haben will, gibt in der »Formelsammlung« zur Stückzahlberechnung noch kalkulatorische Verkaufsspesen und -slippage ein.

Für diese Taktik gilt allgemein: Je größer der Buchgewinn, umso weniger muss verkauft werden und umgekehrt. Im Unterschied zur Null-Risiko-Taktik kann die Verlust-ohne-Risiko-Taktik meist auch bei kleinen Buchgewinnen angewandt werden, ohne allzu sehr gegen das Prinzip »Gewinne laufen lassen« zu verstoßen. Dabei sollten Sie nur beachten, dass der Stoppkurs weit genug vom aktuellen Kurs entfernt ist, wenn die Taktik angewendet wird. Weit genug heißt, dass das Risiko des unnötigen Ausstoppens sehr gering ist. Die Differenz zwischen aktuellem Kurs und Stoppkurs (bitte nicht verwechseln mit der Entfernung des Kaufkurses vom Stopp) sollte beim Einsatz der Taktik mindestens 25 Prozent betragen. In der Regel reicht das bei den meisten Standardwerten aus, um auch sehr starke Korrekturen schadlos aussitzen zu können.

Break-even-Taktik

Null Risiko ist zwar eine feine Sache, doch reale Gewinne sind auch nicht schlecht. Die Ausgangslage für die Break-even-Taktik: Eine Aktie notiert gut im Plus, und ein Teil des Gewinns soll realisiert werden – vielleicht weil ein Widerstand den Höhenflug der Aktie bremst oder weil der Titel über dem Fair Value notiert. Nun verkaufen Sie je nach Einschätzung der Lage einen mehr oder weniger großen Teil der Position und platzieren für den Rest den Stoppkurs auf Einstandskursniveau (Break-even-Stoppkurs). Sollte nun die restliche Position ausgestoppt werden, entspricht der Gesamtgewinn dem realisierten Gewinn des ersten Verkaufs.

Dazu ein Beispiel: Sie erwerben 100 Stück einer Aktie bei 50 Euro, und der Kurs steigt bis zum ersten Kursziel bei 75 Euro – ein Buchgewinn von 50 Prozent oder 2.500 Euro. Da die Chance auf eine Fortsetzung der Hausse immer noch größer als das Risiko einer Baisse ist, verkaufen Sie etwas weniger als die Hälfte, zum Beispiel 40 Stück. Der realisierte Gewinn beträgt dann 1.000 Euro (ohne Spesen). Der Stoppkurs für die restlichen 60 Stück wird sofort nach dem Verkauf beim Einstandskurs von 50 Euro gelegt. Wird der Rest bei 50 Euro plus/minus null ausgestoppt, beträgt der Gewinn der Gesamtposition 1.000 Euro, ist also mit dem Gewinn des Teilverkaufs identisch.

Die Vorteile dieser Taktik liegen auf der Hand: Erstens wurde ein Gewinn gesichert. Zweitens kann der Gewinn der Restposition weiter wachsen, wenn es nach oben geht. Und drittens wird das Risiko durch die Break-even-Taktik mit großer Wahrscheinlichkeit auf null reduziert. Nun mögen Sie einwenden, dass die Gefahr besteht, dass der Stopp durch eine Kurslücke unterlaufen wird, wie in Kapitel 7 erwähnt. Richtig. Aber selbst, wenn dies geschieht, besteht immer noch das »Gewinnpolster« des ersten Verkaufs. Deshalb dürften Sie die Gesamtposition höchstwahrscheinlich mit Gewinn abschließen.

Die Break-even-Taktik ist die wohl beste Teilverkaufsmethode. Denn im Unterschied zur Null-Risiko-Taktik kann sie auch bei kleineren Gewinnen zwischen 20 und 80 Prozent sinnvoll angewandt werden. Theoretisch kann die Taktik zwar auch bei einem Gewinn unter 20 Prozent eingesetzt werden, doch dann besteht eventuell die Gefahr, dass der Rest ausgestoppt wird. Denn die meisten Aktien können im Rahmen einer heftigen Korrektur schon mal um zehn bis 20 Prozent fallen. Dann wird der Stoppkurs unnötig ausgelöst. Je nach Volatilität der Aktie sollten Sie daher prüfen, ob die Taktik auch bei einem Plus von weniger als 20 Prozent angewandt werden kann. Bei Versorger-Aktien reicht vielleicht eine Stoppkursentfernung von 15 Prozent aus, bei Technologiewerten dagegen meist nicht. Zu guter Letzt gilt auch bei dieser Taktik, dass nicht unnötig viel verkauft wird. Denn die Versuchung, möglichst viel in den sicheren Hafen zu fahren, steht im Widerspruch zum Prinzip »Gewinne laufen lassen«. Wer 90 Prozent seiner Position veräußert, sollte einen triftigen Grund dafür haben (etwa eine sehr große Wahrscheinlichkeit, dass bei der Aktie eine Baisse droht).

Die Break-even- und die Null-Risiko-Taktik können selbstverständlich mit Gewinnsicherungsmethoden kombiniert werden. Denn nachdem das Risiko eliminiert ist, kann das wirkliche Ziel eines jeden Börsenengagements ohne jeglichen Stress ins Auge gefasst werden: möglichst viel Gewinn realisieren. So können bei der Restposition Teile der Buchgewinne durch nachgezogene Stoppkurse geschützt werden. Und für alle drei Taktiken gilt: Irgendwann ist jede Party zu Ende. Sobald mehrere Indizien für eine Baisse sprechen, sollten weitere Teilgewinne mitgenommen werden. Deutet dann alles auf eine große Abwärtsbewegung hin, wird der Rest abgestoßen.

Nach dem cleveren Verkaufen wollen wir jetzt den Teilkauf respektive die Akkumulation genauer in Augenschein nehmen.

B) Akkumulationstaktik

Kaufen ist auf den ersten Blick ganz einfach. Zunächst ist man optimistisch, denn ansonsten würde man ja nicht einsteigen. Vielleicht kalkuliert man das Risiko ein, setzt einen Stoppkurs und berechnet eventuell auch noch den Kapitaleinsatz – im Endeffekt überwiegt aber die Hoffung auf Gewinne. Dann zieht man aber doch eine Niete, und der Ärger ist groß. Besonders dann, wenn die Position auf einen Schlag gekauft wurde. Clevere Anleger kaufen deshalb in einzelnen Tranchen. Theoretisch bieten sich zwei Möglichkeiten an: Zukaufen, wenn die Kurse fallen. Das wird auch Verbilligen genannt und erfreut sich größter Beliebtheit. De facto ist es die Martingale-Methodik, die Sie schon kennen gelernt haben. Die andere und vollkommen konträre Methode ist das Anti-Martingale-System. Es wird zugekauft, wenn Buchgewinne entstehen, also die Kurse nach dem Kauf steigen. Als Erstes begutachten wir das Zukaufen im Verlustfall.

Martingale-Taktik

Die wohl populärste Akkumulationstaktik ist das Verbilligen. Dahinter steht die Hoffnung, dass der Markt nach einem Kursrückgang wieder dreht und dass man dank der »verbilligten« Aktien schneller wieder in die Gewinnzone gelangt. Das funktioniert in bestimmten Fällen in der Tat. In einer klar definierten Hausse mit begrenzten Rückschlägen hat die Taktik durchaus ihren Reiz. Aber was ist, wenn aus dem Kursrückgang eine Baisse wird? Wer zu Beginn einer Baisse verbilligt und diese Taktik konsequent umsetzt, wirft dem schlechten Geld gutes hinterher. Davon können alle, die ab Frühjahr 2000 in fallende Kurse hinein zugekauft haben, ein Lied singen.

Ob Verbilligen funktioniert, hängt also von der jeweiligen Börsensituation ab, die man leider allzu oft erst im Nachhinein richtig einordnen kann. Deshalb birgt unsystematisches Verbilligen ein hohes Risiko. Weil die Methode aber so beliebt ist und gerne auch von Gurus propagiert wird, um zu beweisen, wie kaltblütig sie einen Verlust zum Gewinn wenden können, untersuchen wir die Schwächen und die Stärken der Methodik. Bei der folgenden Betrachtung der drei Einsatzmethoden gehen wir von einem Börsenkapital (BK) von 100.000 Euro aus. Der Ersteinsatz beträgt bei einem Kurs von 100 Euro immer 5.000 Euro, und die weiteren Einsätze werden bis zu einem Kurs von 40 Euro bei allen Methoden zu den gleichen Kursen getätigt.

Im Unterschied zum Spielkasino führt die Martingale-Methode an der Börse in der Regel nicht zum realen Verlust des Einsatzes, sondern erstmal nur zu Buchverlusten. Beim Verdoppeln der Einsätze (Abb. 13-2, oben links) wird die Taktik fast genauso wie im Kasino angewandt: Die Einsätze werden nach dem Kursverfall der Aktie immens groß (75 Prozent des Börsenkapitals), und auch der Buchverlust beträgt zum Schluss knapp 15 Prozent des Börsenkapitals. Der einzige Vorteil und zugleich der große Reiz des Verdoppelns ist der relativ geringe Abstand zum durchschnittlichen Einstandskurs: Die Aktie muss nach dem letzten Verdoppeln bei 40 Euro lediglich um 24,30 Prozent steigen, und der durchschnittliche Einstandskurs ist erreicht (ohne Spesen). Insgesamt überwiegen beim Verdoppeln klar die Nachteile, und die Methode ist deshalb nur etwas für Gambler.

Beim Halbieren der Einsätze (Abb. 13-2, oben rechts) ist der Gesamteinsatz zwar klein (lediglich gut neun Prozent des BK), und auch der Buchverlust ist mit knapp fünf Prozent des BK relativ moderat, doch der Abstand zum durchschnittlichen Einstandskurs ist mit 100 Prozent immens groß. Damit ist das Halbieren genauso wie das Verdoppeln nur für Spieler geeignet. Gleiche Einsätze (Abb. 13-2, unten links) machen auch wenig Sinn: Einem relativ großen Gesamteinsatz von 20 Prozent des BK steht eine Differenz zum durchschnittlichen Einstandskurs von immerhin 56 Prozent gegenüber.

Wie man es auch dreht und wendet: Die Martingale-Methode scheint für seriöse Börsianer nicht in Frage zu kommen – jedenfalls nicht so,

Einsatz wird verdoppelt BK: 100.000 €		
Einsatz:	**Kurs:**	**Stück:**
5.000 €	100 €	50
10.000 €	80 €	125
20.000 €	60 €	333
40.000 €	40 €	1.000
Stück gesamt:		1508
Einsatz gesamt:		74.980 €
ØEinstandskurs:		49,72 €
bis ØEinstandskurs:		24,30%
Buchverlust in €:		-14.660 €
in % des BK:		-14,66%

Einsatz wird halbiert BK: 100.000 €		
Einsatz:	**Kurs:**	**Stück:**
5.000 €	100 €	50
2.500 €	80 €	31
1.250 €	60 €	20
625 €	40 €	15
Stück gesamt:		116
Einsatz gesamt:		9.280 €
ØEinstandskurs:		80,00 €
bis ØEinstandskurs:		100,00%
Buchverlust in €:		-4.640 €
in % des BK:		-4,64%

Einsatz bleibt gleich BK: 100.000 €		
Einsatz:	**Kurs:**	**Stück:**
5.000 €	100 €	50
5.000 €	80 €	62
5.000 €	60 €	83
5.000 €	40 €	125
Stück gesamt:		320
Einsatz gesamt:		19.940 €
ØEinstandskurs:		62,31 €
bis ØEinstandskurs:		55,78%
Buchverlust in €:		-7.140 €
in % des BK:		-7,14%

Abbildung 13-2: *Unsystematisches Verbilligen birgt hohe Risiken: Entweder sind der Einsatz und der Buchverlust gigantisch hoch (Einsatz wird verdoppelt), oder der durchschnittliche Einstandskurs ist fast unerreichbar fern (Einsatz wird halbiert oder bleibt gleich). Anmerkung: Da keine ungerade Stückzahl gekauft werden kann, wurde die Stückzahl abgerundet. Der reale Einsatz ist deshalb geringfügig niedriger als der geplante.*

wie in den Beispielen dargestellt. Mit ein wenig Köpfchen eingesetzt, kann die Martingale-Taktik jedoch durchaus ohne allzu große Risiken angewendet werden. Die Grundvoraussetzung dafür ist, dass sie ausschließlich in einer klar definierten Hausse eingesetzt wird (zum Beispiel nur dann, wenn die 200-Tage-Linie der Aktie steigt und die fundamentale Situation des Titels eindeutig positiv ist).

Wie die Martingale-Taktik richtig angewendet wird, zeigen wir jetzt an einem Beispiel (Abb. 13-3): Sie verfügen über ein Börsenkapital von 100.000 Euro und möchten beim Kauf einer Aktie, deren großer Trend nach oben weist, ein Prozent davon oder 1.000 Euro riskieren. Der Wert notiert bei 100 Euro, und der Stoppkurs wird bei 80 Euro platziert. Sie erwerben nun gemäß der Money-Management-Grundformel (ohne Slippage und Spesen gerechnet) 50 Stück (= 1.000 € / 20 €). Der Titel steigt jedoch nicht, sondern fällt von 100 auf 90 Euro. Was tun? Warten, bis der Stopp bei 80 Euro erreicht wird, oder am besten gleich verkaufen? Nein, Sie erinnern sich, dass bei 90 und bei 85 Euro Unterstützungen verlaufen. Deshalb haben Sie ja den Stopp ein wenig darunter bei 80 platziert. Sollte die Aktie nun bis 90 Euro fallen, planen Sie, nachzukaufen. Und wenn der Kurs bis an die zweite Unterstützung bei 85 rutscht, wird nochmals zugelangt. Das hat den Vorteil, dass der durchschnittliche Einstandskurs verringert und damit schneller erreicht wird, wenn die Aktie wieder steigt. Sollte der Wert jedoch weiter bis zum Stopp fallen, soll der Verlust nicht wesentlich mehr als das Initialrisiko von 1.000 Euro betragen.

Mit einer sehr einfachen Rechnung können Sie nun den Verbilligungs- beziehungsweise Resteinsatz so ermitteln, dass erstens der Gesamteinsatz nicht zu groß wird, zweitens der Abstand zum durchschnittlichen Einstandskurs minimal ist und drittens das Risiko nicht zu sehr ausufert. Zuerst wird der maximale Gesamteinsatz bestimmt. Der sollte, wie schon in den vorigen Kapiteln erläutert, auf Grund der Gefahr von Kurslücken nicht mehr als zehn Prozent des Börsenkapitals betragen. Von diesem Maximaleinsatz wird nun der erste Einsatz subtrahiert, und der Resteinsatz ist bestimmt. Im Beispiel beträgt der erste Einsatz 5.000 Euro, der maximale Gesamteinsatz 10.000 (zehn Prozent des BK von 100.000 Euro), und damit können 5.000 Euro eingesetzt werden. Der Resteinsatz kann nun entweder einmalig oder mehrmals bis in die Nähe des Stopps getätigt werden. Wir entscheiden uns, zweimal zu verbilligen: An der ersten Unterstützung bei 90 Euro werden 2.500 Euro eingesetzt. Der Gesamteinsatz beträgt nun 7.500 Euro. Fällt der Kurs weiter bis 85 Euro, wird der noch verbleibende Rest von 2.500 Euro zum Kauf verwendet.

Gesamteinsatz wird fixiert BK: 100.000 € max. Einsatz: 10 % v. BK		
Einsatz:	**Kurs:**	**Stück:**
5.000 €	100 €	50
2.500 €	90 €	27
2.500 €	85 €	29
Stopp:	80 €	
maximaler Kapitaleinsatz: 10.000 €		
	Stück gesamt:	106
	Einsatz gesamt:	9.895 €
	ØEinstandskurs:	93,35 €
	bis ØEinstandskurs:	9,82%
	Buchverlust in €:	-885 €
	in % des BK:	-0,88%
	Verlust wenn Stopp:	-1.415 €
	in % des BK:	1,42%

Abbildung 13-3: *Durch die Fixierung des Gesamteinsatzes auf zehn Prozent des Börsenkapitals und durch den Stoppkurs wird verhindert, dass das Initialrisiko (ein Prozent des BK) nicht ausufert. Sollte die gesamte Position bei 80 Euro ausgestoppt werden, beträgt der Verlust lediglich 1,42 Prozent des Börsenkapitals (ohne Spesen).*

Wer die Martingale-Taktik anwenden möchte, sollte folgende Regeln beachten:

1. Die Martingale-Taktik sollte ausschließlich in einer vollkommen intakten Hausse eingesetzt werden.

2. Vor der Anwendung muss sichergestellt sein, dass die Initialpositionierung gemäß den Money-Management-Prämissen getätigt wurde (Stoppkurs und Begrenzung des Risikos auf ein Prozent des Börsenkapitals).

3. Der Maximaleinsatz muss definiert sein (höchstens zehn Prozent des Börsenkapitals).

4. Die erste Verbilligung sollte erst dann erfolgen, wenn der Kurs die Mitte zwischen dem ersten Kaufkurs und dem Stoppkurs erreicht (im Beispiel oben wurde die Erstposition bei 100 Euro gekauft, der

Stoppkurs lag bei 80 Euro, und damit sollte die erste Verbilligung bei rund 90 Euro erfolgen). Wird zu früh verbilligt, notiert der durchschnittliche Einstandskurs zu weit vom Stoppkurs entfernt, und das Risiko wird dann zu groß.

5. Weitere Verbilligungen sollten erfolgen, wenn der Kurs zwischen der Hälfte und drei Vierteln der Differenz zwischen erstem Kaufkurs und Stoppkurs notiert (im obigen Beispiel sollten also weitere Verbilligungen zwischen 90 und maximal 85 Euro getätigt werden). Im letzten Viertel der Differenz zwischen erstem Kaufkurs und Stoppkurs macht eine Verbilligung wenig Sinn, da der Stoppkurs sehr knapp darunter liegt (im Beispiel also zwischen 85 und 80 Euro).

6. Wird der Stoppkurs erreicht, muss die gesamte Position glattgestellt werden (am besten durch einen automatischen Stopp). Andernfalls wächst das Risiko in unerträgliche Dimensionen.

Durch diese Regeln wird die an sich höchst gefährliche Martingale-Taktik so stark entschärft, dass das Risiko der Gesamtposition selbst bei einer Stoppkursentfernung von 30 Prozent nicht wesentlich über zwei Prozent des Börsenkapitals steigt. Während die Martingale-Methode meist unfreiwillig angewendet wird (wer kauft, erwartet ja steigende und nicht fallende Kurse), kann die nun folgende Anti-Martingale-Taktik planmäßig eingesetzt werden.

Pyramiden-Taktik

Schon die Baumeister im alten Ägypten waren sich im Klaren, dass Pyramiden auf einem soliden Fundament gebaut werden müssen. Und damit das Meisterstück nicht beim ersten Windhauch zusammenbricht, konstruierten sie die einzelnen Stufen mit zunehmender Höhe des Bauwerks immer kleiner. Einige tausend Jahre später versuchten sich die Spieler in den Kasinos im Pyramidenbau und missachteten dabei die Erkenntnisse der alten Meister. Nach jedem Gewinn wurde gemäß der Anti-Martingale-Taktik der Einsatz verdoppelt, und damit entstand eine umgekehrte Pyramide. Das führte in einer Glückssträhne zu immensen Gewinnen. Beim ersten Windhauch beziehungsweise Verlust stürzte jedoch das gesamte Bauwerk ein.

An der Börse wird die Pyramidentechnik zumindest dem Grundgedanken nach wie die Anti-Martingale-Methode angewandt: Kaufen – Kurs steigt – Nachkaufen – Kurs steigt weiter – Nachkaufen und so weiter. Im Vergleich zum Verbilligen beziehungsweise zur Martingale-Taktik scheint diese Vorgehensweise wenig Sinn zu machen. Statt zu verbilligen, wird verteuert, der Break-even beziehungsweise durchschnittliche Einstandskurs wird also erhöht. Dennoch hat die Methode einen gewaltigen Vorteil gegenüber dem Verbilligen: Wenn der Kurs nach dem Kauf steigt, steigt damit auch die Wahrscheinlichkeit, einen Treffer gelandet zu haben. Beim Verbilligen, also im Verlustfall, ist es umgekehrt: Das Risiko, eine Niete erwischt zu haben, wächst mit jedem weiteren Kursrückgang.

Beim Pyramidisieren gilt es, folgende Grundregeln zu beachten:

1. Nur Gewinnpositionen werden aufgestockt.

2. Jede zusätzliche Position sollte kleiner oder maximal gleich groß sein als diejenige zuvor, keinesfalls größer.

3. Stoppkurse müssen bei jedem Aufstocken beziehungsweise Nachkauf systematisch angehoben werden.

Betrachten wir nun in Abb. 13-4, welche Vorteile, aber auch Nachteile eine Pyramide gegenüber dem Einmalkauf bietet. Die Ausgangslage: Das Börsenkapital beträgt 100.000 Euro, und 100 Stück einer Aktie werden bei 50 Euro gekauft. Danach steigt das Papier um 60 Prozent auf 80 Euro. Bei den zwei Pyramiden wird bei jedem Kursanstieg um zehn Euro zugekauft. Dabei wird der Einsatz im Vergleich zum vorherigen halbiert (Pyramide 1), oder er bleibt gleich groß (Pyramide 2). Anmerkung: Bei der zweiten Pyramide mit gleich großen Einsätzen resultiert die Pyramidenoptik aus der abnehmenden Stückzahl.

OHNE PYRAMIDE **Einmalkauf** **BK: 100.000 €**		
Einsatz:	**Kurs:**	**Stück:**
0 €	80 €	0
0 €	70 €	0
0 €	60 €	0
5.000 €	50 €	100
	Stück gesamt:	100
	Einsatz gesamt:	5.000 €
	Einstandskurs:	50,00 €
	bis Einstandskurs:	37,50%
	Buchgewinn in €:	3.000 €
	in % des BK:	3,00%

PYRAMIDE 1 **Einsatz wird halbiert** **BK: 100.000 €**		
Einsatz:	**Kurs:**	**Stück:**
625 €	80 €	7
1.250 €	70 €	17
2.500 €	60 €	41
5.000 €	50 €	100
	Stück gesamt:	165
	Einsatz gesamt:	9.210 €
	ØEinstandskurs:	55,82 €
	bis ØEinstandskurs:	30,23%
	Buchgewinn in €:	3.990 €
	in % des BK:	3,99%

PYRAMIDE 2 **Einsatz bleibt gleich** **BK: 100.000 €**		
Einsatz:	**Kurs:**	**Stück:**
5.000 €	80 €	62
5.000 €	70 €	71
5.000 €	60 €	83
5.000 €	50 €	100
	Stück gesamt:	316
	Einsatz gesamt:	19.910 €
	ØEinstandskurs:	63,01 €
	bis ØEinstandskurs:	21,24%
	Buchgewinn in €:	5.370 €
	in % des BK:	5,37%

Abbildung 13-4: *Die Buchgewinne beider Pyramiden sind nach vier Käufen mit 3.990 Euro (Pyramide 1) und 5.370 Euro (Pyramide 2) deutlich größer als beim Einmalkauf (3.000 Euro). Die Nachteile beim Pyramidenbau: Der durchschnittlichen Einstandskurs steigt an. Während beim Einmalkauf der Kurs um 37,50 Prozent fallen muss, bis sich der Buchgewinn auf null reduziert, genügt bei der Pyramide 1 ein Rutsch von 30,23 Prozent, und bei der Pyramide 2 sind es nur 21,24 Prozent. Anmerkung: Da keine ungerade Stückzahl gekauft werden kann, wurde bei der Pyramide die Stückzahl abgerundet. Der reale Einsatz ist deshalb geringfügig niedriger als der geplante.*

Wer Pyramiden bauen will, muss sich im Klaren sein, dass dem Vorteil der größeren Gewinnchance der Nachteil des höheren durchschnittlichen Einstandskurses gegenübersteht. Außerdem besteht die Gefahr, dass die Pyramide bei mangelnder Planung zu hoch gebaut wird, der Gesamteinsatz also schnell 30 oder 40 Prozent des Börsenkapitals erreichen kann. Dennoch überwiegen die Vorteile, wenn man Pyramiden mit Verstand baut.

Zuerst muss die maximale Höhe der Pyramide bestimmt werden. Die wird keineswegs durch das Kursziel der Aktie definiert, da Ziele oft weit übertroffen werden, sondern durch den maximalen Gesamteinsatz. Der kann beim Pyramidenbau durchaus mehr als zehn Prozent des Börsenkapitals (BK) betragen. Die Zehn-Prozent-Grenze gilt beim Einmalkauf, weil der komplette Einsatz auf einen Schlag getätigt und damit auch das ganze in Kauf genommene Risiko sofort real wird. Bei der Pyramide dagegen werden die Einsätze mit Ausnahme des Ersteinsatzes nur im Gewinnfall vorgenommen. Der Gesamteinsatz wird erst erreicht, wenn der Kurs schon ordentlich gestiegen ist. Dann besteht in der Regel auch wenig Risiko, weil die Stoppkurse im Verlauf des Pyramidenbaus erhöht werden und damit der Risikominimierung beziehungsweise der Gewinnsicherung dienen.

Wir bauen jetzt eine Pyramide Schritt für Schritt und beginnen mit einem Problem, das jeder kennt. Nach einer längeren Baisse scheint die Aussicht gut, dass eine Aktie den Turnaround schafft. Doch auf Grund der negativen Erfahrungen während der Baisse (jede Kurserholung entpuppte sich als Strohfeuer) möchten Sie nur ein geringes Anfangsrisiko eingehen – deutlich weniger als ein Prozent des Börsenkapitals. Andererseits möchten Sie auch ordentlich an den immensen Chancen des Papiers partizipieren, wenn tatsächlich ein Turnaround gelingt. Geringe Risiken und gleichzeitig große Chancen – wie soll das zusammenpassen?

Sie entwickeln einen Plan zum Bau einer Stufenpyramide. Dabei scheuen Sie nicht die Mühe, ein paar Berechnungen durchzuführen. Denn Sie wissen: Pyramiden, die »aus dem Bauch« heraus konstruiert werden, brechen meist schnell zusammen. (Anmerkung: Die nachfolgenden Berechnungen müssen Sie nicht selbst durchführen. In der Excel-Formelsammlung auf der beiliegenden CD ist im Tabellenblatt »Kapitel 13 (b)« ein Pyramidentool enthalten, in dem alle Rechnungen automatisch erfolgen.) Das Modell »Gleiche Einsätze« scheint für das Vorhaben geeignet. Denn die Chancen sind um einiges größer als beim Modell »Schrumpfende Einsätze«. Da Sie wissen, dass sich viele kleine Einsätze zu einem untragbar großen Gesamteinsatz summieren können, legen Sie als Erstes den maximalen Kapitaleinsatz (mKE) fest. Der soll in der Spitze durchaus bis auf 15 Prozent des Börsenkapitals von 100.000 Euro, also auf 15.000 Euro, wachsen. Bei einem Einmalkauf wäre ein so großer Einsatz viel zu gefährlich, bei einer sorgfältig konstruierten Pyramide dagegen nicht. Damit das Anfangsrisiko nicht zu groß wird, muss der mKE in Relation zur prozentualen Stoppentfernung (kurz: SE) des Engagements angepasst werden. Der Grund dafür: Bei Pyramiden wird die Stückzahl über den fixierten Kapitaleinsatz berechnet. Liegt der Stopp 30 Prozent unter dem ersten Stufenkurs, ist das Anfangsrisiko der Pyramide viel größer als bei einem Stopp, der nur zehn Prozent darunter platziert wird. Der gesamte Kapitaleinsatz (gKE) für die Pyramide wird ermittelt, indem der mKE mit (1 – SE) multipliziert wird. Die Formel dazu ist also ganz einfach:

$$gKE = mKE \times (1 - SE)$$

Formel 13.02

Nehmen wir an, die Aktie notiert bei 50 Euro, und der Initialstopp liegt bei 40 Euro. Der SE beträgt damit 20 Prozent (dezimal: 0,2). Den theoretisch möglichen maximalen Kapitaleinsatz haben wir schon auf 15.000 Euro festgelegt. Wird nun der mKE von 15.000 Euro mit 0,8 (= 1 – 0,2) multipliziert, ergibt sich für die Pyramide ein Gesamteinsatz (gKE) von 12.000 Euro. Das Gleiche nochmals als Formel:

$$gKE = 15.000\ € \times (1 - 0{,}2) = 12.000\ €$$

Bei einem SE von 30 Prozent läge der gKE dagegen bei lediglich 10.500 Euro (= 15.000 € x 0,7). Je weiter also der Stopp vom ersten Kaufkurs entfernt beziehungsweise je größer das Anfangsrisiko ist, umso geringer wird der Pyramiden-Gesamteinsatz.

Nachdem der gKE feststeht, gilt es, die Anzahl der Stufen beziehungsweise Käufe zu definieren. Denn es macht einen gehörigen Unterschied, ob mit drei oder zehn Stufen gebaut wird. Bei drei Stufen liegt der Kapitaleinsatz pro Stufe im Beispiel bei 4.000 Euro (= 12.000 € / 3), bei zehn dagegen bei lediglich 1.200 Euro (= 12.000 € / 10). Das Problem dabei: Wird der fixierte gKE auf wenige Stufen verteilt, ist zwar der Pyramidengewinn größer als bei vielen Stufen, doch das durch den ersten Stopp definierte Anfangsrisiko leider auch (das gilt besonders bei weiten Stopps). Und gerade das ist bei einer Pyramide nicht erwünscht. Sieben Stufen sind bei einer Pyramide genau die richtige Wahl. Nicht wegen der esoterischen Bedeutung der Zahl sieben und weil diese Zahl eine Art goldene Mitte darstellt, sondern weil sie der Pyramide Stabilität gibt. Denn bei sieben Stufen stehen Chancen und Risiken in einem vernünftigen Verhältnis. Der Kapitaleinsatz pro Stufe beträgt damit 1.714 Euro (= 12.000 € / 7). Fortgeschrittene Börsianer können in der Formelsammlung im Tabellenblatt »Kapitel 13 (c)« die Anzahl der Stufen ändern und zudem einen Pyramiden-Endkurs eingeben.

Als Nächstes muss das Kurswachstum festgelegt werden, bei dem der Kapitaleinsatz pro Stufe jeweils getätigt wird. Auch hier bietet sich ähnlich wie bei der Stufenzahl eine Fixierung an. Zehn Prozent Kurswachstum pro Stufe ergibt nach sieben Stufen einen Kurszuwachs von rund 77 Prozent. Das bedeutet nicht, dass die Aktie um 77 Prozent steigen muss. Denn selbst wenn der Titel nur gut 30 Prozent bis zur vierten Stufe steigt, ist der Buchgewinn der Pyramide im Vergleich zum Einmalkauf fast doppelt so groß. Nach jedem zehnprozentigen Anstieg wird also gekauft. Steigt das Papier nach dem ersten Kauf bei 50 auf 55 Euro, ist die zweite Stufe erreicht, und der zweite Kauf erfolgt. Die nächste Stufe liegt dann bei 60,50 Euro (= 55 € plus 10 %) und so weiter. Bei 88,58 Euro ist die Sieben-Stufen-Pyramide schließlich fertig. Für experimentierfreudige Profis besteht in der Formelsammlung im Tabellenblatt »Kapitel 13 (d)« die Möglichkeit, das Kurswachstum zu verändern und einen Pyramiden-Endkurs zu bestimmen. Die Stufenanzahl wird dann berechnet.

Was jetzt noch fehlt, ist der neben dem Kapitaleinsatz wichtigste Faktor beim Pyramidenbau: das Risiko. Ein wenig haben wir das Risiko schon beim Kapitaleinsatz berücksichtigt und den maximalen Einsatz mit der Stoppentfernung gewichtet. Das reicht aber längst nicht. Denn der erste Stopp, der Initialstopp, muss nach jedem Kauf sofort angehoben werden. Andernfalls steigt das Pyramidenrisiko mit zunehmenden Einsätzen auf ein inakzeptabel hohes Niveau. Der Initialstopp sollte vor dem ersten Kauf sorgfältig gemäß der charttechnischen Situation der Aktie (zum Beispiel knapp unter wichtigen Unterstützungen und/oder gleitenden Durchschnitten) und – noch wichtiger – gemäß der Volatilität des Titels platziert werden. In unserem Beispiel liegt der Initialstopp 20 Prozent unter dem ersten Kaufkurs. Damit die Pyramide hoch genug (möglichst sieben Stufen) gebaut werden kann, ist es erforderlich, dass der Stoppkurs bei jeder Erhöhung weit genug vom jeweils neuen Stufenkurs platziert wird. Obwohl Stoppkurse normalerweise nicht mechanisch, sondern sinnvoll gemäß der Chartsituation erhöht werden, ist bei einer Pyramide auf Grund der steigenden Einsätze und damit Risiken ein Automatismus bei der Anhebung der Stoppkurse durchaus sinnvoll. Unter der Annahme, dass der Initialstopp der spezifischen Volatilität der Aktie angepasst wurde, wird der Stopp bei jeder Erhöhung um den gleichen Prozentsatz unter dem jeweiligen neuen Stufenkurs platziert, wie der Initialstopp vom ersten Kaufkurs entfernt war.

In unserem Beispiel war der erste Kauf- beziehungsweise Stufenkurs bei 50 Euro, und der Initialstopp wurde bei 40 Euro platziert. Damit beträgt der SE 20 Prozent. Steigt nun die Aktie um zehn Prozent bis zur zweiten Stufe bei 55 Euro, erfolgt der zweite Teilkauf. Der neue Stopp wird sofort nach dem Kauf genau 20 Prozent unter dem zweiten Stufenkurs von 55 Euro, also bei 44 Euro, platziert. Erklimmt die Aktie die dritte Stufe bei 60,50 Euro (=55 € plus 10 %), wird der Stopp wieder 20 Prozent unter dem neuen Stufenkurs von 60,50 Euro, also bei 48,40 Euro gelegt. Bei einer weniger volatilen Aktie, deren Initialstopp lediglich zehn Prozent unter dem ersten Kaufkurs platziert wird, würde der Stopp immer zehn Prozent unter dem neuen Stufenkurs liegen. Durch diese Mechanik beim Erhöhen der Stoppkurse bleibt das Pyramidenrisiko unter Kontrolle. Die Stoppkurse können, wenn es die charttechnische und volatilitätsbezogene Situation erlaubt, auch näher am Stufenkurs platziert werden.

Nachdem alle wichtigen Kennziffern der Pyramide (Kapitaleinsatz, Stufenzahl, Kurswachstum und %-Stopp) definiert wurden, betrachten wir nun die fertige Pyramide.

Money-Management-Pyramide

Börsenkapital:	100.000 €
mKE in %:	15%
mKE in €:	15.000 €
gKE in €:	12.000 €
Anzahl Stufen:	7
KE pro Stufe:	1.714 €
Kurswachstum:	10%
1. Kaufkurs:	50,00 €
1. Stoppkurs:	40,00 €
SE:	20%
1. RpP:	-343 €
max. RpP:	-598 €

Pyramidenstufen	Stufeneinsatz	Stufenkurse
	0 €	117,90 €
	0 €	107,18 €
Ende	0 €	97,44 €
7	1.714 €	88,58 €
6	1.714 €	80,53 €
5	1.714 €	73,21 €
4	1.714 €	66,55 €
3	1.714 €	60,50 €
2	1.714 €	55,00 €
1	1.714 €	50,00 €

Abbildung 13-5: *Nach jedem Kursanstieg von zehn Prozent wird ein Siebtel des Gesamteinsatzes von 12.000 Euro, also 1.714 Euro, für einen neuen Kauf verwendet. In der siebten Stufe betragen der Gesamteinsatz 11.820 Euro und das Buchergebnis 4.212 Euro (= 181 Stück x 88,58 € – 11.820 €). Wird die Gesamtposition am Stoppkurs der siebten Stufe bei 70,86 Euro ausgestoppt, beträgt der realisierte Gewinn immerhin 1.006 Euro (= 181 Stück x 70,86 – 11.820 €). Das maximale Risiko (max. RpP) wird in der dritten Stufe erreicht und beträgt mit 598 Euro lediglich 0,6 Prozent des Börsenkapitals. Anmerkung: Da keine ungerade Stückzahl gekauft werden kann, wurde bei der Pyramide die Stückzahl abgerundet. Der reale Einsatz ist deshalb geringfügig niedriger als der geplante.*

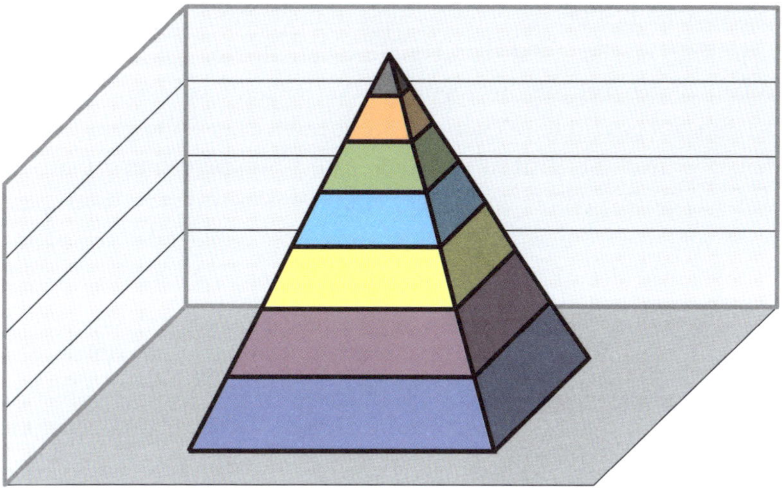

Stück	Stück gesamt	KE gesamt	ØEinstands-kurs	Stopp-kurse	Stopp-ergebnis	Buch-ergebnis
0	181	11.820 €	65,31 €	94,32 €	5.251 €	9.519 €
0	181	11.820 €	65,31 €	85,74 €	3.699 €	7.579 €
0	181	11.820 €	65,31 €	77,95 €	2.288 €	5.815 €
19	181	11.820 €	65,31 €	70,86 €	1.006 €	4.212 €
21	162	10.138 €	62,58 €	64,42 €	299 €	2.908 €
23	141	8.446 €	59,90 €	58,56 €	-189 €	1.875 €
25	118	6.763 €	57,31 €	53,24 €	-480 €	1.090 €
28	93	5.099 €	54,83 €	48,40 €	-598 €	528 €
31	65	3.405 €	52,38 €	44,00 €	-545 €	170 €
34	34	1.700 €	50,00 €	40,00 €	-340 €	0 €

Die Vorteile des Pyramidenbaus sind unübersehbar: Noch bevor der erste Kauf erfolgt, steht die gesamte Pyramide. Sie wissen schon im Voraus, unter welchen Bedingungen die Teilkäufe erfolgen: wie groß der Einsatz pro Stufe ist, wie viel Stück in welcher Stufe gekauft werden, wie groß die Risiken pro Stufe sind (»Stoppergebnis«) und wie sich das Buchergebnis entwickelt. Nur wenn sich das Börsenkapital stark verändert – etwa auf Grund einer sehr guten oder schlechten Performance der anderen Depotwerte –, besteht Handlungsbedarf. Legt das BK beispielsweise um 20 Prozent während des Pyramidenbaus zu, wachsen der ans BK prozentual gekoppelte maximale und der gesamte Kapitaleinsatz um 20 Prozent. Dann sollten die Einsätze der restlichen Stufen entsprechend angepasst werden. Das gilt noch mehr, wenn das BK stark schrumpft. Die noch verbleibenden Einsätze sollten dann verringert werden.

Ein weiterer großer Vorteil bei geschickt konstruierten Pyramiden ist das geringe Anfangsrisiko:

Erweist sich das Engagement entgegen den Erwartungen als Niete und fällt die Aktie nach dem ersten Kauf unter den Stopp, beträgt der Verlust im Beispiel lediglich 340 Euro oder 0,34 Prozent des Börsenkapitals (ohne Spesen). Erst im weiteren Verlauf des Pyramidenbaus steigt das Risiko ein wenig an, was jedoch kein Problem ist. Denn dem wachsenden Risiko steht die mit steigenden Kursen ebenfalls wachsende Trefferwahrscheinlichkeit gegenüber.

Pyramiden sollten auf Grund des moderaten Startrisikos besonders in Phasen der Unsicherheit gebaut werden – sowohl zu Beginn als auch während einer Hausse. So gibt es im Verlauf einer langfristigen Hausse immer wieder mittelfristige Baissen, bei denen nicht ganz sicher ist, ob sie sich nicht doch als große Trendwenden entpuppen. Das sind ideale Bedingungen für den Pyramidenbau. Diese Taktik kann bei sämtlichen beschriebenen Strategien mit Ausnahme der antizyklischen eingesetzt werden.

Große Chancen bei geringem Risiko – dieser Traum eines jeden Anlegers kann sich durch systematischen und disziplinierten Bau einer Money-Management-Pyramide verwirklichen. Große Risiken entstehen nur dann, wenn Pyramiden »aus dem Bauch« heraus gebaut werden, wenn also kein durchdachter Architekturplan existiert.

14

20 Gebote für disziplinierte Anleger – die eigene Psyche und die Psychologie der Märkte im Griff

Andre durchschauen ist Umsicht;
Sich selbst durchschauen ist Einsicht.
Andre lenken ist Können;
Selbst sich lenken ist Macht.
Beginnen können ist Stärke;
Vollenden können ist Kraft.

Lao-Tse

Haben Sie immer noch Lust auf Börse? Auch jetzt, nachdem Sie alle möglichen Einflüsse von Emotionen kennen und wissen, was auf Sie an Arbeit zukommt?

Dann wollen wir Ihnen noch 20 Gebote mit auf den Weg geben, an die Sie sich immer wieder erinnern sollen, wenn Sie sich in den Märkten tummeln. Sie sind leider auch keine Garantie für den Erfolg, aber eine notwendige Voraussetzung dafür, dass Sie häufiger als bisher Erfolge erzielen. Selbst wenn Sie nicht unserem vorgeschlagenen System des Money Managements insgesamt folgen, sollten Sie die wichtigsten

Prinzipien verinnerlichen. Nur so bekommen Sie Ihre Psyche und die Psychologie der Märkte in den Griff. Sie können eine äußerst reizvolle intellektuelle Herausforderung wahrnehmen und Ihre persönliche Anlagestrategie entwickeln. Dass wir die Gebote im Stil der Zehn Gebote geschrieben haben, ist kein Zufall. Unsere Gebote sollen wie diese für alle Anlagefälle Geltung haben – sozusagen die ewigen Wahrheiten für die Börse. Sie sind die Richtschnur, mit deren Hilfe Sie immer auf den richtigen Pfad im Dschungel der Kapitalmärkte zurückfinden.

1. Du sollst Dich selbst erkennen

Die Menschen engagieren sich aus ganz unterschiedlichen Motiven an der Börse: weil sie zu Reichtum kommen wollen, weil sie den emotionalen Kick suchen, weil das der Beruf ist, mit dem sie ihren Lebensunterhalt verdienen. Das Stichwort »Beruf« ist hilfreich. So wie man sich vor einer Berufswahl prüft, sollte sich jeder Anleger prüfen, warum er sich in den Bann der Märkte begibt. Niemand zwingt Sie dazu. Sie können auch mit dem normalen Sparvertrag glücklich sein. Deshalb machen Sie sich vorher klar, was Sie antreibt: Spielen, Investieren, Spekulieren? Prüfen Sie sich, arbeiten Sie ihr Anlageprofil heraus und werden sich über Ihre Motive und Ziele klar: Was will ich erreichen? Wie stark will ich mich engagieren, wie ernst meine ich es? Im Angelsächsischen spricht man von Commitment, das ein Engagement mit starker Bindung, ja Selbstverpflichtung umfasst. Denn eines ist klar: Hier und da mal auf einen Tipp zu reagieren kann ganz lustig sein und nicht weiter gefährlich, solange Sie dies wie Lottospielen mit kleinen Einsätzen betreiben. Doch spätestens wenn Sie Ihr Vermögen im großen Stil einbringen, wird es bitter ernst.

Viele unterschätzen den Zeitaspekt. Will ich jeden Tag einen Blick auf mein Vermögen werfen, will ich die Märkte verfolgen? Habe ich überhaupt die Zeit dazu? Wenn nicht, sollten Sie langfristige Anlageformen mit Sparcharakter wählen; damit werden Sie langfristig glücklicher.

Arbeiten Sie vorbehaltlos Ihre Stärken und Schwächen heraus. Wer leicht nervös wird bei heftig schwankenden Märkten, sollte nicht mit Hebelprodukten anfangen und jedes Mal Todesängste ausstehen, wenn die Börse mal kurz in die Knie geht. Hier bieten sich besser langfristige orientierte Anlageformen an, wie wir sie in Kapitel 12 kurz vorgestellt haben.

Doch seien wir ehrlich, im Grunde sind wir als Anleger wie die meisten Konsumenten gespalten. Wir wollen die Sicherheit und das Risiko. Dann ist es nötig, das Vermögen so aufzuteilen, dass uns die spielerische Seite nicht in Gefahr bringt, dann ist schon die erste Grundregel des Money Managements zu erfüllen.

Wer sich in die Märkte hineinbegibt, wird immer wieder ein Wechselbad der Gefühle erleben. Wenn es gut läuft, ist das Engagement hoch, wenn es schlecht läuft, versuchen wir uns emotional davon zu distanzieren. Das ist ganz natürlich. Dennoch ist für den langfristigen Erfolg wichtig, dass Sie ein langfristiges Engagement über alle Schwankungen der Märkte hinweg beibehalten.

Wir empfehlen zunächst, auf ein Blatt Papier Ihre Motive und Ziele aufzuschreiben und dann die für die Erreichung nötige Zeit zu schätzen. So können Sie schon sehen, was überhaupt in Ihrem Budget zu erreichen ist. Vielleicht müssen Sie Ihre Ziele herunterschrauben und erkennen am Ende, dass Sie mit ein paar guten Indexfonds und Sparplänen glücklicher sind.

2. Du sollst Deine Hausaufgaben machen!

Die Fülle an Informationen an der Börse ist schier erdrückend. Deshalb neigen wir dazu, nach bewährten Faustformeln zu greifen, um schnell zu Entscheidungen zu kommen. Diese Vorgehensweise ist nicht per se irrational und gefährlich, in vielen Fällen wird sie zu brauchbaren Ergebnissen führen. Doch an der Börse sollte man zunächst seine Hausaufgaben gründlich machen, wenn man nicht unter unmittelbarem Entscheidungszwang steht – und das tun die meisten Privatanleger eben auch nicht. Was plausibel erscheint, muss nicht richtig sein. Deshalb lernen Sie Märkte und Anlageinstrumente gründlich kennen. Eine fundierte Analyse erhöht tendenziell die Wahrscheinlichkeit, dass Sie gute Entscheidungen treffen und damit auch die Trefferquote erhöhen. Eine Garantie ist sie zwar nicht, aber die kann es in einem offenen Börsenmarkt auch nie geben.

Es gibt viele Analysemethoden, Hunderte von Strategien. Ob Sie nun auf dividendenstarke Werte setzen, ob Sie Aktien von Unternehmen auswählen, die überdurchschnittlich die Gewinne steigern, ob Sie Momentumbewegungen nutzen oder auf Trends setzen – letztlich funktioniert erstaunlich viel in den Märkten, zumindest zu gewissen Zeiten. Ob Sie dabei fundamental vorgehen oder auf die technische Analyse vertrauen, ist nicht so wichtig, wie das manchmal in der Diskussion unter Anlegern erscheint, wenn die Fundis gegen die Chartis kämpfen. Einseitigkeit ist auf jeden Fall fehl am Platz. Auch ein überzeugter Fundamentalist sollte die Grundbegriffe der Charttechnik beherrschen. Auch ein technischer Analyst sollte wissen, dass Unternehmen ohne ordentliche Gewinnentwicklung nicht lange reüssieren können.

Nehmen Sie sich Zeit für diese Analyse, am besten nach bestimmten Ritualen. Das heißt nicht, dass Sie ständig auf Bildschirme schauen und in Informationsdiensten wühlen müssen. Aber eine gewisse Regelmäßigkeit sollte gewahrt sein. Dank dem Internet ist es heute viel leichter als früher, auf dem Laufenden zu bleiben. Manche Portale und Banken bieten Push-Dienste, die ihnen für ihre Aktien die richtigen Informationen liefern, wenn sie veröffentlicht werden.

Lesen Sie Bücher und seriöse Anlegermagazine, die Sie nicht mit heißen Tipps ködern. Holen Sie sich Anregungen und entwickeln so Ihre eigene Strategie. Dazu kann natürlich auch das Gespräch mit dem Bankberater gehören, aber nur wenn Sie vorher Basisinformationen haben und auch mal kritisch nachfragen können. Wir kennen genügend Wertpapierberater, die engagierte Sparringspartner für ihre Kunden darstellen und nicht nur auf Provisionen aus sind.

3. Du sollst nie kaufen, was Du nicht verstehst!

Werbung spricht Gefühle an. Nur wenn sie emotionale Resonanz schaffen kann, ist sie erfolgreich. Da macht die Finanzwerbung keine Ausnahme. Selbst wenn sie an die Ratio, an die Vernunft appelliert, sollen wir uns gut fühlen, weil wir so vernünftig sind. So werden uns Produkte verkauft für Bedürfnisse, die oft erst geweckt werden. »Kauf mich – ich mache Dich reich«, lautet die Botschaft. Dass wir dabei die richtige Marktmeinung haben, wird einfach so vorausgesetzt. Entsprechend groß ist die Neigung der Finanzindustrie, komplizierte Produkte mit einfachen Botschaften an den Mann oder die Frau zu bringen.

Aufgepasst! Börse ist schon kompliziert genug, und auch komplizierte Produkte bieten keine einfache Lösung. Wer zum Beispiel noch nie mit Optionen oder Turbos gehandelt hat, sollte diese Instrumente erst einmal kennen lernen, nicht nur durch das Lesen von Broschüren und Prospekten, sondern auch durch kontrolliertes Ausprobieren. Das ist umso wichtiger, je mehr strukturierte Produkte auf den Markt kommen, hinter denen Optionsstrukturen stehen. Dann kann es – je nach Marktlage – manchmal unangenehme Überraschungen geben.

Auch wenn Boni, Discount, Outperformance oder Ähnliches locken, bilden Sie sich erst eine Meinung zum Markt, seien es Aktien, Rohstoffe oder Devisen. Erst dann sollten Sie nach geeigneten Produkten suchen. Und was Sie nicht verstehen, sollten Sie eben auch nicht kaufen, bis sie es verstanden haben.

4. Du sollst keinem Guru trauen!

Die Börse ist, wie wir immer wieder deutlich gemacht haben, ein hoch emotionales kybernetisches System. Wer den richtigen Ton zur richtigen Zeit trifft, kann wahre Gefühlswellen auslösen. Das ist auch der Nährboden für Gurus, die es schaffen, Anleger wie der Führer einer geistlichen Gemeinschaft um sich zu scharen. Besonders erfolgreich waren sie im Boom, als alles stieg und jeder Guru zwangsläufig Bestätigung für sich reklamieren konnte. Das Fernsehen hat sie groß gemacht – ein Medium, das kraft der Bilder viel stärker Emotionen transportieren kann als Zeitungen oder das Internet. Viele werden sich noch an die Zeit des Internet-Hypes erinnern. Kaum wurden Kursziele im Fernsehen verkündet, da waren sie auch schon erfüllt. Anleger kauften unlimitiert und trieben die Preise ins Unermessliche.

Der amerikanische Zyklenanalytiker Ian Notely hat so seine Beobachtungen mit den Gurus gemacht: »Der Markt hat die Eigenschaft, die Gurus des letzten Zyklus im nächsten zu schlachten.« Steigen die Kurse, werden ihnen die Empfehlungen von den Lippen abgelesen, fallen die Kurse, verschwinden sie oft in der Versenkung. Bitter für diejenigen, die ihnen gefolgt sind und Haus und Hof riskiert haben. Jeder kann solche Geschichten erzählen wie zum Beispiel von der Biotechnologie-Aktie MorphoSys am Neuen Markt. In nur zwei Monaten wurde sie durch Prognosen in einer TV-Sendung von 20 auf fast 400 Euro hochgetrieben. Der Guru damals ging wegen seiner »Prognose« (Kursziel: 1.000 Euro) und seines fränkischen Dialekts als »Mr. Dausend« in die Börsengeschichte ein. Das Tief der Aktie lag dann Anfang 2003 bei fünf Euro, um nun, sechs Jahre nach dem Hype, mit ordentlichen Unternehmensgewinnen bei 55 Euro zu notieren.

Wenn Sie von Begeisterung durch einen Guru getrieben werden, müssen Sie sich immer fragen: »Warum sollte der Gurus gerade mich reich machen?« Er kennt Sie doch in der Regel gar nicht. Was will der Guru erreichen? Anleger glücklich machen? Oder aber seine eigenen Geschäfte fördern, seien es Seminare, Hotlines, Börsenbriefe oder Vermögensverwaltungsmandate? Wenn Sie keine gute Antwort finden, dann seien Sie vorsichtig. Denken Sie immer daran, die Börse hat gerade in solchen Guru-Phasen etwas von einem Schnellballsystem. Sie kaufen Aktien in der Hoffnung, jemanden zu finden, der dumm genug ist, sie Ihnen zu einem noch höheren Preis abzukaufen. Dazu André Kostolany, der selbst Guru-Status hatte, aber nie Kurse pushte: »Die ganze Börse hängt nur davon ab, ob es mehr Aktien gibt als Idioten oder mehr Idioten als Aktien.«

Deshalb holen Sie sich gerne Anregungen, aber entscheiden am Ende selbst nur nach gründlicher Analyse. Sie können sogar solche Wellen nutzen, wie mancher Guru oder Profi sie genutzt hat. Das wäre dann Behavioral Finance in Reinkultur.

Manche Gurus leben länger als einen Zyklus. Ihnen hilft, dass sie vermeiden, konkret zu werden. So haben sie einen gewissen Unterhaltungswert. Gottfried Heller, Chef der Fiduka Vermögensverwaltung, ein erfahrener Investor und Partner von Altmeister André Kostolany, hat ihr Geheimnis spöttisch so entschlüsselt: »Wenn Du einen Kurs angibst, dann sage nie die Zeit dazu. Wenn Du eine Zeit angibst, dann sage nie den Kurs dazu – und wenn Du mal Recht gehabt hast, lass es andere immer wieder wissen.« Eine Pointierung, gewiss, aber eine, die sich verblüffend oft bestätigt, wie Sie immer wieder beobachten können.

Was für die Gurus gilt, trifft auch für die Prognosen von Profis im Fernsehen zu. Die wollen vielleicht keine Gurus sein, werden aber dazu stilisiert, wenn sie ein paar Mal richtig gelegen haben. Denken Sie immer daran: Ein Profis ist ein Profi, weil er flexibel auf die Märkte reagiert. Während Sie noch seine plausible Prognose im Ohr haben, kann der sich schon längst gedreht haben, weil sich auch die Märkte gedreht haben. Nur so überlebt ein Profi.

Deshalb noch einmal: Hausaufgaben machen! Holen Sie sich Anregungen, aber bilden Sie sich Ihre eigene Meinung.

5. Du sollst nicht auf jede Neuigkeit reagieren!

Die Erkenntnisse von Behavioral Finance haben uns gezeigt, wie fehlerhaft wir Informationen aufnehmen und verarbeiten. Deshalb neigen wir dazu, neue Nachrichten stärker zu gewichten als die bereits bekannten. Dies führt häufig zu Überreaktionen an der Börse, die sich nach einiger Zeit wieder abbauen. Dumm, wenn man gerade in einer solchen Übertreibungsphase jede Vorsicht fahren lässt und massiv kauft. Deshalb unser Rat: Laufen Sie nicht jeder gerade verfügbaren Nachricht hinterher, sondern behalten Sie das große Bild im Auge, auf Grund dessen Sie ihre ursprüngliche Entscheidung gefällt haben. Um sich an Ihre ursprüngliche Einschätzung zu erinnern, ist es hilfreich, so etwas wie ein Investment-Tagebuch zu führen. Dort tragen Sie die Gründe für Ihre Kaufentscheidung ein.

6. Du sollst Dich nicht in eine Aktie verlieben!

Wir lernen von Kindesbeinen an: Recht zu haben ist immer besser als Unrecht. Deshalb halten wir zu lange an unseren falschen Voraussagen fest, auch wenn die Börse längst bewiesen hat, dass wir uns irren. Erfolgreiche Investoren handeln nach dem Grundsatz: »Was kümmert mich mein Geschwätz von vor fünf Minuten.« Wenn sich die Fakten ändern, ändern Sie auch radikal Ihre Meinung. Nur so stellen sie sicher, dass sie im Börsenspiel bleiben. Deshalb müssen Sie auch lernen, immer wieder Ihre Meinung zu ändern. Überprüfen Sie also regelmäßig die Positionen in Ihrem Depot, ob die ursprünglichen Gründe für Ihre Entscheidung noch gelten. Wenn nicht, sollten Sie an einen Verkauf denken.

Das gilt besonders für Aktien, in die wir uns verliebt haben. Solche hat jeder, vor allem dann, wenn sie lange nach oben gelaufen sind und sich zur Geldmaschine entwickelt haben. So schön emotionale Bindungen im privaten Leben sind und eine Ehe durch dick und dünn zusammenhalten, an den Märkten sollte die Liebe nicht grenzenlos sein. Selbst bei den schönsten Trendaktien geht der Trend mal zu Ende. Denken Sie nur an General Electric, eine Trendaktie par excellence. Der Kurs stieg von einem Dollar 1981 auf 60 Dollar im Jahre 2000. Der damalige Vorstandschef Jack Welch schien die Garantie für eine stetige Steigerung des Shareholder Value zu sein. Doch dann zeigten sich Risse im Geschäftsmodell. Der Kurs fiel um rund 65 Prozent auf fast 20 Dollar im Tief. Deshalb gilt auch bei den schönsten Lieblingsaktien: Wenn sich die Fakten ändern, verkaufen Sie.

7. Du sollst den Zufall einkalkulieren!

Wie in Aktien, so verlieben wir uns auch oft in unsere Analysen. Analysen beschreiben die Welt der Börse in Kausalitäten. Alles hängt mit allem zusammen und scheint nach gewissen Gesetzmäßigkeiten abzulaufen. Zwar kann man gut belegte, immer wiederkehrende Muster erkennen, doch was sich konkret aus den Interaktionen von Millionen von Individuen ergibt, ist oft nur Zufall. Deshalb kann es an der Börse ganz anders kommen, als die Experten annehmen. Sie müssen diesen Zufall zumindest als Möglichkeit einkalkulieren und stets so handeln, dass Sie nicht durch das genaue Gegenteil dessen, was Sie erwarten, aus der Bahn geworfen werden. Machen Sie sich einfach nur klar, dass immer, wenn Sie etwas kaufen, ein anderer verkauft und offenbar eine andere Meinung als Sie hat. Das lehrt ein bisschen Demut.

8. Du sollst Deine Gefühle zügeln!

Trotz angeblich objektiver Analysemethoden wird die Börse immer noch von den Gefühlen der Marktteilnehmer beherrscht. Angst und Gier bestimmen mehr oder minder die Investitionsentscheidungen, sie sind so etwas wie der Motor des Börsengeschehens. Wer in Panik oder Euphorie handelt, nimmt die Realität nicht richtig wahr. Kluge Investoren wissen um ihre emotionale Schwäche, sie handeln überlegt, üben Geduld und versuchen sich durch verschiedene Handelsregeln zu disziplinieren. Verlierer indes reagieren impulsiv und lassen sich wie erfolglose Spieler immer tiefer in die Verlustzone ziehen.

Oft findet man den Rat, nach einer Phase von Gewinnen oder auch Verlusten erst einmal aus dem Markt zu gehen, um seine Gefühle – Gier oder Angst – besser in den Griff zu bekommen. Das ist im Prinzip auch richtig und schützt davor, völlig den Gefühlen zu erliegen. Doch gerade bei solchen Glücks- oder Pechsträhnen zeigt sich, wie hilfreich ein System wie Money Management ist. Läuft es gut, erhalten Sie zusätzliches Freies Risiko und können das Risiko und den Einsatz erhöhen. Dann nehmen Sie zusätzliche Chancen wahr – natürlich in strenger Relation zur Entwicklung des Börsenkapitals. So wird verhindert, dass Sie übermütig werden. Fehlen die Erfolge, wird das Engagement zurückgefahren. Aber Sie bleiben im Markt und werfen nicht alles hin, wie es verzweifelte Anleger oft tun. Dann sich wieder zu überwinden und einzusteigen ist außerordentlich schwierig.

9. Du sollst nie gegen den Trend kämpfen!

Recht haben und Recht bekommen sind bekanntlich zwei Paar Stiefel. Wenn sich an der Börse ein Trend klar etabliert hat, ist es sinnlos, sich gegen die Mehrheit zu stemmen – auch wenn man eigentlich eine ganz andere Entwicklung erwartet hat. Wer Verluste begrenzt und Gewinne laufen lässt, hat die besten Voraussetzungen, die negativen Zyklen abzuschneiden und die positiven auszunutzen.

Allerdings sind die Gewinne besonders groß, wenn man eine Trendwende rechtzeitig erwischt, also vor den meisten anderen. Das können Sie natürlich versuchen, ob nach charttechnischer oder fundamentaler Analyse. Das gelingt manchmal, manchmal nicht. Umso wichtiger ist es auch hier, mit Risikokontrolle und Money Management zu arbeiten.

10. Du sollst Verluste begrenzen und Gewinne laufen lassen!

Dies ist das bekannteste Gebot für jede Form von Money Management – einfach zu verstehen, aber schwierig zu befolgen. Viele Anleger setzen keine Stoppkurse, um Verluste in Grenzen zu halten. Sie ignorieren sie und hoffen, dass sich der Markt wieder erholt. Auf der anderen Seite sind sie schon mit kleinen Gewinnen zufrieden und verkaufen viel zu früh, obwohl ein Trend noch weiter läuft. Mit anderen Worten: Sie werfen die guten Titel aus dem Depot und behalten die schlechten und drehen somit die Grundregel um. Um diese aber erfolgreich umzusetzen, müssen Sie Methoden erlernen, mit denen Sie Ihre Risiken begrenzen und die Gewinne laufen lassen – vor allem durch Stoppkurse und Steuerung des Kapitaleinsatzes. Das Manko dabei: Wer mit Stoppkursen arbeitet, wird oft unnötig ausgestoppt, verfügt deshalb über eine geringere Trefferquote und letztlich über eine schlechtere Performance als ein Anleger, der »ohne« investiert. Doch wer lacht zuletzt? Anleger, die mit Stoppkursen und Money Management handeln, werden nie »untergehen«, verlieren vielleicht in einer Baisse mal 20 Prozent. In der nächsten Hausse genügt da schon ein Gewinn von 25 Prozent, und der Schaden ist wieder behoben. Die Buy-and-Hold-Anleger dagegen sind in einer richtigen Baisse wie 2000 bis 2003 schon froh, wenn sie nur 50 Prozent verlieren. Zum Ausgleich der Bilanz ist dann ein Plus von 100 Prozent (!) nötig. Auf lange Sicht liegen deshalb Börsianer, die Risikokontrolle und Money Management anwenden, am besten – und schlafen auch besser.

11. Du sollst zuerst an das Risiko denken!

Worauf achten wir, wenn wir uns an der Börse engagieren? Natürlich auf die Gewinnchancen. Das ist ganz natürlich, das ist der Antrieb für unser Engagement. Wer an der Börse investiert, muss vor allem sicherstellen, dass er überlebt. Wer ruiniert ist, kann nicht mehr weitermachen und hat so keine Chance, seine Verluste jemals wieder wettzumachen. Deshalb sollte man zunächst die Risiken beurteilen, nicht die Gewinnmöglichkeiten, die normalerweise unsere Anlageentscheidung antreiben. Denn nur die Risiken hat man im Griff, kann sie steuern und damit mögliche Verluste klein halten. Die Chancen dagegen erweisen sich dagegen nur allzu oft als Schall und Rauch, als pures Wunschdenken. Nach dem Kauf macht die Börse, was sie will, und deshalb sollten wir uns auf das konzentrieren, was wir kontrollieren können: das Risiko. Genauso wichtig ist es, das Vermögen in einen relativ sicheren Teil und einen spekulativen Teil aufzuteilen. Das gesamte Vermögen sollte dann einen Vermögenszuwachs bringen, der mindestens den inflationsbedingten Kaufkraftverlust ausgleicht. Der Teil für die Börse sollte je nach Lebensalter und Risikoneigung bestimmt werden. Als Faustregel gilt: Der konservative Investor verwendet rund 20 Prozent des Nettovermögens als Börsenkapital. Und der Spekulant, der ja höhere Risiken mit volatilen und eventuell marktengen Instrumenten eingeht, ist mit einem Anteil von etwa zehn Prozent gut beraten. Mehr sollte es nur in Ausnahmefällen sein, zum Beispiel bei jüngeren Anlegern, die noch ein langes Arbeitsleben vor sich und nur ein kleines Kapital zur Verfügung haben. Denn es macht einen Unterschied, ob ein junger Anleger nur vier Jahre lang Ersparnisse aufgebaut hat und diese verzockt oder ob Ersparnisse aus vierzig Jahren harter Arbeit verloren gehen. Der Junge hat noch viel Zeit, um neue Ersparnisse zu bilden, der Alte nicht! Doch es gibt auch für ältere Jahrgänge eine Ausnahme: Wer keine Erben hat oder diesen nichts vermachen will, kann – unter der Voraussetzung, dass sein eigener Lebensabend finanziell abgesichert ist – durchaus mehr an der Börse einsetzen und riskieren.

12. Du sollst nicht alles auf eine Karte setzen!

Irren ist menschlich, und trotz intensiver Analyse kann eine Investition danebengehen. Kluge Anleger setzen darum nie alles auf eine Karte, sondern investieren ihr Geld in verschiedene Positionen in ihrem Depot. So wird das Risiko auf mehrere Einsätze verteilt, Verlusten auf der einen Seite stehen meist Gewinne auf der anderen Seite gegenüber. Allerdings heißt die Regel nicht: je mehr Positionen, desto besser. Dann besteht die Gefahr, den Überblick zu verlieren. Für private Anleger sollte ein Depot mit sieben bis maximal 15 Positionen ausreichen.

Diversifikation ist die bekannteste Regel zur Risikobegrenzung. Aber so wichtig sie ist, sie reicht nicht aus, wie wir deutlich gemacht haben. Dazu sind die Märkte zu eng miteinander verbunden. Deshalb sollte nicht nur das Börsenkapital, sondern das Gesamtvermögen diversifiziert werden. Dazu gehören Asset-Klassen, die weitgehend marktunabhängig regelmäßiges Einkommen ermöglichen, wie zum Beispiel erstklassige Staatspapiere, Bankeinlagen oder vermietete Immobilien.

13. Du sollst Stoppkurse setzen!

Auch wenn Sie noch so sehr Widerwillen dagegen haben – nach unseren Erfahrungen ist es in der überwiegenden Zahl der Engagements besser, Stoppkurse zu setzen, als keine. Sie bieten Ihnen die einzige Kontrolle über den Markt, den Sie haben, nämlich auszusteigen. Doch so wenig, wie es den perfekten Einstiegskurs gibt, so wenig gibt es den immer perfekt funktionierenden Stoppkurs.

Setzen Sie Stoppkurse nicht bequem etwa nach der prozentualen Methode, sondern sinnvoll. Das gelingt am besten mit charttechnischen Methoden. Deshalb machen Sie sich damit in Grundzügen vertraut.

14. Du sollst Deinen Kapitaleinsatz diszipliniert steuern!

Die Höhe des Kapitaleinsatzes wird von den meisten Anlegern sträflich vernachlässigt. Sie schauen immer nur auf die Trefferquote. Das ist zu kurz gedacht. Selbst mit einer Trefferquote von 30 Prozent kann eine Handelsstrategie erfolgreich sein, sofern Money Management diszipliniert betrieben wird. Deshalb sollten Sie Methoden erlernen, wie man den Kapitaleinsatz steuert. So können Sie relativ stressfrei und langfristig erfolgreich an der Börse agieren.

Managen Sie Ihr Börsenkapital strikt mit Blick auf das Risiko. Legen Sie zunächst genau den Betrag fest, den Sie im schlimmsten Fall zu verlieren bereit sind. Professionelle Anleger riskieren niemals mehr als zwei Prozent ihres Börsenkapitals für ein einzelnes Engagement. Private Anleger sollten rund ein Prozent riskieren. Spekulationen auf Kredit haben dabei nichts verloren. Wenn der Stoppkurs, der das Risiko bezogen auf die Kursveränderung des einzelnen Engagements definiert, sehr weit vom Einstieg weggesetzt wird, muss der Kapitaleinsatz entsprechend verringert werden. Dabei hilft das Money-Management-System, das den Einsatz mathematisch steuert.

15. Du sollst auf das Gesamtergebnis schauen!

Typischerweise denken wir Anleger in mentalen Konten. Wir führen für jedes einzelne Engagement eines im Kopf. Wir wollen jedes Geschäft mit Gewinn abschließen. Auch dieses Denken verleitet dazu, zu lange an Verlustpositionen festzuhalten.

Sie müssen lernen, stets auf das Gesamtergebnis zu schauen. Dazu nehmen Sie Verluste hin, um das Geld an anderer Stelle gewinnbringend einzusetzen. Am besten gelingt dies wiederum, wenn Sie sich an eine Money-Management-Regel halten, das Risiko einzelner Positionen also in Bezug auf das gesamte Börsenkapital steuern. 100 Prozent Verlust bei einem Optionsschein – ein Desaster? Mitnichten, solange das nur ein kleiner Teil Ihres Börsenkapitals ist. So wird der Kapitaleinsatz Ihre entscheidende Steuerungsgröße, und Sie machen sich frei von den prozentualen Verlusten einzelner Positionen, die emotional äußerst belastend wirken.

16. Du sollst immer genügend Barreserven halten!

Auch wenn das Investitionsklima noch so verlockend ist, sollte man immer einen Anteil des Depots in Cash halten, um bei Rückgängen des Marktes Kaufgelegenheiten zu nutzen. 20 bis 30 Prozent in einem Bullenmarkt erscheinen hilfreich. In einem Bärenmarkt kann die Cashquote auch mal auf mehr als 80 oder gar auf 100 Prozent steigen. Wir Privatanleger sollten uns bewusst sein, dass uns niemand zwingt, an den Märkten anzulegen, anders als die Profis, die Performance auch in schlechten Zeiten erbringen müssen. Also ist es besser, das Geld mal auf – inzwischen auch gut verzinsten – Tagesgeldkonten liegen zu lassen, bis sich wieder eine vernünftige Investitionsidee ergibt. Machen Sie sich frei von dem vermeintlichen Zwang, immer nur alles so schnell wie möglich zu investieren, was gerade verfügbar ist.

17. Du sollst auf die Kosten achten!

Die unmittelbaren Kosten werden gern vernachlässigt. Im ersten Moment erscheinen sie auch gering im Verhältnis zu den Gewinnchancen eines Engagements. Das wissen natürlich auch die Anbieter von Produkten, von Fonds oder Zertifikaten, nur zu gut. Ausgabeaufschläge, Managementgebühr, Provisionen, Performance-Gebühr, Transaktionskosten oder nur eine etwas schlechtere Ausführung als erwartet – Anleger sollten die langfristige Wirkung auf die Performance nicht unterschätzen. Deshalb müssen sie auf die Kosten achten, auch wenn diese manchmal trickreich versteckt sind. Wer mit einem Money-Management-System arbeitet, sollte die Kosten pauschaliert einbeziehen, um entsprechend den Kapitaleinsatz zu errechnen. Kosten mindern die Gewinne und erhöhen tendenziell die Verluste!

18. Du sollst aus Deinen Fehlern lernen!

Jeder macht an der Börse Fehler. Viele Anleger neigen jedoch dazu, ihre Fehler zu verdrängen und schließlich zu vergessen. So tappen sie nach einer Weile genau wieder in die gleichen Fallen. Fehler einfach zu verdrängen ist grundfalsch. Stellen Sie sich Ihren Fehlern, akzeptieren und analysieren Sie diese, auch wenn es wehtut. An der Börse zählt nicht nur Theorie, sondern vor allem Erfahrung. Nur durch Erfahrung und Reflexion wird die Kunst des Spekulierens und Investierens kontinuierlich verbessert. Dafür sind letztlich Sie und nur Sie verantwortlich. Akzeptieren Sie diese Verantwortung.

19. Du sollst Deine persönliche Anlagestrategie entwickeln!

Es gibt keine Anlage- oder Handelsstrategie, die für jeden gleich gut geeignet ist. Wer die berühmten Interviews von Jack Schwager mit vielen Profis der Märkte gelesen hat, weiß dies (Schwager 1992). Jeder dieser Superinvestoren hat seinen ganz eigenen Stil entwickelt. Da gibt es den Fundamentalisten, der wie Warren Buffett jeden Aktienkauf als Investment in eine Firma versteht, den Händler, der mit hoch entwickelten Computersystemen am Markt agiert, den Day-Trader, der seine Positionen morgens eröffnet und spätestens kurz vor Börsenschluss glattstellt. Vieles ist möglich – und nötig, denn nur so funktioniert Börse. Entwickeln Sie also Ihre eigene Börsenstrategie. Anregungen haben wir Ihnen hoffentlich genug gegeben.

20. Du sollst Disziplin üben!

Erfolgreiche Investoren agieren immer diszipliniert an den Märkten. Was nützen die besten Regeln, wenn man sie nicht befolgt? Immer wieder ist man geneigt, in besonderen Situationen eine Ausnahme zuzulassen, und am Ende ist der Regelkatalog wertlos. Der beste Weg zu diszipliniertem Vorgehen ist eine Art »Selbstdressur«. So wie man morgens nach dem Aufstehen nahezu automatisch die Zähne putzt, kann man es sich antrainieren, vor jedem Kauf das Money-Management-Tool zur Berechnung der Stückzahl zu verwenden und nach der Auftragsbestätigung immer sofort einen automatischen Stoppkurs zu platzieren. Schon nach zehn oder 20 Geschäften wird das zum Automatismus. Es gilt also: die Regeln strikt und ohne Nachdenken befolgen, auch wenn es manchmal wehtut.

Wir hoffen, dass wir Sie jetzt nicht abgeschreckt haben angesichts all der Faktoren, die Sie beachten müssen. Börse soll Spaß machen – und das tut sie auch überwiegend, wenn Sie bestimmte Grundregeln der Risikokontrolle und des Money Managements beachten. Diese machen weitgehend frei vom negativen Stress und geben Ihnen alle Chancen, sich über einen steigenden Wert Ihres Depots zu freuen. Nehmen Sie die Verantwortung für Ihr Geld in die eigene Hand. Die erste Million können wir ihnen nicht garantieren, aber der Weg dahin ist frei, wenn Sie es nur wollen.

Literatur

Bettelheim, B. (1978), Kinder brauchen Märchen, Stuttgart

Buchhorn, E./ Hetzer J. (2006), Riskante Gefühle, managermagazin 1/2006, S. 148 – 158

Daum, R. (2003), Außer Kontrolle, München

De Bondt, W.F.M./Thaler, R. H.(1985), Does the Stock Market Overreact ? in: Journal of Finance Vol 40, No. 3, S. 793 – 805

De la Vega, J. (1994), Die Verwirrung der Verwirrungen, Kulmbach

Elder, A. (1993), Trading for a Living, New York, dt: Die Formel für Ihren Börsenerfolg, München 1998

Fama, E. F. (1970), Efficient Capital Markets: A Review of Theory and Empirical Work, Journal of Finance Vol. 25, Nr. 2

Festinger, L. (1957), A Theory of Cognitive Dissonance, Stanford

Gallea, A. M./Patalon, W. (1999), Antizyklisch Investieren, München 1999, S. 167 - 222

Goldberg, J./Nitzsch, R. v., (1999), Behavioral Finance, München

Graham, B., (2003), The Intelligent Investor, New York, dt.: Intelligent Investieren, München 2005

Graham, B./Dodd, D., (1951), Securities Analysis, New York, Facsimile 2005

Gruner und Jahr (2001), Hrsg., Die BÖRSE ONLINE Anlegertypologie

Hayek, F. A. (1969), Der Wettbewerb als Entdeckungsverfahren, in: ders. Freiburger Studien, Tübingen

Hayek, F. A. (1978), The Pretence of Knowledge, in: New Studies in Philosophy Politics, Economics and the History of Ideas, London

Heller, G. (1997), Smarter als die Profis? in: Jünemann B./Schellenberger, D. *(Hrsg.), Psychologie für Bö*rsenprofis, S. 251 – 264

Husmann, N./Jünemann, B. (2005) Immer zur rechten Zeit mit den Bullen oder Bären tanzen, in: BÖRSE ONLINE 36/2005, S. 18 – 20

Jünemann, B. (1999), Nichts zählt so sehr wie Erfahrung, in: BÖRSE ONLINE 45/99, S. 64 – 75

Kelly, F. (1930), Why You Win or Loose, Burlington 1993 (Original 1930)

Keynes, J. M. (1936), The General Theory of Employment, Interest and Money, London, S. 156

Le Bon, G. (1982), Psychologie der Massen, Stuttgart

Levy, A. (2006), Mapping the Trader's Brain, Bloomberg Markets 3/2006, S. 35 – 44

Lowenstein, R. (2000), When Genius Failed, New York

Mandelbrot, B./Hudson, R. L. (2005), Fraktale und Finanzen, 2. Aufl., München 2005

Murphy, J. J. (1999), Technische Analyse der Finanzmärkte, München

Neill, H. B. (1992), The Art of Contrary Thinking, Caldwell 1992, S. 1

Nitzsch, R. v./Stotz, O. (2005), Zu welchen Renditeeinbußen führt der Home Bias, Forschungsinstitut für Asset Management, Aachen

Nöth, M./Weber, M. (2001), Rationales und irrationales Herdenverhalten, Mannheim

O'Higgings, M./Downes, J. (2000), Beating the Dow, New York

Ogger, G. (2001), Der Börsenschwindel, München

Paul, J./Moynihan, B. (1996), Was Gewinner von Verlierern unterscheidet, München, S. 121 – 137

Poundstone, W. (2005), Fortune's Formula, New York

Rapp, H.-W. (1997), Der tägliche Wahnsinn hat Methode – Behavioral Finance: Paradigmenwechsel in der Kapitalmarktforschung, in: Jünemann, B. / Schellenberger, D. (Hrsg.), Psychologie für Börsenprofis – Die Macht der Gefühle bei der Geldanlage, Stuttgart, S. 77 – 108

Schwager, J. (2004), Magier der Märkte, München

Shefrin, H. (2000), Börsenerfolg mit Behavioral Finance, Stuttgart

Shiller, R. (2000), Irrational Exuberance, Princeton, S. 3 – 14, dt.: Irrationaler Überschwang, Frankfurt 2000

Surowiecki, J. (2004), The Wisdom of Crowds, London

Taleb, N. (2001), Fooled by Randomness, New York, deutsch: Narren des Zufalls, Weinheim 2002

Tharp, V. K. (1997), Wer tickt hier richtig? in: Jünemann B./Schellenberger, D. (Hrsg.), Psychologie für Börsenprofis, S. 145 – 157

Tharp, V. K. (2001), Clever traden mit System, München

Tharp, V. K. (2004), Safe Strategies for Financial Freedom, New York.

Tversky, A./Kahneman, D. (1985), Judgement under Uncertainty: Heuristics and Biases, in: Science Vol. 1985, S. 1124-1131, 1985

Vince, R. (1995), The New Money Management, New York

Vossmann, F./Weber, M. (1999), Der Dispositionseffekt, Mannheim

Zola, E. (1977), Das Geld, München

Stichwortverzeichnis

C

D

E

I

K

L

P

R

S

T

U

V

W

Z

MINDTRAPS
DER WEG ZUM PROFI TRADER
MICHAEL PARNESS
TRADING ROOM
Neue Wege der betrieblichen Altersversorgung
Die besten Anlagestrategien der Welt
DIE BESTEN BÖRSENSTRATEGIEN
ERFOLG
Erfolg mit Optionsscheinen
AKTIEN STRATEGIEN
DEVISEN HANDEL
Dennis Metz
DIE GRÖSSTEN GEHEIMNISSE des TRADENS
Die INVESTMENT STRATEGIEN der Profis
DER KOLLAPS DES DOLLARS
DER UNTERGANG EINER WELT-WÄHRUNG
FINANZEN
Investmentfonds
ENZYKLOPÄDIE
DER CHART MUSTER
MIT SICHERHEIT ERFOLGREICH
Buffett
ENZYKLOPÄDIE
DER TECHNISCHEN INDIKATOREN

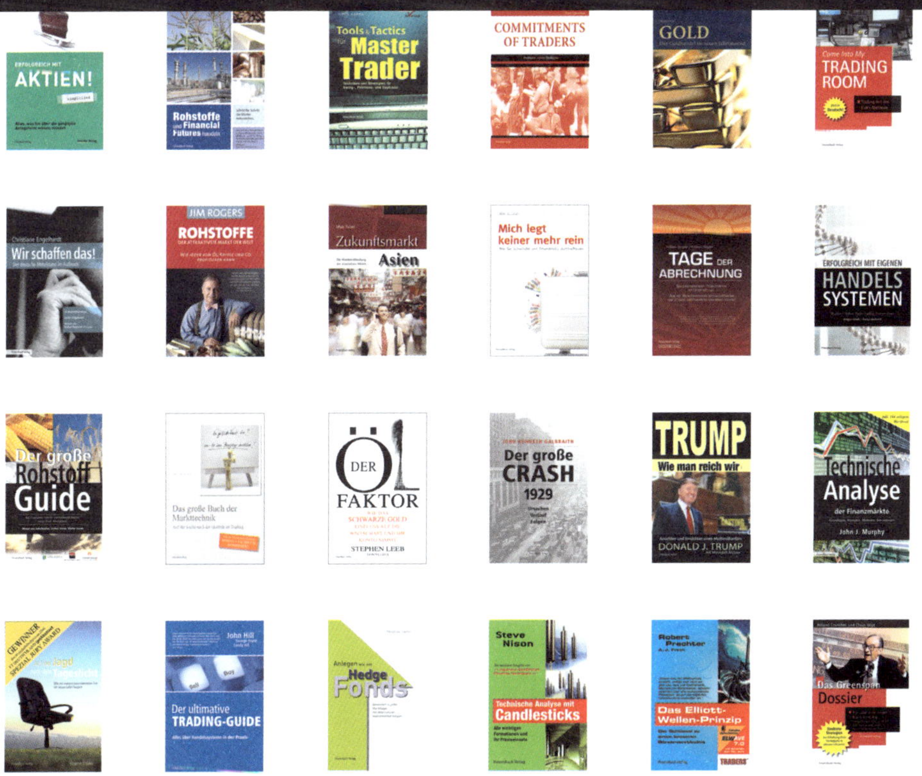
AKTIEN!
Rohstoffe und Financial Futures handeln
Tools & Tactics
Master Trader
COMMITMENTS OF TRADERS
GOLD
TRADING ROOM
Wir schaffen das!
JIM ROGERS
ROHSTOFFE
Zukunftsmarkt
Asien
Mich legt keiner mehr rein
TAGE DER ABRECHNUNG
HANDELS SYSTEMEN
Der große Rohstoff Guide
Das große Buch der Markttechnik
DER ÖL FAKTOR
STEPHEN LEEB
Der große CRASH 1929
TRUMP
Wie man reich wird
DONALD J. TRUMP
Technische Analyse
der Finanzmärkte
John J. Murphy
John Hill
Der ultimative TRADING-GUIDE
Hedge Fonds
Steve Nison
Technische Analyse mit Candlesticks
Robert Prechter
Das Elliott-Wellen-Prinzip
Das Greenspan Dossier

Van K. Tharp

Clever traden mit System

374 Seiten, Hardcover
Preis € 44,90 (D); € 46,20 (A); SFr. 78,00
ISBN 978-3-932114-43-4

Dieses bahnbrechende Buch wird Ihre bisherigen Ansichten über erfolgreiches Trading nachhaltig ändern. Sobald Sie die grundlegenden psychologischen Elemente Van Tharps beim Handeln berücksichtigen und sich an seine sechs Schlüsselfaktoren zum Geldverdienen an den Märkten halten, verfügen Sie über ein wirksames Trading-System für alle Marktsituationen.